Johann Philipp Kirnberger

Die Kunst des reinen Satzes in der Musik

Johann Philipp Kirnberger

Die Kunst des reinen Satzes in der Musik

ISBN/EAN: 9783743633964

Hergestellt in Europa, USA, Kanada, Australien, Japan

Cover: Foto ©Thomas Meinert / pixelio.de

Weitere Bücher finden Sie auf **www.hansebooks.com**

Die Kunst
des reinen
Satzes in der Musik
aus sicheren Grundsätzen hergeleitet und mit deutlichen
Beyspielen erläutert

von

Joh. Phil. Kirnberger,
Ihrer Königl. Hoheit der Prinzeßin Amalia von Preußen Hof-Musicus.

Berlin und Königsberg,
bey G. J. Decker und G. L. Hartung, 1774.

Ihro

Königlichen Hoheit

der Durchlauchtigsten Prinzeßin

Amalia von Preussen

Aebtißin zu Quedlinburg.

2c. 2c. 2c.

Durchlauchtigste Prinzeßin!
Gnädigste Prinzeßin und Frau!

Wenn es eine zu große Kühnheit ist, Ew. Königl. Hoheit verehrungswürdigen Namen diesem Werk vorzusetzen, so hoffe ich, daß die Gründe die mich dazu bewogen haben, mich doch einigermaaßen rechtfertigen.

Den Stoff zu diesem Werke, bin ich Ew. Königl. Hoheit schuldig; weil ich, um Dero tief forschende Gründlichkeit zu befriedigen, mich in der Nothwendigkeit befand, allem, was zur Composition gehöret, weit schärfer und gründlicher, als ich vorher gewohnt war, nachzudenken. Vornehmlich habe ich es dem großen Genie Ew. Königl. Hoheit zu dan ken, daß ich dadurch gleichsam gezwungen worden bin, die Finsternis, welche bisher den Weg von der Harmonie zur Melodie angehenden Componisten so schwer gemacht hat, etwas zu vertreiben.

Und die großmüthige Belohnung die Sie meinen Diensten zu einer Zeit angedeyen lassen, da Sie derselben nicht mehr bedürfen, weil Ihre eigenen Einsichten so ungewöhnlich weit reichen, hat mir die Muße gegeben, ohne welche ich dieses Werk nie würde haben herausgeben können.

Es ist also Dankbarkeit, die mich zu diesen Fehler verleitet, eine Dankbarkeit, in der ich Lebenslang verharren werde.

Ew. Königl. Hoheit

unterthänigster Knecht
Joh. Phil. Kirnberger.

Vorrede.

Da es seit vielen Jahren meine vornehmste Beschäftigung ist, angehende Componisten in dem reinen Satz zu unterrichten, so habe ich mir äußerst angelegen seyn lassen auf der einen Seite die wahren Grundsätze zu entdecken, auf welche die Regeln der Harmonie gegründet sind, auf der andern Seite die Werke der grösten Harmonisten, die durchgehends für die ersten Meister der Kunst gehalten werden, mit der grösten Aufmerksamkeit anzuhören und zu studiren. Aus den, durch diese doppelte Arbeit gesammelten Anmerkungen, ist denn das gegenwärtige Werk allmählig erwachsen.

Ich schmeichle mir, daß darin die wahren Grundsätze der Harmonie mit einer Leichtigkeit und Einfalt vorgetragen sind, die das Studium des reinen Sazes um ein merkliches erleichtern werden. Ueberall habe ich die höchste Reinigkeit zum Augenmerk gehabt, weil ich gefunden habe, daß die größten Genie in der Composition, sie sorgfältig gesucht haben. Mancher wird

meine

Vorrede.

meine Vorschriften zu streng finden, und sich vielleicht einbilden, daß ich ohne Noth die Kunst zu schwer gemacht habe. Aber ich weiß es aus langer Erfahrung, wie nützlich es ist, die angehenden Componisten an die strengste Reinigkeit zu gewöhnen. Haben sie die dabey vorkommenden Schwierigkeiten einmal überstanden, so haben sie alsdenn auch die Harmonie so in ihrer Gewalt, daß es ihnen leicht wird, sich aus Schwierigkeiten heraus zu helfen, in denen diejenigen, die weniger streng unterrichtet worden, allemal stecken bleiben.

Hiernächst muß ich auch anmerken, was ich aus meiner Erfahrung gewiß weiß, daß jeder Fehler gegen die Harmonie, wenn er gleich ungeübten Ohren nicht merklich ist, denen, die ein feineres Gehör haben, so anstößig wird, daß Sachen, die sonst glücklich erfunden sind, dadurch merklich verdorben werden; welches auch oft ungeübtere empfinden, ob sie gleich nicht einsehen, woher der Schaden entstanden ist.

Ich weiß gar wol, daß die grösten Meister bisweilen von den strengen Regeln abweichen, und dennoch durchaus wohlklingend sind. Dieses aber konnten sie nur darum thun, weil ihnen die Beobachtung des allerstrengsten geläuffig war. Niemand, als

sie

Vorrede.

sie allein, würde sich aus den Harmonien, die gegen die Regeln gesetzt sind, ohne Nachtheil des Wohlklanges, herausgefunden haben. Darum wird sich jeder rechtschaffene Lehrer des Satzes wol hüten, seinen Lehrlingen alle von großen Meistern begangene überlegte Abweichungen von den Regeln zu erlauben; denn sie würden Gefahr lauffen durch Harmonien, aus denen jene große Meister sich sehr glücklich herausgeholfen haben, einen barbarischen Uebelklang zu erwecken. In der That kann mit Anfängern die Reinigkeit nicht übertrieben werden. Haben sie einmal diese in ihrer Gewalt, so werden sie hernach von selbst finden, wo sie davon abgehen können.

Ich habe mir sehr angelegen seyn laßen vollständig zu seyn, und man wird viele nicht unwichtige Dinge in diesem Werk antreffen, davon anderswo nichts, oder doch nichts hinlängliches geschrieben worden: daß ich gar nichts nothwendiges übergangen habe, getraue ich mir nicht zu behaupten, eben so wenig, als dieses, daß ich nirgend gefehlt habe. Deswegen werde ich es mit Dank annehmen, wenn die, welche weiter sehen als ich, mich dessen erinnern werden. Indessen glaube ich, daß das

wich=

Vorrede.

wichtigste, was zur Reinigkeit des Satzes gehört, sich hier zusammen findet.

In einem andern Werke, welches, als der zweyte Theil des gegenwärtigen kann angesehen werden, will ich das vortragen, was zum schönen, gefälligen, und, in Absicht auf den Ausdruck, kräftigen Gesange gehöret. Die Materialien, die dazu gehören, habe ich schon gesammelt, und ich werde nächstens anfangen, sie in Ordnung zu bringen. Findet dieses Werk den Beyfall, den ihm einige meiner Freunde versprechen, so wird das andre bald nachfolgen.

N. S. Da sich einige nicht unbeträchtliche Druckfehler eingeschlichen haben, und an ein paar Stellen etwas vergessen worden, so wird der Leser erinnert, ehe er das Werk liest, die am Ende stehenden Errata nachzusehen, und in dem Werke selbst anzuzeichnen.

Die Kunst
des reinen Satzes in der Musik.

Vorerinnerung.

Da vorausgesetzt werden kann, daß diejenigen, welche sich dieses Werk zu Nutze machen wollen, in den ersten Anfängen der Musik bereits unterrichtet sind, so wird hier alles, was zu diesen Anfängen gehört, übergangen. Die meisten Kunstwörter, deren man sich in der Musik bedienet, ingleichem alles, was zur historischen Kenntniß der Tonleiter, der Intervalle, der Noten, ihrer Geltung, des Takts und dergleichen gehöret, sind denen, die dieses Werk lesen werden, bekannt. Nur gewisse feinere, nicht jeden bekannte Anmerkungen über diese verschiedene Gegenstände werden beyläufig, allemal wo es die Gelegenheit mit sich bringet, in besondern Anmerkungen beygebracht werden.

Die Absicht dieses Werks ist nicht blos auf die Bekanntmachung der Regeln des reinen Satzes gerichtet; man wird, so viel möglich ist, auch die Gründe anzeigen, aus welchen die Nothwendigkeit derselben erkennt wird. Dieses wird bisweilen eine umständliche Betrachtung ganz bekannter Dinge erfodern, die nur derjenige für überflüßig halten wird, der bey dem dunklen Gefühl der Beschaffenheit der Dinge stehen bleibt.

Die Setzkunst, in so fern sie bestimmten Regeln unterworfen ist, scheinet hauptsächlich von folgenden Punkten abzuhangen.

1. Muß man alle einzele Töne, die zur Musik brauchbar sind, oder die Tonleiter und die daher entstehenden Tonarten kennen.
2. Alle in jeder Tonart vorkommenden Intervalle.
3. Alle in derselben vorkommenden Accorde.
4. Muß man wissen, aus verschiedenen Accorden eine harmonische Periode zu machen, und aus solchen Perioden die Harmonie eines ganzen Tonstücks zusammen zu setzen.
5. Muß man einen fliessenden einstimmigen Gesang zu machen, und demselben noch eine, zwey oder mehr Stimmen beyzufügen wissen; auch zu einem gegebenen Baß eine oder mehr Stimmen zu setzen.

6) Den

2 **Die Kunſt**

6. Dem Geſang in einer oder mehr Stimmen, nach Beſchaffenheit des Charakters eines Stücks, die ihm zukommende Bewegung und einen ſchicklichen Rythmus zu geben.

Dieſe verſchiedenen Punkte werden alſo in dieſem Werk der Ordnung nach abgehandelt werden.

Erſter Abſchnitt.
Von der Tonleiter und der Temperatur derſelben.

Es iſt bekannt, daß man in den ältern Zeiten auf den Orgeln keine andern Töne gehabt hat, als diejenigen, welche noch gegenwärtig mit den Buchſtaben C, D, E, F, G, A H, c, d, e u. ſ. f. bezeichnet werden. Damals aber war der Buchſtabe H noch nicht gebräuchlich, ſondern dieſer Ton wurde mit B bezeichnet. Da die Töne C-c, D-d u.ſ.f. ſo genau mit einander übereinſtimmen, daß man, wenn beyde zugleich angeſchlagen werden, kaum zwey verſchiedene Töne zu hören glaubt, ſo hat man ihnen auch einerley Namen gegeben, und in dem ganzen Umfang aller brauchbaren Töne, nur ſieben für würklich ſo verſchieden gehalten, daß jedem ein beſonderer Namen zukäme.

Diejenigen Töne, die man wegen ihrer groſſen Uebereinſtimmung oder völligen Harmonie für einerley gehalten hat, ſind die, die von Sayten oder Pfeifen angegeben werden, deren Längen ſich gegen einander verhalten, wie die Zahlen $1, \frac{1}{2}, \frac{1}{4}, \frac{1}{8}$ u. ſ. f. Wenn nämlich eine geſpannte Sayte einen Ton angiebt, den man mit C bezeichnet, ſo wird die Hälfte derſelben Sayte bey gleicher Spannung einen höhern Ton angeben, den das Ohr für einen eben ſolchen Ton hält, als der Ton C iſt. Man hat ihn deswegen mit demſelben Buchſtaben bezeichnet. Von eben dieſer Art ſind die Töne, welche der vierte, der achte, und der 16te Theil u.ſ.f. der Sayte angeben. Alle dieſe Töne haben den Namen C bekommen.

Man hat alſo nur die Töne für verſchieden gehalten, die zwiſchen C und c liegen, und ihnen daher auch andere Namen gegeben. Da man aber nur noch ſechs Töne zwiſchen C und c angenommen hatte, ſo fand ſich, daß auf den Inſtrumenten, man mochte eine Pfeife oder Sayte, welche man wolte, tönen laſſen, allemal die achte darüber oder darunter, denſelben Ton erhöhet oder vertiefet angab. Daher haben die Intervalle C-c, D-d u.ſ.f. den Namen der Octaven bekommen.[1] Den andern Intervallen C-D, C-E, C-F u. ſ. f. gab man auf eine ähnliche Weiſe die Namen einer Secunde, einer Terz, einer Quarte,[2]

nach=

---

[1] Von dem lateiniſchen Wort Octavus, der achte.

[2] d. i. des zweiten, dritten, vierten Tones, u. ſ. f.

des reinen Satzes in der Musik.

nachdem die Sayte, die den höhern Ton angab, die zweyte, oder dritte, oder vierte u. s. w. von der tiefen Sayte war. Dieses ist also der Ursprung der noch jetzt üblichen Benennung der Intervalle.

Ehemals nennte man jedes Intervall nach der Anzahl der Sayten von dem tiefern Ton bis zum höhern, sie mochte so groß seyn, als sie wollte; so wurde e der zehnte Ton von C, eine Decime genennt; g, die Duodecime oder der zwölfte Ton von C, und so nennte man auch die folgenden Töne nach ihrem Abstand von dem Grundton. Gegenwärtig kommen diese Benennungen selten vor, weil man die hohen Töne e, g, h, nicht gegen dem tiefen C, sondern gegen seine Octave c hält; und daher e die Terz, g die Quinte, h die Septime nennet. 3)

Dieser Tonleiter C, D, E, F, G, A, H, c, d, e, f &c. bedienten sich die Alten so, daß sie bald einen, bald einen andern Ton derselben, für den untersten annahmen, und als den Grundton ihres Gesanges ansahen.

Also veränderten die Intervalle ihre Beschaffenheit, so oft ein andrer Grundton zum Gesang angenommen wurde. Fieng man von C an, so war C-D die Secunde, C-E die Terz, C-F die Quart u. s. f.; wurde aber D zum Grundton genommen, so war D-E die Secunde, D-F die Terz u. s. f. Diese Intervalle verhalten sich merklich anders, als die vorhergehenden; daher mußte auch der Gesang aus einem andern Grundtone nothwendig einen andern Charakter annehmen. Dieses ist der Ursprung der verschiedenen Tonarten der Alten.

---

3) Man hat gegenwärtig nur bis zur None, die, wie an seinem Orte gezeiget wird, nicht mit der Secunde kann verwechselt werden; selten unterscheidet man die Decime von der Terz der Octave. Man thut es nur in den Fällen, wo die Septime und None, ehe sie aufgelößt werden, etliche Schritte herauf thun, und denn wieder auf ihre vorigen Stellen zurücktreten. Da muß natürlicher Weise die Bezifferung auf folgende Art geschehen:

7. 8. 9. 10. 11. 10. 9. 8. 7.
5. 6. 7. 8. 9. 8. 7. 6. 5.

wodurch man sieht, daß die None in die folgenden Stufen 10, 11. u. s. f. trete. Denn wenn man dieses Heraufrücken also bezeichnen wollte:

7. 8. 2. 3. 2. 8. 7.
5. 6. 7. 8. 7. 6. 5.

so könnte man denken, die 8 springe in die 2, welches ganz unnatürlich wäre.

Nur wenn von dem Contrapunkt die Rede ist, kann man die Ausdrücke Decime und Duodecime nicht wol entbehren, weil der Contrapunkt in der Decime etwas ganz anders ist, als der Contrapunkt in der Terz, und der Contrapunkt in der Duodecime nicht mit dem in der Quinte kann verwechselt werden.

Die Kunst

Dieses desto deutlicher zu beschreiben, stelle man sich die Töne nach der Länge der Sayten vor. Die Diatonische Leiter der Alten war so beschaffen, daß wenn man die Länge der Sayte, die den Ton C angiebt, 1 nennet, die Sayten der übrigen Töne die Länge haben müßten, wie sie hier unter den Namen der Töne angegeben sind.

C	D	E	F	G	A	B 4)	c	d	e	f	u. s. w.
1	$\frac{8}{9}$	$\frac{4}{5}$	$\frac{3}{4}$	$\frac{2}{3}$	$\frac{3}{5}$	$\frac{8}{15}$	$\frac{1}{2}$	$\frac{4}{9}$	$\frac{2}{5}$	$\frac{3}{8}$	u. s. w.

Fängt man nun von C als dem Grundton an, so ist die Secunde $\frac{8}{9}$, die Terz $\frac{4}{5}$, die Quarte $\frac{3}{4}$ u. s. w. Nimmt man aber D zum Grundton an, so ist die Secunde $\frac{9}{10}$, die Terz $\frac{27}{27}$ 5) u. s. w. Auf diese Art also hatte jeder angenommene Grundton seine bestimmten Intervalle, die bald grösser, bald kleiner waren, als die gleiche Namen führenden Intervalle eines andern Grundtones.

Hauptsächlich aber unterscheideten sich die Intervalle zu dem Grundton C von denen, die zu dem Grundton A gehören. Die Octave A-a, enthielt nämlich folgende Töne.

A	B	c	d	e	f	g	a
$\frac{3}{5}$	$\frac{8}{15}$	$\frac{1}{2}$	$\frac{4}{9}$	$\frac{2}{5}$	$\frac{3}{8}$	$\frac{1}{3}$	$\frac{3}{10}$

oder wenn man für A die Zahl 1 setzet, diese

A	B	c	d	e	f	g	a
1	$\frac{8}{9}$	$\frac{5}{6}$	$\frac{20}{27}$	$\frac{2}{3}$	$\frac{5}{8}$	$\frac{5}{9}$	$\frac{1}{2}$

Also sind in diesem Tone die Secunde, die Quinte und die Octave völlig, wie in dem Tone C, alle übrigen Intervalle aber gehen merklich von jenem ab, ausser der Quarte $\frac{20}{27}$, die nur um etwas weniges von der Quarte $\frac{3}{4}$ abweicht.

In dem Tone C sind die Terz, die Sexte, und die Septime groß, in dem Tone A aber sind diese Intervalle klein; daher hat man hernach die Tonart, wie sie bey dem Grundton C ist, die große oder harte: die von A aber die kleine oder weiche Tonart genennet.

Dieses ist die ehemalige Einrichtung der Diatonischen Tonleiter, deren Ursprung nicht völlig bekannt ist: so wie man denn überhaupt nicht mit Gewißheit sagen kann, wie die Alten zu ihren verschiedenen Systemen oder Tonleitern gekommen sind. Man weiß nur so viel, daß das diatonische System der alten Griechen, welches von dem hier angegebenen etwas unterschieden gewesen ist, aus einer Folge von reinen Quinten kann hergeleitet werden. Es ist auch bekannt, daß

Guido

---

4) Was die Alten mit B bezeichneten, ist unser heutiges H.

5) Denn $\frac{8}{9}$ (D) ist zu $\frac{4}{5}$ (E), wie 1 zu $\frac{9}{10}$ und $\frac{8}{9}$ (D) ist zu $\frac{3}{4}$ (F) wie 1 zu $\frac{27}{27}$.

des reinen Satzes in der Musik.

Guido aus Arezzo im eilften Jahrhundert das alte diatonische System in Ansehung der Lage und Ordnung der Töne etwas abgeändert hat; die Ordnung und die Verhältnisse der Töne setzte er also:

$$\begin{array}{ccccccccc} & G & A & B & C & D & E & F & g \text{ u. s. f.} \\ 1. & \tfrac{8}{9} & \tfrac{64}{81} & \tfrac{3}{4} & \tfrac{2}{3} & \tfrac{16}{27} & \tfrac{8}{10} & \tfrac{1}{2} & \text{u. s. f.} \end{array}$$

In dieser Tonleiter waren, wie in der uralten griechischen diatonischen Tonleiter alle ganzen Töne gleich, nach dem Verhältniß $\tfrac{8}{9}$ und die beyden halben Töne E-F und B-C waren nach dem Verhältniß $\tfrac{243}{256}$. Wie aus diesem System das nachherige oder heutige, wovon wir vorher die Folge und die Verhältnisse angegeben haben, entstanden sey, ist ungewiß. Einige schreiben erst dem Zarlino, der im Sechszehnten Jahrhundert gelebt hat, die völlige Einrichtung desselben zu. Es läßt sich begreifen, wie es durch die Ausfüllung oder Theilung der größern Intervalle entstanden ist. 6)

A 3

---

6) Bey dieser Gelegenheit kann man sich die Methode bekannt machen, wie die Alten die größern Intervalle durch Einschaltung eines Tones zwischen zwey andere entdeckt haben. Man stelle sich also zwey Töne durch die Länge ihrer Sayten vor, z. E. die Töne, die eine Octave ausmachen, durch die Zahlen 2 und 1 oder 4 und 2 u. s. f. Will man nun zwischen diese zwey Töne noch einen in die Mitte setzen, so kann dieses auf dreyerley Arten versucht werden. Dieses zu erläutern nenne man den ersten Ton A, den andern C, und den neuen, der dazwischen kommen soll, B. Nun konnte man auf dreyerley Art versuchen, den Ton B mitten zwischen A und C zu setzen. 1) Entweder so, daß B so viel höher wäre als A, so viel er niedriger ist als C, oder daß die beyden Intervalle A-B und B-C gleich wären. Dazu wurd erfodert, daß die Zahl, wodurch die Länge der Sayte B ausgedrückt wird, die mittlere Proportionalzahl zwischen A und C wäre. Da nun aber die wenigsten Zahlen so sind, daß eine solche mittlere Proportionalzahl könnte gefunden werden, und überdem kein Intervall, das nur eine Octave oder kleiner ist, eine solche Zahl hat, so konnte diese Methode nicht angehen. 2) Man konnte aber auch die Mittelzahl B so nehmen, daß ihr Unterschied von A und von C gleich wäre. Dieses wird das arithmetische Mittel genennt. So wäre 9 das Mittel zwischen 12 und 6, da der Unterschied gegen beyde drey ist. 3) Auch konnte dieses Mittel so seyn, daß die Zahl B um einen eben so großen Theil von A, als von C abstünde. So ist die Zahl 8, die um $\tfrac{1}{3}$ kleiner als 12 und um $\tfrac{1}{3}$ größer als 6 ist. Dieses nennt man das harmonische Mittel. Man hielt sich also an diese zwey letztern Arten, und nennte die eine die arithmetische Theilung

Theilet man die Octave 1 : $\frac{1}{2}$ C c harmonisch, so bekömmt man die Quinte $\frac{2}{3}$ oder G, und über denselben die Quarte G c $\frac{2}{3}$: $\frac{1}{2}$ oder $\frac{3}{4}$. Theilet man die Quinte wieder harmonisch, so bekömmt man die große Terz $\frac{4}{5}$ oder E und über derselben die kleine E - G oder $\frac{4}{5}$: $\frac{2}{3}$ oder $\frac{5}{6}$. Theilet man ferner die grosse Terz harmonisch, so bekommt man den grossen Ton $\frac{8}{9}$ nämlich D, und über diesem den klei-

lung des Intervalls, die andere die harmonische Theilung.

Also versuchte man die Octave, als das größte Intervall, hernach auch die kleinen Intervalle arithmetisch und harmonisch zu theilen. Die arithmetische Theilung geschiehet also: Man subtrahirt die beyden Zahlen, die das Intervall ausdrücken, nimmt die Hälfte ihres Unterschieds und addiret sie zu der kleinern Zahl, so bekommt man das arithmetische Mittel. Z. E. Wenn die beyden Zahlen 12 und 6 sind, so ist ihr Unterschied 6, davon die Hälfte 3. Dieses zu 6 addirt giebt 9 als das arithmetische Mittel.

Das harmonische Mittel wird also gefunden. Man multipliciret die beyden Zahlen des Intervalls durch einander, nimmt die dadurch herauskommende Zahl doppelt, und dividirt sie durch die Summe der beyden Zahlen. Wenn also die Zahlen 12 und 6 sind, so multipliciret man 12 durch 6, und nimmt die herausgekommene Zahl 72 doppelt. Dieses macht 144, und diese dividirt man durch die Summe von 12 und 6, oder durch 18. Der Quotient 8 ist das harmonische Mittel zwischen 12 und 6, und ist um 4 oder $\frac{1}{3}$ von 12 kleiner als dieses, und um 2 oder $\frac{1}{3}$ von 6 größer als dieses.

Auf diese Art theilten die Alten alle Intervalle harmonisch oder arithmetisch. Beyde Theilungen bringen neue kleinere Intervalle hervor, und zwar dieselbigen mit dem Unterschied, daß durch die harmonische Theilung das vollkommnere Intervall unten, oder zwischen dem untersten und dem neuen Ton liegt, das unvollkommnere oben, und daß dieses in der arithmetischen Theilung gerade umgekehrt ist. Z. E. Die harmonische Theilung der Octave 12 : 6 giebt für den neuen Ton 8, welches gegen 12 eine Quinte und gegen 6 eine Quarte macht: Die arithmetische Theilung giebt 9 für den neuen Ton, welches gegen 12 eine Quarte und gegen 6 eine Quinte macht. Daraus versteht man, was die Alten sagen wollen, wenn sie die harmonische Theilung der Octave also

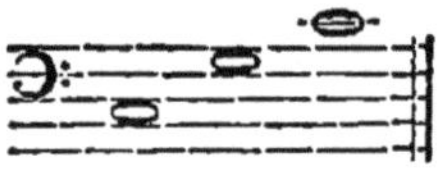

und die arithmetische also

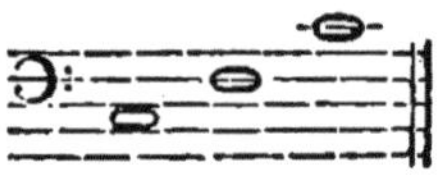

vorstellen.

Durch

des reinen Satzes in der Musik.

kleinen $\frac{8}{9}$: $\frac{2}{3}$ oder $\frac{9}{10}$, D-E. Auf diese Weise hatte man die Töne C, D, E, G, c, nach den heutigen Verhältnissen bekommen. Die arithmetische Theilung der Octave gab den Ton F oder $\frac{3}{4}$, die harmonische Theilung der Quinte F-c gab wieder die grosse Terz zu F, nämlich A oder $\frac{3}{5}$. Endlich gab man auch dem ersten aus der Theilung der Octave entstandenen Ton G seine grosse Terz $\frac{8}{15}$ oder B (das heutige H), und so hatte man das System.

Bey dieser Einrichtung der Tonleiter zeigte sich die Schwierigkeit, daß man den Ton B oder das jetzige H gar nicht konnte zum Grundton machen, weil ihm die Quinte fehlte, da das Intervall B-F $\frac{8}{15}$: $\frac{3}{4}$ oder $\frac{45}{64}$ zur Quinte ganz unbrauchbar ist. Der Ton F aber hatte keine Quarte, denn das Intervall F-B [7] klinget nicht nur sehr widrig, sondern ist auch schweer von den Sängern zu treffen. Dieses Intervall wurd, weil es aus drey ganzen Tönen bestehet, Tritonus genennet: sein Verhältniß ist $\frac{3}{4}$ zu $\frac{8}{15}$ oder $\frac{32}{45}$. Diesem Mangel haben die ehemaligen Tonlehrer dadurch abgeholfen, daß sie zwischen A und B noch einen Ton eingeschaltet haben, der mit F eine reine Quarte machte, und zu dem die Octave von F eine reine Quinte war.

Durch die harmonische Theilung der Quinte 15. 12. 10 entstehet unten die grosse Terz, und darüber die kleine.

Durch die harmonische Theilung der grossen Terz 45. 40. 36. entsteht unten der grosse Ton $\frac{40}{45}$ oder $\frac{8}{9}$ und oben der kleine $\frac{36}{40}$ oder $\frac{9}{10}$.

Auf diese Weise fand man durch die Theilung der Octave die Quinte und Quarte, durch die Theilung der Quinte die grosse und kleine Terz, durch die Theilung der grossen Terz die grosse Secunde, oder den grossen Ton und den kleinen Ton.

Nach diesem sah man auch, daß der Raum zwischen der grossen Terz und der Quarte die kleine Secunde, oder den grossen halben Ton $\frac{15}{16}$ gebe, und daß dieser vom grossen ganzen Ton abgezogen den kleinen halben Ton 128; 135 gebe.

Die

Es verdienet hier noch im Vorbeygang angemerkt zu werden, daß die Claviermacher übel thun, wenn sie bey gebundenen Sayten das Verhältniß $\frac{24}{25}$, welches der Unterschied der grossen und kleinen Terz ist, für den kleinen halben Ton nehmen. Eigentlich sollte es $\frac{128}{135}$ seyn, weil aber diese Eintheilung etwas beschwerlich ist, so können sie füglich $\frac{18}{19}$ und $\frac{28}{29}$ dafür nehmen. Das erstere zur Bindung von Dis und E, F und Fis, Gis und A, B und H statt $\frac{128}{135}$. Das andere für C und Cis, D und Dis, G und Gis, an statt $\frac{24}{25}$. Will man Cis und D, E und F, Fis und G, A und B, H und C binden, so kann man das Verhältniß $\frac{15}{16}$ nehmen.

[7] So lange von der Tonleiter der Alten gesprochen wird, muß man immer unter dem Ton B unser heutiges H verstehen.

8 Die Kunst

Die Länge der Sayte zu diesem Ton mußte also $\frac{27}{32}$ seyn. Diese Sayte bekam ebenfalls den Namen B, wurde aber zum Unterschied des ursprünglichen B oder $\frac{8}{15}$, das weiche oder viereckigte ♮ genennt. Dieses hat man hernach mit dem Buchstaben H bezeichnet, welchen Buchstaben der Ton $\frac{8}{15}$ noch jetzt trägt.

In dieser diatonischen Tonleiter sind die Stufen von einem Tone zu dem nächsten von dreyerley Art. Die von C bis D, von F bis G, von A bis H, sind $\frac{8}{9}$. Dieses Intervall nennet man einen großen Ton. Die Stufen D-E und G-A sind nur $\frac{9}{10}$, welches Intervall ein kleiner Ton genennt wird: die Stufen E-F und H-c sind $\frac{15}{16}$, und dieses wird ein halber Ton genennt.

Bey dieser Tonleiter kann man auch noch eine andere Anmerkung machen. Wenn man C zum Grundton annimmt, und alle Töne der Tonleiter von C bis c nach einander anschlägt, so merkt man, so bald man auf den Ton H kömmt, daß er den folgenden Ton c gleichsam zum voraus ankündiget, und in dem Gehör einigermaaßen ein Verlangen darnach erwecket. Eben dieses geschiehet auch, wenn man von F anfängt und auf e gekommen ist. Geht man aber von D nach d, so läßt der siebende Ton c von dem folgenden d gar nichts fühlen.

Diese Erfahrung, die jederman gar leicht machen kann, lehrte die Alten, [8] daß die große Septime C-H, F-e eine Kraft habe, den nächst über ihr liegenden halben Ton zum voraus empfindbar zu machen; sie nennten deßwegen diesen Ton das Semitonium modi, und gaben dadurch zu verstehen, daß er den nächst darüber liegenden halben Ton als den Hauptton anzeige. Sie sahen bald, daß die Musik gewinnen würde, wenn jeder Grundton diesen Vortheil hätte. Daher mag es hernach gekommen seyn, daß wie man versucht hat, den übrigen vier Tönen D, E, G und A, auch ein solches Subsemitonium zu geben, und also zwischen C und D, zwischen D und E, zwischen F und G, und zwischen G und A halbe Töne einzuschalten. Dieses scheinet der Ursprung der heutigen Tonleiter zu seyn, in welcher diese eingeschaltete Töne die Namen Cis, Dis, Fis und Gis bekommen haben. Wiewol eben diese Töne auch aus andern Gründen konnten eingeführt werden. [9]

Wollte

---

[8] Unter diesem Worte verstehet man hier nicht die alten Griechen, aus deren Musik die unsrige durch verschiedene Veränderung entstanden ist, sondern die Tonsetzer des XVI und zum Theil noch des XVII Jahrhunderts, die unsere heutige aus zwölf Tönen bestehende Tonleiter noch nicht hatten.

[9] Es scheint doch, daß der angeführte Ursprung der neuen halben Töne Cis, Dis, Fis und Gis der natürlichste sey. Es fällt ungemein stark ins Gehör, daß
der

des reinen Satzes in der Musik.

Wollte man diese Töne so nehmen, daß sie gerade so weit von dem halben Ton über sie abstünden, als E von F oder H von C, so müßten die Längen der Sayten die hier angegebenen Verhältnisse haben.

Cis	Dis	Fis	Gis
$\frac{128}{135}$	$\frac{64}{75}$	$\frac{32}{45}$	$\frac{16}{25}$

Es läßt sich auch vermuthen, daß diejenigen, die zuerst versucht haben, diese vier neuen Töne einzuführen, sie dem Gehör nach so nah als möglich auf diese Verhältnisse werden gestimmt haben, damit Cis das Subsemitonium von D, Dis von E u. s. f. wäre. Doch muste man bald merken, daß es hier eben nicht auf ein ganz genaues Verhältnis ankomme. Man kann diese Töne etwas höher oder niedriger nehmen, ohne die Eigenschaft, die sie haben, den nächsten Haupttone darüber anzukündigen, zu schwächen.

Dieser Umstand war sehr vortheilhaft, indem er verstattete, daß man einen doppelten Gebrauch von diesen neuen halben Tönen machen konnte. Ohne der Hauptabsicht, sie als Subsemitonia zu gebrauchen, zu schaden, konnten sie etwas erhöhet oder erniedriget werden, und so war es möglich, sie gerade so zu nehmen, daß sie zugleich als Quinten oder Terzen oder Quarten, anderer Töne dienen konnten, wodurch die Anzahl der Grundtöne vermehret, und also der Musik mehr Mannigfaltigkeit konnte gegeben werden.

So fand man, daß, wenn man der Sayte Fis die Länge $\frac{32}{45}$ gäbe, dieselbe nicht nur das Subsemitonium von G, sondern zugleich die reine Quinte von H und die reine große Terz von D wäre. Diese glückliche Bemerkung führte die Tonlehrer auf die Untersuchung, wie auch die andern drey halben Töne Cis, Dis und Gis zu diesem doppelten oder dreyfachen Gebrauch könnten eingerichtet werden.

Die Nachrichten von den verschiedenen Versuchen, die damit gemacht worden, sind nicht bis auf uns gekommen. Nur so viel weiß man, daß dieselben endlich die Einführung der heutigen 24 verschiedenen Tonleitern veranlaset haben, da man jeden der 12 Töne der Octave zum Grundton machen, und sowol nach der harten als nach der weichen Tonart darin spielen konnte. Es mag auf folgende Weise damit zugegangen seyn.

In der Discantschluß aus dem Semitonio in den Haupttone sehr viel vollkommener ist, als der Schluß aus der kleinen Terz der Dominante in den Haupttone, womit die Alten in Moltönen zufrieden seyn mußten. Also kann es gar wol seyn, daß das Nachdenken, wie die Schlüsse der Moltöne vollkommener zu machen wären, diese neuen Töne eingeführet hat.

In der ehemaligen diatonischen Tonleiter waren einige Töne, als C und F, die ihre reinen Quinten und große Terzen hatten; andere aber, wie A und E, hatten zu den reinen Quinten nur kleine Terzen, hingegen hatte D weder eine reine Quinte, noch eine reine kleine Terz; die große Terz aber fehlte ihm ganz.

H war ohne Quinte, also konnte man nur aus gar wenig Tönen in der großen oder kleinen Tonart rein spielen.

Die Bemerkung, daß durch Einführung des Tones Fis, H eine Quinte, und D eine große Terz bekommen hatten, brachte die Tonsetzer auf den Gedanken, daß es vielleicht angehen könne, gar jeder Sayte eine große und kleine Terz und eine Quinte zu geben. Schon die vier neuen Töne Cis, Dis, Fis und Gis so genommen, wie sie als Subsemitonia der über ihnen liegenden Haupttöne mußten genommen werden, gaben Hoffnung zu der Möglichkeit eines solchen neuen Systems der Musik: der bloße Gedanke davon fand so viel Beyfall, daß man hernach unzählige Versuche machte, dasselbe zur Vollkommenheit zu bringen.

Man suchte also die vier Semitonia Cis, Dis, Fis und Gis so zu nehmen, daß jeder Ton der chromatischen Tonleiter C, Cis, D, Dis, E, F, Fis, G, Gis, A, B, H seine Quinte, seine große und kleine Terz darin habe.

Man sah aber bald, daß dieses nur in so fern möglich sey, als es erlaubt seyn würde, die Intervalle bald etwas größer, bald etwas kleiner zu machen. Wollte man z. E. Dis so nehmen, daß es die völlig reine kleine Terz zu C wäre, so konnte es nicht zugleich die reine Quinte von Gis seyn. Indessen fand man, daß für diese neuen Töne ein solches Mittel könnte getroffen werden, daß zwar die Intervalle nicht ganz rein, aber doch erträglich seyn würden. Dieses nennte man das System Temperiren.

Jeder Orgelbauer und Instrumentmacher suchte, so gut er konnte, eine Temperatur, die den wenigsten Unbequämlichkeiten unterworffen war; und so stehen die Sachen noch gegenwärtig.

Nachdem unzählige Temperaturen ausgedacht worden, glaubten endlich einige Tonlehrer, das leichteste Mittel, aus der Sache zu kommen, sey dieses, daß die Töne C, Cis, D, Dis u. s. f. alle durch gleiche Stufen von einander abgesondert werden. Also theilte man die Octave in zwölf gleiche Theile ein, davon jeder ohngefehr ein halber Ton war; dieses nennte man die gleichschwebende Temperatur. Viele sahen sie gleich für sehr vortheilhaft an, weil nach derselben jede Sayte der chromatischen Tonleiter ihre große und ihre kleine Terz, nebst ihrer Quarte, Quinte und Sexte, der Reinigkeit so nahe hat, daß das Ohr das, was der völligen Reinigkeit abgeht, kaum merkt.

Man

des reinen Satzes in der Musik.

Man kann folglich nach dieser Temperatur aus gar allen im chromatischen System liegenden Tönen, so wol in Dur als in Mol, fast ganz reine spielen.

Eine genauere Ueberlegung giebt aber bald beträchtliche Bedenklichkeiten gegen diese Temperatur an die Hand.

Erstlich ist es unmöglich, selbige ohne ein Monochord, oder etwas das dessen Stelle vertritt, zu stimmen. Durch das bloße Gehör können wol consonirende Intervalle rein gestimmt werden, aber dißonirende kann man nicht genau treffen.

Zweytens wird durch die gleichschwebende Temperatur die Mannigfaltigkeit der Töne aufgehoben. Denn sie läßt schlechterdings nur zwey Charakter übrig, da auf der einen Seite alle Durtöne, und auf der andern alle Moltöne sich vollkommen gleich sind.

Also hätte man durch die 24 Tonleitern nicht nur würklich nichts gewonnen, sondern sehr viel verloren. Denn die bloß diatonische Tonleiter, wie die Alten sie gebraucht haben, wovon oben gesprochen worden, gab verschiedene, an Charakter wol von einander abgezeichnete Tonarten, davon allemal die, welche sich zum Ausdruck am besten schickte, konnte gewählet werden. Die gleichschwebende Temperatur hebt dieses auf, und läßt dem Tonsetzer blos die Wahl zwischen der großen und der kleinen Tonart.

Diese Gründe sind wichtig genug, um eine Temperatur fahren zu lassen, die so viel Unvollkommenheit nach sich zieht.

Eine Temperatur, die gut seyn soll, muß leichte zu stimmen seyn, sie muß der Mannigfaltigkeit der Töne nicht schaden, und endlich alle Intervalle, so viel möglich ist, so angeben, wie die reinen Fortschreitungen der Melodien sie hervorbringen.

Man findet z. E. daß ganz reine melodische Fortschreitungen in zwey Stimmen verschiedene temperirte, oder nicht ganz reine Terzien in der Harmonie hervorbringen.

Man stelle sich folgendes Beyspiel vor.

In beyden Stimmen kommen Sprünge von Quarten und Quinten vor. Diese kann, wie gesagt, ein Sänger nicht anders als rein nehmen. Geschieht dieses nun, so machen beyde Stimmen, wenn sie auf die letzten hier angeschriebenen Töne kommen, eine Terz, die nicht rein ist. Denn wenn $\overline{c}$ durch 1 ausgedrückt wird, so wird das $\overline{g}$ in der obern Stimme eine reine Quarte tiefer $\frac{4}{3}$, davon die reine Quinte $\overline{d}$ $\frac{8}{9}$. In der untern Stimme fällt man von $\overline{c}$ 1 auf $\overline{f}$ eine Quinte; folglich ist $\overline{f}$ $\frac{3}{2}$, von da steiget man eine reine Quarte $\frac{9}{8}$. Also verhält sich hier $\overline{b}$ zu $\overline{d}$ wie $\frac{9}{8}$ zu $\frac{8}{9}$ oder wie 1 zu $\frac{64}{81}$. Es ist deswegen die Terz $\overline{b}$ - $\overline{d}$ von $\frac{64}{81}$, ungeachtet sie um das Comma $\frac{81}{80}$ höher ist, als die reine Terz $\frac{4}{5}$, nicht zu verwerfen: erstlich weil es wichtiger ist, daß die größern Intervalle Quinten und Quarten rein seyn, aus denen diese Terz entsteht, als daß diese rein, und jene unrein seyn. Zweytens, weil es nicht möglich ist, diese Quarten und Quinten im Singen so zu temperiren, daß die Terz b - d rein herauskomme.

Würde man aber mit zwey Stimmen auf folgende Art fortschreiten:

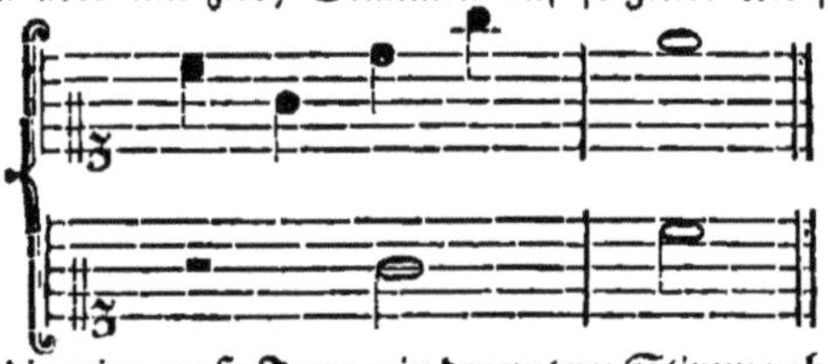

so würden c und e die reine große Terz; g in der untern Stimme aber gegen das letzte e in der obern die reine Sexte $\frac{3}{5}$ ausmachen, da in dem vorhergehenden Beyspiel f in der untern Stimme gegen d in der obern, eine Sexte die $\frac{16}{27}$ ist, macht. Also geben die Fortschreitungen durch reine Intervalle die Terzen bald größer, und bald kleiner.

Was hier beyläufig erinnert worden, daß es wichtiger sey, die großen als die kleinen Intervalle rein zu haben, verdienet etwas näher entwickelt zu werden. Es ist bekannt, daß die Octaven nicht die geringste Temperatur vertragen, sondern ganz rein seyn müssen, weil eine Kleinigkeit, darum sie zu hoch oder zu tief sind, sie sehr wiedrig macht. Der Grund davon ist offenbar. Weil sie von einer Art sind, so wird die Vergleichung so leichte, daß der geringste Unterschied merklich wird. Die Quinten können, wie man aus der Erfahrung weiß, etwas unter sich schweben, ohne wiedrig zu werden, denn zwischen 2 und 3 ist die Vergleichung nicht so faßlich, als zwischen 1 und 2. Daher wird man bey der Quinte den Mangel nicht so leicht gewahr. Aus eben diesem Grunde können die Ter-

des reinen Satzes in der Musik.

Terzen noch vielmehr Abweichung von der Reinigkeit vertragen, ehe sie verdrießlich werden, weil das Verhältniß 4: 5, oder 5: 6 noch schweerer als 2: 3 zu fassen, folglich die Abweichungen davon weniger merklich sind. Dieses kommt vollkommen mit dem Gefühl überein. Das Gehör der größten Meister kann hierüber zu Rathe gezogen werden; sie sind darin einstimmig, daß die Quinten erträglich sind, wenn sie nicht über ein halbes Comma, oder $\frac{1}{170}$ tiefer, als das wahre Verhältniß $\frac{2}{3}$ sind; die großen Terzen aber können ein ganzes Comma oder $\frac{1}{80}$ über sich, die kleinen eben so viel unter sich vertragen.

Weil man, so viel möglich, auf reine Quarten und Quinten sehen muß, so werden die unreinen Terzen, die nothwendig daher entstehen, ohne Bedenken anzunehmen seyn.

Vorher ist gezeiget worden, wie die Terz $\frac{64}{81}$ entstehe. Da diese unvermeidlich ist, so wird auch noch eine andere, die durch $\frac{432}{512}$ ausgedrückt wird, und um etwas kleiner als jene ist, nothwendig; denn diese ist das, was der reinen großen Terz 4, 5 und der größten $\frac{64}{81}$ zur Octave fehlt. Denn wenn das Intervall $\overline{b\text{-}d}$, wie wir gesehen haben, nothwendig $\frac{64}{81}$ ist, $\overline{d\text{-}fis}$ aber die reine große Terz seyn soll, so muß das fis mit b nothwendig das Intervall $\frac{432}{512}$ ausmachen.

Nach diesen vorläufigen Erinnerungen wird man die Temperatur, die hier soll angezeiget werden, ohne Zweifel für die beste mögliche halten. Denn sie hat die so wesentlichen Eigenschaften, daß sie leichte zu stimmen ist; daß die Hauptintervalle Quinten und Quarten entweder vollkommen, oder so rein sind, daß kein Ohr den Unterschied zu merken im Stand ist, wie sogleich soll gezeiget werden; und endlich, daß sie keine andere Terzen hat, als entweder ganz reine, oder doch solche, die aus reinen Quinten und Quarten nothwendig entstehen. In dieser Temperatur haben die Töne folgende Verhältniße:

C	Cis	D	Dis	E	F	Fis	G	Gis	A	B	H
1	$\frac{243}{256}$	$\frac{8}{9}$	$\frac{27}{32}$	$\frac{4}{5}$	$\frac{3}{4}$	$\frac{32}{45}$	$\frac{2}{3}$	$\frac{81}{128}$	$\frac{161}{270}$	$\frac{9}{16}$	$\frac{8}{15}$

In dieser Tonleiter sind alle Töne der reinen diatonischen Leiter beybehalten worden, außer der Ton A, der anstatt $\frac{3}{5}$ oder $\frac{162}{270}$ hier $\frac{161}{270}$ und also um $\frac{1}{162}$ oder ein halbes Comma höher genommen ist, damit er, als die Quinte von D zu brauchen sey. Denn jetzt ist diese Quinte D - A und folglich auch die Quinte A - e nur um ein halbes Comma niedriger, als die ganz reine Quinte $\frac{2}{3}$. Diese zwey Quinten ausgenommen, sind alle übrigen ganz rein. Denn daß die Quinte Fis - cis um den zehnten Theil eines Comma unter sich schwebt, kann kein Ohr merken, so fein sein Gefühl auch immer seyn mag. Da nun alle Quinten bis auf zwey rein sind, so sind es die Quarten ebenfalls.

Die

14 Die Kunst

Die großen Terzen sind von viererley Art: vollkommen reine C - F, D - Fis, G - H; andere von $\frac{81}{64}$, die um ein Comma zu groß sind; hierauf solche, die um weniger als ein Comma über sich schweben, wie die von $\frac{405}{324}$; und endlich solche, die der ganz reinen noch näher kommen, als F - A $\frac{128}{171}$, welches von $\frac{4}{5}$ nicht merklich, und A - cis $\frac{13041}{16384}$, welches von $\frac{81}{64}$ eben so unmerklich abweichet.

Von den kleinen Terzen sind noch mehr, die von der Reinigkeit abweichen. Indessen gehet der Unterschied nirgend über ein Comma, folglich werden sie alle erträglich.

Die vorgeschlagene Temperatur hat endlich den Vortheil vor allen andern, daß sie durch bloße reine Quinten, und eine einzige große Terz $\frac{4}{5}$ kann gestimmt werden, wie aus dieser Vorstellung zu sehen ist.

Nachdem man die Töne auf diese Art bis auf das Fis bey × gestimmet hat, so ist a, welches noch fehlt, gar leicht so zu nehmen, daß die Quinte d - a bey × so viel unter sich schwebt, als die Quinte a - e. Dieses wird keinem, der ein wenig im Stimmen geübt ist, die geringste Schwürigkeit machen, und diese Temperatur wird sich vorzüglich durch die Leichtigkeit des Stimmens empfehlen.

Zweyter Abschnitt.
Von den Intervallen.

Die Alten zählten, wie schon erinnert worden, die Intervalle der Töne nach den diatonischen Stufen ab, und daher kam es, daß jeder Grundton in dem Bezirk einer Octave sieben Intervalle hatte, weil von ihm bis zu seiner Octave sieben diatonische Stufen waren. Die Intervalle, welche die Octave überschritten, wurden noch allezeit der Stufen nach von dem untersten Ton genennet. Die Secunde der Octave ward None, die Terz Decime genennet, und so auch alle übrigen Töne, so viel in dem Umfange des ehmaligen Systems waren. Gegenwärtig hat man diese Art zu zählen größtentheils verlassen, indem man den über der Octave liegenden Intervallen die Namen giebt, die sie in der ersten Octave haben, die Decime ist eine Terz, die Undecime eine Quarte u. s. f. Nur in gewissen besondern Fällen, wovon oben in der Anmerkung auf der

dritten

des reinen Satzes in der Musik.

dritten Seite ein Beyspiel gegeben worden, werden die Intervalle in der zweyten Octave mit 9, 10, 11, u. s. f. angezeiget. Die None besonders behält ihren Namen, wenn sie in dem Zusammenhange der Harmonie anders als die Secunde behandelt wird, wie in dem folgenden wird zu sehen seyn. Diese Intervalle behielten für jeden Grundton dieselben Namen, aber in Ansehung ihrer würklichen Größe und folglich des Klanges waren sie sehr verschieden. Das Intervall von C zu D wurd eben, wie das von D zu E, und wie das von E zu F eine Secunde genennt, ob sie gleich an Größe verschieden sind.

Damit man auf einmal die wahre Größe der Intervalle, wie die Alten sich derselben in ihren verschiedenen Tönen bedient haben, übersehen könne, ist folgende Tabelle hier eingerückt.

Tabelle der Intervalle
in den Tonarten der Alten.

	I	II	III	IV	V	VI	VII	VIII
C	1 C	$\frac{8}{9}$ D	$\frac{4}{5}$ E	$\frac{3}{4}$ F	$\frac{2}{3}$ G	$\frac{3}{5}$ A	$\frac{8}{15}$ B	$\frac{1}{2}$ c
D	1 D	$\frac{9}{10}$ E	$\frac{27}{32}$ F	$\frac{3}{4}$ G	$\frac{27}{40}$ A	$\frac{3}{5}$ B	$\frac{9}{16}$ c	$\frac{1}{2}$ d
E	1 E	$\frac{15}{16}$ F	$\frac{5}{6}$ G	$\frac{3}{4}$ A	$\frac{2}{3}$ B	$\frac{3}{5}$ c	$\frac{5}{9}$ d	$\frac{1}{2}$ e
F	1 F	$\frac{8}{9}$ G	$\frac{4}{5}$ A	$\frac{32}{45}$ B	$\frac{2}{3}$ c	$\frac{16}{27}$ d	$\frac{8}{15}$ e	$\frac{1}{2}$ f
G	1 G	$\frac{9}{10}$ A	$\frac{4}{5}$ B	$\frac{3}{4}$ c	$\frac{2}{3}$ d	$\frac{3}{5}$ e	$\frac{9}{16}$ f	$\frac{1}{2}$ g
A	1 A	$\frac{8}{9}$ B	$\frac{5}{6}$ c	$\frac{20}{27}$ d	$\frac{2}{3}$ e	$\frac{5}{9}$ f	$\frac{5}{9}$ g	$\frac{1}{2}$ a
B	1 B	$\frac{15}{16}$ c	$\frac{5}{6}$ d	$\frac{3}{4}$ e	$\frac{45}{64}$ f	$\frac{5}{8}$ g	$\frac{9}{16}$ a	$\frac{1}{2}$ b

Es fällt vermittelst dieser Tabelle in die Augen, daß kein Ton dem andern völlig gleich gewesen. Die Töne C und F sind in zweyen Intervallen von einander unterschieden, nemlich in der Quarte, die im Ton C $\frac{3}{4}$, im Ton F aber $\frac{32}{45}$ ist; in der Serte, die in C $\frac{3}{5}$, in F aber $\frac{16}{27}$, und also um ein Comma höher ist.

Also

Also gab die diatonische Tonleiter sechs verschiedene Tonarten [10]). Denn die siebende B oder unser H wurde ganz verworfen, weil ihre Quinte $\frac{4\ 5}{3\ 2}$ nicht zu brauchen war. Die Beschaffenheit der Intervalle zeiget sich aus der Tabelle. Die Secunden sind von dreyerley Größe $\frac{9}{8}$, $\frac{10}{9}$ und $\frac{16}{15}$. Die beyden ersten, die nur um ein Comma verschieden sind, wurden für einerley gehalten, und die große Secunde genennt, die andre die kleine.

Terzen waren ebenfalls dreyerley, die große $\frac{5}{4}$, die kleine $\frac{6}{5}$ und $\frac{32}{27}$. Diese aber, die auch nur um ein Comma tiefer, als $\frac{6}{5}$ ist, wurde noch für die kleine Terz gehalten. Also waren nur zwey Terzen, die große und die kleine. Die Quarten waren alle bis auf eine, nämlich die von F, (der eigentliche Tritonus) einander gleich, und die von A war um ein Comma zu hoch.

Wie diese drey ersten Gattungen der Intervallen waren, so waren auch die übrigen, die durch die ersten bestimmet werden. Denn aus den Quarten entstehen in der Umkehrung Quinten, aus den Terzen Sexten, und aus den Secunden Septimen [11]).

Also waren alle Quinten bis auf die von D rein; die Sexten von zweyerley Art, große $\frac{5}{3}$ und kleine $\frac{8}{5}$, und eben so die Septimen, die große $\frac{15}{8}$ und die kleine $\frac{9}{5}$.

10) Man kann hier im Vorbeygang die Namen der alten Haupttonarten merken.

Die C zum Grundtone hatte, hieß die jonische Tonart.
— D — — dorische —
— E — — phrygische —
— F — — lydische —
— G — — mixolydische —
— A — — äolische —

Jede dieser sechs Tonarten wurde von den Alten auf zweyerley Weise behandelt, die sie authentische und plagalische nennten. Nach der authentischen Art nahm man den Umfang von dem Grundton bis in seine Octave, nach der plagalischen aber von der Unterquarte des Grundtones bis auf die Quinte desselben, z. E. in C oder der jonischen Tonart.

authentisch   plagalisch

Von Hiedurch entstunden in allem zwölferley Tonarten. Wollte man nun auch die heutige Tonleiter eben so behandeln, und aus jedem Ton, so wol in der größern, als kleinern Tonart, nach authentischer und plagalischer Art verfahren, so bekäme man 48 verschiedene Tonarten.

11) Durch das Wort Umkehrung versteht man die Heruntersetzung des höhern Tones in dem Intervall um eine ganze Octave. Wenn man in der Terz a c den Ton c eine Octave tiefer nimmt, so hat man c-a, welches alsdenn eine Sexte ist.

Die

des reinen Satzes in der Musik. 17

Von der hier erwähnten Größe sind also alle Intervalle, die man schlecht weg, oder mit Beysetzung des Namens Groß oder Klein nennt. Die große Secunde ist $\frac{9}{8}$ oder bis auf ein Comma geringer, die kleine ist $\frac{16}{15}$. Die große Terz $\frac{5}{4}$ oder etwas (doch nicht über ein Comma) mehr. Die Quarte aber ist nur von einer Art $\frac{4}{3}$, und kann, ohne ihre Natur zu verlieren, um kein Comma höher seyn, und so auch die Quinte. Deswegen haben auch die beyden Intervalle F-H $\frac{45}{32}$, und dessen umgekehrtes Intervall H-f $\frac{64}{45}$, jenes nicht mehr den Namen der Quarte, sondern den Namen des Tritonus bekommen, dieses aber ist die falsche Quinte genennet worden.

Dieses mag von der Einrichtung der Tonleiter der Alten genug seyn. Durch die Einführung der vier neuen Töne Cis, Dis, Fis und Gis hat die ganze Musik eine andere Gestalt bekommen. 1) Anstatt der sieben Intervalle, die sonst jeder Ton in dem Bezirk einer Octave hatte, hat er nunmehr zwölfe. 2) Anstatt daß ehedem jeder Grundton nur eine Tonart hatte, darin alle Intervalle genau bestimmt waren, hat jeder Grundton zwey diatonische Tonarten, die harte und die weiche. Nämlich ehedem hatte der Ton C nur eine große Terz und kleine Sexte; jetzt hat derselbe Grundton auch eine kleine Terz und eine große Sexte. Da man also ehedem nur in C dur spielen konnte, kann man jetzt auch in C mol spielen. 3) Beyde Tonarten aber, so wol mol als dur, haben außer den diatonischen Intervallen auch die chromatischen, nämlich eine kleine Secunde Cis, eine übermäßige Quarte Fis u. s. f.; dadurch ist eine sehr viel größere Mannigfaltigkeit in die Melodie und Harmonie eingeführet worden.

Nämlich in dem alten diatonischen System waren die Fortschreitungen völlig bestimmt; man konnte z. E. von C nicht anders fortschreiten, als entweder um eine große Secunde C-D, oder um eine große Terz C-E u. s. f. Gegenwärtig hat man die Wahl, von jedem Ton, um eine kleine, große, oder übermäßige Secunde, um eine kleine oder große Terz u. s. f. fortzuschreiten. Daher erhält man den Vortheil, wie wir im Verfolg sehen werden, schneller in andere Töne auszuweichen. Zugleich entstehet dadurch, wegen der verminderten und der übermäßigen Intervalle, eine große Bequemlichkeit, die verschiedenen Arten der Leidenschaften auszudrucken.

Man

Die Secunde c-d wird durch die Umkehrung D-c zur Septime. Will man diese Umkehrung in den durch Zahlen ausgedruckten Intervallen machen, so kehrt man den Bruch um, und verdoppelt hernach den Namen. Die kleine Terz $\frac{6}{5}$ giebt in der Umkehrung $\frac{10}{6}$ oder $\frac{5}{3}$, oder die große Sexte; die große Terz $\frac{5}{4}$ giebt in der Umkehrung $\frac{8}{5}$, oder die kleine Sexte.

18 Die Kunst

Man kann auch jetzt, vermittelst der, zwischen den diatonischen Tönen eingeschalteten, chromatischen Töne kleinere Fortschreitungen nach einander nehmen, wie in diesem Beyspiel:

wodurch der Gesang sehr ofte die größte Kraft des Ausdrucks bekommt. Diese kleinen chromatischen Fortschreitungen geschehen durch Intervalle von übermäßigen Primen F-Fis, G-Gis ꝛc. oder von verminderten Primen H-B ꝛc., welche eigentlich $\frac{24}{25}$ seyn sollten [12]), in unserm System aber $\frac{243}{256}$, und also immer merklich kleiner, als die kleinesten diatonischen Fortschreitungen $\frac{15}{16}$ (E-F) sind.

Man kann so gar durch eine Täuschung des Gehöres noch kleinere Fortschreitungen erhalten, die man **enharmonische** nennt. Um dieses zu verstehen, bemerke man, daß jede Sayte des heutigen Systems mehr, als eine Stelle zu vertreten hat, wenn sie gleich immer denselben Ton, oder dieselbe Höhe behält. So vertritt z. E. unsre zweyte Sayte die Stelle der großen Terz von A, in welchem Fall sie als ein erhöhtes C angesehen und Cis genennt wird, und zugleich die Stelle der kleinen Terz von B, in welchem Fall sie als ein erniedrigtes D angesehen und Des genennt wird. Im ersten Fall müßte ihre Länge $\frac{12}{25}$ seyn [13]), im andern Fall aber $\frac{15}{32}$ [14]). Diese beyden Töne sind also um ein Intervall von $\frac{125}{128}$ aus einander [15]), welches das kleinste enharmonische Intervall ist, und auch das enharmonische Comma genennt wird [16]).

Ob

[12]) Nämlich cis sollte, als die reine große Terz zu A, $\frac{12}{25}$ seyn, und also gegen C oder $\frac{1}{2}$ ein Intervall von $\frac{24}{25}$ ausmachen. Wir haben es durch unsre Temperatur etwas erhöht und $\frac{243}{256}$ daraus gemacht, weil sonst die kleine Secunde Cis-D, $\frac{25}{27}$ worden wäre, welches der großen Secunde gar zu nahe kommt.

[13]) S. die vorhergehende Anmerkung.

[14]) Denn B ist $\frac{8}{9}$, da zu $\frac{3}{4}$ die kleine Terz sich verhält, wie $\frac{4}{5}$, oder $\frac{15}{32}$ zu 1.

[15]) Denn $\frac{12}{25} \div \frac{15}{32} = 1 : \frac{375}{384}$, oder $\frac{125}{128}$.

[16]) Man hört ofte sagen, die Töne Cis und Des, Gis und As u. s. f. seyen um ein Comma verschieden. Da man aber durch das Wort Comma das kleine Intervall $\frac{80}{81}$ verstehet, so ist dieser Ausdruck unrichtig. Das gemeine Comma $\frac{80}{81}$ ist viel kleiner, als das enharmonische $\frac{125}{128}$. Jenes ist nirgend der Unterschied eines enharmonischen und eines chromatischen Tones, wie Cis und Des, sondern allemal der Unterschied zweyer Intervalle, die einerley Namen haben, als der großen Terz $\frac{4}{5}$, und der andern großen Terz $\frac{64}{81}$;

aber

Tabelle
aller heutigen Diatonischen Tonleitern.

Zur 19 S.

Intervalle. I	II.	III.	IV.	V.	VI.	VII.	VIII.
C dur	D $\frac{8}{9}$	E $\frac{4}{5}$	F $\frac{3}{4}$	G $\frac{2}{3}$	A $\frac{96}{161}$	H $\frac{8}{15}$	c $\frac{1}{2}$
C mol	D $\frac{8}{9}$	♭E $\frac{27}{32}$	F $\frac{3}{4}$	G $\frac{2}{3}$	♭A $\frac{81}{128}$	B $\frac{9}{16}$	c $\frac{1}{2}$
♯C, ♭D dur	♯D, ♭E $\frac{8}{9}$	♯E, F $\frac{64}{81}$	♯F, ♭G $\frac{8192}{10935}$	♯G, ♭A $\frac{2}{3}$	♯A, B $\frac{16}{27}$	♯H, c $\frac{128}{243}$	♯c, ♭d $\frac{1}{2}$
♯C mol	♯D $\frac{8}{9}$	E $\frac{1024}{1215}$	♯F $\frac{8192}{10935}$	♯G $\frac{2}{3}$	A $\frac{8192}{13041}$	H $\frac{2048}{3741}$	♯c $\frac{1}{2}$
D dur	E $\frac{9}{10}$	♯F $\frac{4}{5}$	G $\frac{3}{4}$	A $\frac{128}{191}$	H $\frac{3}{5}$	♯c $\frac{2187}{4096}$	d $\frac{1}{2}$
D mol	E $\frac{9}{10}$	F $\frac{27}{32}$	G $\frac{3}{4}$	A $\frac{108}{161}$	B $\frac{81}{128}$	c $\frac{9}{16}$	d $\frac{1}{2}$
♭E dur	F $\frac{8}{9}$	G $\frac{64}{81}$	♭A $\frac{3}{4}$	B $\frac{2}{3}$	c $\frac{16}{27}$	d $\frac{128}{243}$	♭e $\frac{1}{2}$
♯D, ♭E mol	♯E, F $\frac{8}{9}$	♯F, ♭G $\frac{1024}{1215}$	♯G, ♭A $\frac{3}{4}$	♯A, B $\frac{2}{3}$	H, ♭c $\frac{256}{405}$	♯c, ♭d $\frac{9}{16}$	♯d, ♭e $\frac{1}{2}$
E dur	♯F $\frac{8}{9}$	♯G $\frac{405}{512}$	A $\frac{128}{161}$	H $\frac{2}{3}$	♯c $\frac{1215}{2048}$	♯d $\frac{135}{256}$	e $\frac{1}{2}$
E mol	♯F $\frac{8}{9}$	G $\frac{4}{5}$	A $\frac{161}{216}$	H $\frac{2}{3}$	c $\frac{5}{9}$	d $\frac{8}{15}$	e $\frac{1}{2}$
F dur	G $\frac{8}{9}$	A $\frac{128}{161}$	B $\frac{3}{4}$	c $\frac{2}{3}$	d $\frac{16}{27}$	e $\frac{8}{15}$	f $\frac{1}{2}$
F mol	G $\frac{8}{9}$	♭A $\frac{27}{32}$	B $\frac{3}{4}$	c $\frac{2}{3}$	♭d $\frac{81}{128}$	♭e $\frac{9}{16}$	f $\frac{1}{2}$
♯F, ♭G dur	♯G, ♭A $\frac{1024}{2095}$	♯A, B $\frac{405}{512}$	H, ♭c $\frac{3}{4}$	♯c, ♭d $\frac{10935}{16384}$	♯d ♭e $\frac{1215}{2048}$	♯e, f $\frac{135}{256}$	♯f, ♭g $\frac{1}{2}$
♯F mol	♯G $\frac{2048}{2095}$	A $\frac{135}{161}$	H $\frac{3}{4}$	♯c $\frac{10935}{16384}$	d $\frac{5}{9}$	e $\frac{8}{15}$	♯f $\frac{1}{2}$
G dur	A $\frac{144}{161}$	H $\frac{4}{5}$	c $\frac{3}{4}$	d $\frac{2}{3}$	e $\frac{3}{5}$	♯f $\frac{8}{15}$	g $\frac{1}{2}$
G mol	A $\frac{144}{161}$	B $\frac{27}{32}$	c $\frac{3}{4}$	d $\frac{2}{3}$	♭e $\frac{81}{128}$	f $\frac{9}{16}$	g $\frac{1}{2}$
♭A dur	B $\frac{8}{9}$	c $\frac{64}{81}$	♭d $\frac{3}{4}$	♭e $\frac{2}{3}$	f $\frac{16}{27}$	g $\frac{128}{243}$	♭a $\frac{1}{2}$
♯G, ♭A mol	♯A, B $\frac{8}{9}$	H, ♭c $\frac{1024}{1215}$	♯c, ♭d $\frac{3}{4}$	♯d, ♭e $\frac{2}{3}$	e, ♭f $\frac{256}{405}$	♯f, ♭g $\frac{2048}{3645}$	♯g, ♭a $\frac{1}{2}$
A dur	H $\frac{161}{180}$	♯c $\frac{12941}{13734}$	d $\frac{161}{216}$	e $\frac{161}{240}$	♯f $\frac{161}{270}$	♯g $\frac{4347}{8192}$	a $\frac{1}{2}$
A mol	H $\frac{161}{180}$	c $\frac{161}{192}$	d $\frac{161}{216}$	e $\frac{161}{240}$	f $\frac{161}{256}$	g $\frac{161}{288}$	a $\frac{1}{2}$
B dur	c $\frac{8}{9}$	d $\frac{64}{81}$	♭e $\frac{3}{4}$	f $\frac{2}{3}$	g $\frac{16}{27}$	a $\frac{256}{483}$	b $\frac{1}{2}$
♯A, B mol	♯H, c $\frac{8}{9}$	♯c, ♭d $\frac{27}{32}$	♯d, ♭e $\frac{3}{4}$	♯e, f $\frac{2}{3}$	♯f, ♭g $\frac{256}{405}$	♯g, ♭a $\frac{9}{16}$	♯a, b $\frac{1}{2}$
H dur	♯c $\frac{1645}{2096}$	♯d $\frac{405}{512}$	e $\frac{3}{4}$	♯f $\frac{2}{3}$	♯g $\frac{1215}{2048}$	♯a $\frac{135}{256}$	h $\frac{1}{2}$
H mol	♯c $\frac{1645}{2096}$	d $\frac{4}{5}$	e $\frac{3}{4}$	♯f $\frac{2}{3}$	g $\frac{5}{8}$	a $\frac{9}{161}$	h $\frac{1}{2}$

Tabelle
der diatonischen und chromatischen Intervalle für jeden Grundton.

I.	II min.	II maj.	III min.	III maj.	IV	IV maj. Tritonus	V	VI min.	VI maj.	VII min.	VII maj.	VIII
C $\frac{1}{1}$	Cis* $\frac{243}{128}$	D $\frac{9}{8}$	Dis $\frac{32}{27}$*	E $\frac{5}{4}$	F $\frac{4}{3}$	Fis $\frac{45}{32}$	G $\frac{3}{2}$	Gis $\frac{81}{16}$*	A $\frac{27}{16}$	B $\frac{16}{9}$	H $\frac{15}{8}$	c $\frac{2}{1}$
Cis $\frac{1}{1}$	D $\frac{256}{243}$	Dis $\frac{9}{8}$*	E $\frac{1024}{1215}$	F $\frac{81}{64}$*	Fis $\frac{8192}{10935}$	G $\frac{512}{243}$	Gis $\frac{3}{2}$	A $\frac{8192}{7047}$*	B $\frac{27}{16}$	H $\frac{16}{9}$*	c $\frac{2048}{3245}$*	cis $\frac{2}{1}$
D $\frac{1}{1}$	Dis* $\frac{243}{216}$	E $\frac{9}{8}$	F $\frac{32}{27}$	Fis $\frac{5}{4}$*	G $\frac{4}{3}$	Gis $\frac{729}{512}$*	A $\frac{3}{2}$	B $\frac{128}{81}$	H $\frac{27}{16}$	c $\frac{16}{9}$*	cis $\frac{2187}{3566}$	d $\frac{2}{1}$
Dis $\frac{1}{1}$	E $\frac{119}{133}$	F $\frac{9}{8}$*	Fis $\frac{1024}{1215}$	G $\frac{81}{64}$*	Gis $\frac{3}{4}$	A $\frac{1024}{1420}$	B $\frac{3}{2}$	H $\frac{256}{205}$*	c $\frac{16}{27}$	cis $\frac{16}{9}$	d $\frac{128}{243}$	dis $\frac{2}{1}$
E $\frac{1}{1}$	F $\frac{16}{15}$	Fis $\frac{9}{8}$	G $\frac{8}{3}$	Gis $\frac{10\frac{1}{2}}{12\frac{1}{1}}$*	A $\frac{4}{3}$	B $\frac{45}{32}$	H $\frac{3}{2}$	c $\frac{8}{5}$	cis $\frac{1843}{124}$	d $\frac{9}{5}$	dis $\frac{125}{128}$*	e $\frac{2}{1}$
F $\frac{1}{1}$	Fis $\frac{123}{133}$*	G $\frac{9}{8}$	Gis $\frac{32}{37}$	A $\frac{128}{101}$	B $\frac{4}{3}$	H $\frac{45}{32}$	c $\frac{3}{2}$	cis $\frac{81}{128}$*	-d $\frac{19}{27}$*	dis $\frac{9}{5}$*	e $\frac{3}{5}$	f $\frac{2}{1}$
Fis $\frac{1}{1}$	G $\frac{16}{15}$	Gis $\frac{2043}{2048}$*	A $\frac{135}{121}$*	B $\frac{1024}{814}$*	H $\frac{4}{3}$	c $\frac{45}{32}$*	cis $\frac{3}{2}$	d $\frac{1215}{1843}$	dis $\frac{19}{16}$	e $\frac{9}{5}$*	f $\frac{135}{128}$*	fis $\frac{2}{1}$
G $\frac{1}{1}$	Gis* $\frac{243}{126}$	A $\frac{144}{121}$	B $\frac{32}{27}$*	H $\frac{5}{4}$	c $\frac{4}{3}$	cis $\frac{729}{1024}$*	d $\frac{3}{2}$	dis $\frac{81}{128}$	e $\frac{27}{16}$	f $\frac{16}{9}$*	fis $\frac{15}{8}$	g $\frac{2}{1}$
Gis $\frac{1}{1}$	A $\frac{1996}{1247}$	B $\frac{9}{8}$*	H $\frac{1024}{1215}$	c $\frac{64}{81}$*	cis $\frac{3}{4}$	d $\frac{315}{1}$*	dis $\frac{3}{2}$	e $\frac{254}{207}$*	f $\frac{17}{27}$*	fis $\frac{2048}{3345}$	g $\frac{128}{243}$*	gis $\frac{2}{1}$
A $\frac{1}{1}$	B $\frac{49}{512}$	H $\frac{161}{180}$*	c $\frac{192}{131}$	cis $\frac{12941}{1838}$*	d $\frac{4}{3}$	dis $\frac{1440}{1828}$	e $\frac{161}{126}$	f $\frac{141}{210}$*	fis $\frac{154}{176}$*	g $\frac{151}{109}$	gis $\frac{4}{1}$	a $\frac{2}{1}$
B $\frac{1}{1}$	H $\frac{128}{133}$	c $\frac{9}{8}$	cis $\frac{32}{37}$*	d $\frac{64}{81}$*	dis $\frac{4}{3}$	e $\frac{45}{32}$	f $\frac{3}{2}$	fis $\frac{215}{233}$*	g $\frac{17}{27}$	gis $\frac{16}{9}$*	h $\frac{245}{283}$	b $\frac{2}{1}$
H $\frac{1}{1}$	c $\frac{16}{15}$	cis $\frac{2048}{2048}$*	d $\frac{9}{8}$	dis $\frac{101}{84}$*	e $\frac{4}{3}$	f $\frac{21}{1}$*	fis $\frac{3}{2}$	g $\frac{8}{5}$	gis $\frac{1215}{1024}$*	a $\frac{29}{16}$*	h $\frac{135}{128}$*	h $\frac{2}{1}$
	I suft.*	III dim.*	II supfl.*	IV dim. min.*		V falsa*		V supfl.*		VII dim. min.*	VI supfl.*	VIII dim. n.

des reinen Satzes in der Musik. 19

Ob nun gleich eben dieselbe Sayte für Cis und Des gebraucht wird, so würkt die Verbindung derselben mit andern Tönen doch so viel, daß man sie für tiefer hält, wenn sie als Cis gebraucht wird, und für höher, wenn man sie als Des braucht; und so verhält es sich auch mit andern Sayten.

Daher entstehen also die enharmonischen Fortrückungen, die feinsten und kleinsten, die wir in der heutigen Musik haben, wie hier:

welche durch die richtige Behandlung der Harmonie, (wie in der Folge wird gezeiget werden,) fühlbar werden, ob gleich die würklich enharmonischen Intervalle auf unserm System nicht vorhanden sind. Es ist eine bekannte Sache, und jedes Ohr empfindet es, daß durch solche enharmonische Rückungen die Harmonie ihre angenehmsten Wendungen bekommt.

Freylich würde der Gesang noch mehr gewinnen, wenn wir die enharmonischen Töne in unserm System würklich hätten. Alsdenn würden sich die Sänger auch von Jugend auf angewöhnen, die kleinsten enharmonischen Intervalle richtig zu singen, und das Ohr der Zuhörer, sie zu fassen; und dadurch würde in manchen Fällen der Ausdruck der Leidenschaften sehr viel stärker werden können.

Daß dieses nicht bloße Einbildungen seyn, erhellet daraus offenbar, daß das enharmonische Geschlecht bey den Alten lange Zeit von den größten Tonsetzern allein gebraucht worden; und daß uns gute griechische Schriftsteller versichern, daß dieses Geschlecht für das vollkommenste sey gehalten worden [17]).

Damit man sich von den heutigen Tonarten einen deutlichen Begriff machen könne, sind hier zwey Tabellen beygefügt.

Die erste enthält die diatonischen Intervallen für alle zwölf Töne, so wol nach der großen, als nach der kleinen Tonart, in den Verhältnißen, die unsere im vorigen Abschnitt beschriebene Temperatur giebt.

Diese Tabelle dienet 1) um daraus mit einem Blicke zu sehen, welche Töne der völligen diatonischen Reinigkeit am nächsten kommen. Es ist bekannt, daß C dur das Muster der reinen Durtöne, A moll aber der reinen Molltöne sey. Vergleicht man nun alle Durtöne in der Tabelle mit C dur, und alle Molltöne

C 2 mit

---

oder der kleinen Terz $\frac{5}{6}$, und der andern kleinen Terz $\frac{27}{32}$.

17) S. Plutarchus von der Musik im 17. Kap.

mit A mol, so findet man, welche mehr oder weniger von den Mustern abweichen. So sieht man z. B., daß G dur nur in einem einzigen Ton, nämlich in der Secunde, etwas von der völligen Reinigkeit abweicht.

2) Dienet die Tabelle auch dazu, daß man bey etwa vorkommenden Fällen, da ein Stück in einen andern Ton zu versetzen wäre, sogleich sehen könne, welcher sich am besten dazu schicke. So sieht man gleich, daß ein Stück, das in C dur gesetzt ist, sich, ohne seine Natur zu ändern, nicht wol in Dis dur oder Fis dur versetzen läßt, weil diese Töne stark von C dur abgehen.

Ob man nun gleich in der heutigen Musik allemal in einer, der in der vorhergehenden Tabelle enthaltenen Tonarten spielt, so bindet man sich doch nicht ohne Ausnahm an die diatonischen Intervalle, sondern nimmt bisweilen, wo man eine gute Würkung davon erwartet, auch die chromatischen. Nämlich, ob gleich in C dur die natürliche oder diatonische Secunde D ist, so braucht man doch bisweilen die kleine Secunde Cis, oder die übermäßige Dis, und so auch mit andern Intervallen [18].

Die zweyte Tabelle dienet, die Größe aller so wol diatonischen, als chromatischen Intervalle eines jeden der zwölf Haupttöne unsrer heutigen Tonleiter zu erkennen. Es ist aber nöthig, daß wir diese Intervalle etwas genauer betrachten.

Man sieht in der Tabelle, daß die in einerley Columna enthaltenen Intervalle meistentheils zweyerley Namen haben; so steht z. B. über der zweyten Columna:

[18] Es ist hier noch nicht der Ort zu erklären, in welchen Fällen der Tonsetzer die diatonischen Intervalle verlasse, um dafür die chromatischen zu nehmen. Es ist genug, daß dem Anfänger gesagt wird, daß es geschehe, und bisweilen geschehen müsse. In dem Verfolg dieses Werks wird er die Gründe dieses Verfahrens deutlich entwickelt sehen.

Um nur vorläufig etwas davon zu sagen, so kann man sich den Ursprung und den Gebrauch der übermäßigen Prime also vorstellen. Man will aus C dur nach G ausweichen, und bewerkstelliget dieses durch den Accord der großen Terz und Septime, auf der Secunde des Tones, findet aber dabey nöthig diese Accorde

in ihrer Verwechslung zu nehmen; so entstehen daher diese Accorde

welche eine Fortschreitung von einer übermäßigen Prime machen.

des reinen Satzes in der Musik. 21

lumna II min. d. i. die kleine Secunde, und darunter I Superf. oder die übermäßige Prime, und so auch bey den meisten andern. Damit aber hat es folgende Bewandniß.

1. Kommen in der zweyten Columne Intervalle vor, die eigentlich übermäßige Primen sind, als Cis gegen C, Dis gegen D u. s. f., andre, die eigentlich würklich kleine Secunden sind, wie D gegen Cis, F gegen E u. s. f. Indessen geschieht es doch, daß man bisweilen die übermäßigen Primen auch als Secunden, als Cis anstatt Des gebraucht, deswegen stehen sie in einer Columne. Damit man aber die, welche sich am besten als übermäßige Primen brauchen lassen, sogleich kenne, so sind sie mit diesem Zeichen × bezeichnet.

2. Eine ähnliche Bewandniß hat es auch mit den andern Columnen. Die in der dritten enthaltenen Intervalle werden bisweilen als große Secunden, bisweilen als falsche Terzen [19] gebraucht; die letztern sind ebenfalls mit × bezeichnet; und so von allen übrigen doppelt bezeichneten Columnen.

Weil es zu genauer Behandlung der Harmonie wichtig ist, jedes Intervall nach seinem wahren Namen und in seinen eigentlichen Verhältnißen zu kennen, so wollen wir sie hier genauer betrachten.

1. Die übermäßige Prime entstehet dadurch, daß ein Ton in der Fortschreitung zufällig, aus Gründen, die die Harmonie an die Hand giebt [20], durch ein × erhöht, z. E. C zu Cis, D zu Dis u. s. f. gemacht wird. Das eigent-

[19] Diese falsche Terz ist, so wie die falsche Quinte, dißonirend, obgleich die aus ihrer Umkehrung entstehende übermäßige Sexte bisweilen consonirend gebraucht wird. Diese Sexte entsteht aus der zweyten Umkehrung des Septimen-Accords, in welchem diese falsche Terz vorkommt, wie aus diesem Beyspiel zu sehen ist.

In dem ersten Accord macht Dis gegen F eine falsche Terz aus, die in der Umkehrung zur übermäßigen Sexte wird.

[20] S. die Anmerkung auf der 20. Seite.

eigentliche Verhältniß dieses Intervalls müßte $\frac{2\cdot 4}{3\cdot 5}$ seyn; es ist aber in unserm System $\frac{2\cdot 4\cdot 5}{3\cdot 5\cdot 6}$ [21]), oder auch $\frac{128}{135}$, als F-Fis. Daher entsteht in der Umkehrung die verminderte Octave.

2. Die kleine Secunde ist eigentlich der große halbe Ton, als das kleine diatonische Intervall E-F, und sein reines Verhältniß ist $\frac{15}{16}$. In der Umkehrung wird sie zur großen Septime.

3. Die große Secunde, oder der diatonische ganze Ton ist, wie aus der diatonischen Tonleiter zu sehen, von zweyerley Verhältnißen, $\frac{8}{9}$ der große Ton, und $\frac{9}{10}$ der kleine. In der Umkehrung wird sie die Septime.

4. Die übermäßige Secunde entsteht, wenn die große Secunde, aus harmonischen Gründen, zufällig durch x erhöht wird. Sie müßte eigentlich $\frac{5\cdot 5}{6\cdot 8}$ oder auch $\frac{128}{225}$ seyn, je nachdem man zu $\frac{8}{9}$, oder zu $\frac{9}{10}$ den kleinen halben Ton $\frac{24}{25}$ hinzuthut. Diesen Verhältnißen kommt in unserm System das Verhältniß $\frac{27}{32}$ am nächsten, und wird dafür gebraucht. In der Umkehrung wird sie zur verminderten Septime.

5. Die falsche Terz entsteht, wenn in einigen Fällen [22]) aus harmonischen Gründen, an statt der kleinen Terz, zum Grundton die große genommen wird, so daß alsdann diese Terz mit der Quinte des Grundtones eine solche verminderte Terz ausmacht [23]). Ihr eigentliches Verhältniß wäre $\frac{225}{256}$; denn die falsche Quinte H-f ist, (wie aus der Tabelle zu sehen) $\frac{45}{64}$; zieht man davon die reine große Terz $\frac{4}{5}$ ab, so bleibt jenes Intervall übrig. An dessen statt giebt unser System $\frac{5}{6}$. In der Umkehrung wird sie zur übermäßigen Sexte.

6. Die verminderte Quarte müßte eigentlich $\frac{2\cdot 3}{2\cdot 5}$ seyn; denn sie entsteht, wenn man von der reinen kleinen Sexte $\frac{5}{8}$, die reine große Terz $\frac{4}{5}$ wegnihmt. Wenn man nämlich zu E, welches gegen C $\frac{4}{5}$ ist, die reine große Terz Gis nehmen wollte, so bekäme man $\frac{16}{25}$; dieser Ton würde alsdann gegen C oder $\frac{1}{2}$, die verminderte Quarte, oder $\frac{2\cdot 3}{2\cdot 5}$ ausmachen. Dafür kann man $\frac{51}{64}$ nehmen. In der Umkehrung wird sie zur übermäßigen Quinte.

7. Die vollkommene Quarte, die auch schlechtweg die Quarte genennt wird. Ihr reines Verhältniß ist $\frac{3}{4}$. In der Umkehrung wird sie zur vollkommenen Quinte.

8. Die

---

21) S. die Anmerkung auf der 7. Seite.

22) Nämlich im verminderten Drey=klang, wovon im folgenden Abschnitt wird gesprochen werden.

23) S. die vorletzte Note.

des reinen Satzes in der Musik.   23

8. Die übermäßige Quarte, die auch der Tritonus genennt wird, deren Ursprung schon in der alten diatonischen Tonleiter zu finden ist. Ihr Verhältniß ist $\frac{32}{45}$. In der Umkehrung wird sie zur falschen Quinte.

Dieses sind also alle in der heutigen Musik vorkommenden Intervalle, deren Gebrauch im Verfolg dieses Werks ausführlich wird gezeiget werden.

Man betrachtet die Intervalle entweder in der Fortschreitung von einem zum andern, nämlich in dem Gesäng, oder in Ansehung der Harmonie, wenn beyde Töne zugleich angeschlagen werden.

In Ansehung der Fortschreitung sind die Intervalle schweer oder leicht, in Ansehung der Harmonie aber consonirend oder dißonirend. Es ist eine gewiße Erfahrung, daß die consonirenden Intervalle auch in der Fortschreitung die leichtesten sind. Derowegen ist es nöthig, daß man die Intervalle nach dem Grad ihres Consonirens und Dißonirens kennen lerne.

Man hat vielfältig versucht, den natürlichen Grund des Consonirens und Dißonirens zu entdecken. Die meisten Philosophen halten dafür, daß diejenigen Intervalle am besten consoniren, deren Verhältniße am leichtesten zu fassen sind, und dieses kommt in der That mit der Empfindung überein. Zwey gleich lange, gleich starke und gleich gespannte Sayten, die zugleich klingen, fliessen so vollkommen in einen Klang zusammen, daß man die beyden Töne gar nicht unterscheiden kann. Dieser Einklang ist also die vollkommenste Consonanz.

Aber auch das Verhältniß der Gleichheit 1: 1 ist am leichtesten zu fassen, so wie es am leichtesten für das Auge ist, die Gleichheit zweyer neben einander liegenden Linien zu entdecken. Nächst dem Einklang empfindet jedes Ohr in der vollkommenen Octave die stärkste Uebereinstimmung. Man empfindet zwar zwey Töne, aber sie verfliessen so in einander, daß es dem Gehör schweer fällt, sie zu unterscheiden; man hört zwey, aber nicht zweyerley Töne. Die Sayten, oder wenn man lieber will, die Schläge dieser beyden Töne, verhalten sich wie 1 zu 2, das faßlichste Verhältniß nach 1: 1.

Nach der Octave kennt man kein angenehmeres Intervall, als die Quinte, deren Verhältniß 2: 3 ist; hierauf die Quarte, deren Verhältniß 3: 4; dann die große Terz, deren Verhältniß 4: 5.

Die Erfahrung lehret also würklich, daß die Intervalle am besten harmoniren, die durch die faßlichsten Verhältniße ausgedrückt werden; je schweerer aber die Verhältniße werden, je weniger harmoniren die Töne. Jederman empfindet, daß in der großen Secunde keine Harmonie oder Consonanz sey. Das Verhältniß dieser Secunde ist $\frac{8}{9}$, welches schweer zu fassen, wie denn auch das Auge schweerlich entdecken könnte, daß von zwey neben einander liegenden

Linien,

24 Die Kunſt

Linien die eine um $\frac{1}{5}$ länger ſey. Je näher nun die Töne an einander rücken, je ſtärker diſſoniren ſie auch. Jederman empfindet, daß die kleine Secunde $\frac{15}{16}$ vielmehr diſſonirt, als die große $\frac{8}{9}$. Die kleine Terz $\frac{5}{6}$ wird von jederman noch für eine Conſonanz gehalten, da die große Secunde $\frac{8}{9}$ durchgehends für eine Diſſonanz gehalten wird. Da man auch findet, daß dieſe kleine Terz noch merklich unter ſich ſchweben kann, ohne ihre conſonirende Natur zu verlieren, ſo läßt ſich daraus abnehmen, daß das Verhältniß $\frac{5}{6}$ das letzte iſt, das das Gehör faſſen kann. Denn da ihm $\frac{8}{9}$ ſchon beſchwerlich iſt, und hingegen $\frac{5}{6}$ noch herunter ſchweben kann, ſo bleiben zwiſchen den offenbar fühlbaren Conſonanzen und Diſſonanzen die beyden Verhältniße $\frac{6}{7}$ und $\frac{7}{8}$ übrig. Das erſte iſt um etwas ſchweerer zu faſſen als $\frac{5}{6}$, das andere etwas leichter als $\frac{8}{9}$. Da nun $\frac{6}{7}$ noch ſtark conſoniret, (indem die kleine Terz noch unter ſich ſchweben kann,) und hingegen $\frac{8}{9}$ ſchon gewiß diſſonirt, ſo ſcheinet das Verhältniß $\frac{7}{8}$ die Gränze zu ſeyn, wo für unſer Ohr die Conſonanzen aufhören, und die Diſſonanzen anfangen.

Zwar findet ſich das Intervall $\frac{6}{7}$, welches man eine verminderte Terz nennen könnte, nicht auf unſern Orgeln und Clavieren, aber die Trompeten geben ſie an. Es iſt bekannt, daß die gemeinen Trompeter und Waldhorniſten ſich einbilden, daß ihre Inſtrumente, ſo lange ſie noch neu ſind, die Töne $\overline{b}$ und $\overline{\overline{a}}$ zu tief, den Ton $\overline{f}$ aber zu hoch angeben. Allein wenige wiſſen, daß dieſe Töne nicht fehlerhaft, ſondern die wahren Töne der Natur ſind. Man kann beweiſen, daß jede reine Sayte oder Gloke, auſſer ihrem eigentlichen Grundton, noch deſſen Octave, Duodecime, Decime, Septime, oder auſſer dem Ton 1, die Töne $\frac{1}{2}, \frac{1}{3}, \frac{1}{4}, \frac{1}{5}, \frac{1}{6}, \frac{1}{7}$ u. ſ. f. angebe, welche Töne zuſammen den reinen Klang ausmachen. Eben dieſe Töne geben die Trompeten und Waldhörner einzeln, in eben der Ordnung an. Alſo iſt das b, was die Waldhorniſten für zu niedrig halten, eigentlich der Ton $\frac{1}{7}$, f der Ton $\frac{1}{11}$ und a der Ton $\frac{1}{13}$ [24]). Weil

---

[24]) Man hätte alſo guten Grund, wenigſtens den Ton $\frac{1}{7}$, der, in die erſte Octave heruntergeſetzt, gegen den Grundton ſich verhält, wie 4:7, noch in unſer Syſtem aufzunehmen. Für den Grundton C würde er zwiſchen A $\frac{2}{3}$ und B $\frac{8}{15}$ fallen; wir wollen ihn mit J bezeichnen. Daß er würklich conſonire, und daß dieſer Accord

C — E — G — J
4. 5. 6. 7.

nicht ein diſſonirender Septimenaccord, ſondern ein vierſtimmiger Accord ſey, erhellet aus der Art, wie die beſten Harmoniſten in gewißen Fällen, ſo wol die kleine Septime, als die übermäßige Sexte behandeln, indem ſie beyde bisweilen als Conſonanzen brauchen, wovon die Beyſpiele

des reinen Satzes in der Musik.

Weil also die Terzen die kleinsten consonirenden Intervalle sind, so sind die aus ihrer Umkehrung entstehenden Sexten auch die größten. Demnach enthält eine Octave ausser dem Einklang und der Octave nur vier Gattungen consonirender Intervalle; die Terzen, die Quarten, die Quinten und die Sexten, oder eigentlich nur zwey, weil die Sexten nur umgekehrte Terzen, und die Quinten nur umgekehrte Quarten sind. Inzwischen hat man sich in Acht zu nehmen, daß man nicht alle Terzen, Quarten, Quinten und Sexten für consonirende Intervalle halte; denn da die Namen der Intervalle von den Stufen der Tonleiter hergenommen sind, so giebt es solche, die man Terzen, Quarten oder Quinten nennt, ob sie es gleich eigentlich nicht sind, und ob sie gleich gar nicht consoniren. So nennt man auch bisweilen C-cis eine übermäßige Octave, C-Fis eine übermäßige Quarte, C-Gis eine übermäßige Quinte; die erstere, weil sie auf der achten, die andere, weil sie auf der vierten, und die dritte, weil sie auf der fünften Stufe von C stehen. Damit man sich also durch die Namen nicht verführen lasse, dißonirende Intervalle für consonirende zu halten, so wollen wir die wahren Verhältniße aller consonirenden Intervalle hier anzeigen.

Consonirende Intervalle sind:
die kleine Terz $\frac{5}{6}$ — große Sexte $\frac{3}{5}$
die große Terz $\frac{4}{5}$ — kleine Sexte $\frac{5}{8}$
die Quarte $\frac{3}{4}$ — Quinte $\frac{2}{3}$

Dazu würde man, wenn der in der vorhergehenden Anmerkung vorgeschlagene Ton eingeführt würde, noch das Intervall $\frac{4}{7}$ rechnen können.

Diese Intervalle sind in ihrer völligen Reinigkeit, wenn sie die hier angegebenen Verhältniße haben. Die Erfahrung aber lehret, daß diese Intervalle ihre consonirende Eigenschaft nicht merklich verlieren, wenn etwas an den Verhältnißen fehlet. Die Quarten können etwa ein halbes Comma, oder um $\frac{1}{160}$ über sich, folglich die Quinten um so viel unter sich schweben. Die großen Terzen vertragen ein ganzes Comma, oder $\frac{1}{80}$ über sich, folglich die kleinen Sexten so viel unter sich, wie schon oben mit mehrerm ist angemerkt worden [25].

Alle übrigen Intervalle der Tonleiter sind demnach dißonirend. Damit man aber beydes, die consonirenden, als die dißonirenden Intervalle, mit einem Blick übersehen könne, so fügen wir folgende zwey Tabellen hier an.

spiele bekannt sind. Der Grund liegt ohne Zweifel darin, daß diese Intervalle dem Gehör als $\frac{4}{7}$ klingen. In der That ist die übermäßige Sexte $\frac{128}{225}$ nur um $\frac{1}{225}$, also unmerklich höher, als $\frac{4}{7}$, und die kleine Septime $\frac{5}{18}$ ist um $\frac{1}{54}$ höher, als $\frac{4}{7}$.

[25] S. auf der 12. und 13. Seite.

Dritter Abschnitt.
Von den Accorden.

In der heutigen Musik wird jeder Gesang von einer sich dazu schickenden Harmonie begleitet; nämlich auch in den Tonstücken, wo nur eine einzige Melodie ist, wie in den Arien, hört man noch verschiedene andere, diese Melodie begleitenden Töne, die sich dazu schicken. Ein aus mehrern Tönen zusammengesetzter Klang wird ein Accord genennet; also bestehet jedes Tonstück aus einer Folge von Accorden.

In den ältern Zeiten bestunden die Accorde allezeit aus lauter consonirenden Intervallen, oder aus Tönen, die sich zusammen in einen angenehmen Klang vereinigten. Nach und nach merkte man, daß es möglich sey, unter gewissen Bedingungen auch dißonirende Intervalle in den Accorden anzubringen, daß so gar die dißonirenden Accorde dem Gesang oft einen Zusammenhang und eine Annehmlichkeit geben, die durch bloße Consonanzen nicht zu erhalten wäre. Daher sind immer mehrere Accorde in die Musik aufgenommen worden.

Ein Accord ist consonirend, wenn er aus Intervallen besteht, die nicht nur alle gegen den Grundton, sondern auch unter sich consoniren; dißonirend ist er, wenn ein oder mehrere Töne darin entweder gegen den Grundton, oder gegen einen andern Ton darin dißoniren.

Ein Accord, in welchem man alle consonirenden Intervalle vereinigen will, kann also nur auf dreyerley weise zusammengesetzt seyn,

1. aus dem Grundton, dessen Terz, Quinte und Octave.
2. aus dem Grundton, dessen Terz, Sexte und Octave.
3. aus dem Grundton, dessen Quarte, Sexte und Octave.

Denn wenn man über die Octave heraus gehen wollte, so würde man dieselben Intervalle nur wiederholen.

Der vollstimmigste consonirende Accord besteht also, ausser dem Grundtone, nur aus drey Tönen, Terz, Quinte und Octave, oder Terz, Sexte und Octave, oder Quarte, Sexte und Octave. Im ersten Fall, da er die größte Harmonie hat, wird er der vollkommene Dreyklang, im andern Fall der Sexten-Accord, und im dritten Fall der Quart-Sexten-Accord genennt.

des reinen Satzes in der Musik. 27

Im Grunde sind diese drey consonirenden Accorde nur dreyerley Fälle ein und eben desselben Accordes, nämlich des vollkommenen Dreyklanges, wie aus folgender Vorstellung deutlich erhellet.

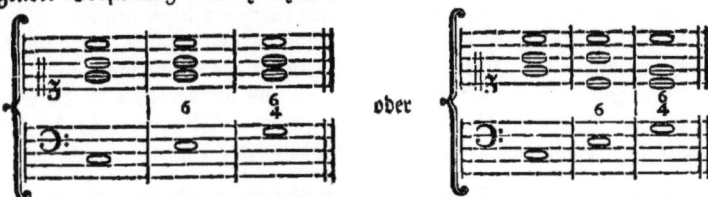

Diese drey Accorde bestehen aus denselben Tönen, nur mit dem Unterschied, daß in jedem ein andrer Ton in den Baß gesetzt ist, nämlich im ersten Fall ist der eigentliche Grundton des Accords, im andern seine Terz, und im dritten seine Quinte im Baße. Man nennet deswegen diese beyden letzten Accorde Verwechslungen des Dreyklanges, nämlich den Sexten=Accord, die erste Verwechslung, und den Quart=Sexten=Accord die zweyte Verwechslung desselben. Also ist jeder consonirender Accord ein Dreyklang, oder eine Verwechslung desselben.

Es ist wahrscheinlich, daß man die Musik lange ausgeübet hat, ehe man auf den Gebrauch der Dißonanzen gekommen ist. Da sie die Harmonie vermindern, und in so fern dem Ohr beschwerlich sind, so müssen die ersten Erfinder derselben besondere Gründe gehabt haben, eine unvollkommene Harmonie der vollkommenen vorzuziehen.

Blos der Einfall, die Harmonie von Zeit zu Zeit etwas reizender zu machen, oder dem Gehör ein Verlangen nach derselben zu erwecken, kann Gelegenheit gegeben haben, dieselbe nicht gleich auf dem Grundton voll anzuschlagen, sondern etwas darin mangeln zu lassen, und es gleich hernach zu desto größerer Befriedigung des Gehörs zu ersetzen. Dieses deutlich zu fassen, stelle man sich in diesem Beyspiele vor,

man habe zu dem Grundtone C den vollkommenen Accord angeschlagen, wie hier bey a, und wollte nach diesem den Accord D nehmen. Da könnte man leicht auf den Einfall kommen, einen Ton des vorhergehenden Accordes als e bey dem neuen Grundton D eine Weile liegen zu lassen, damit durch das daher entstehende Dißoniren das Verlangen nach der bessern Harmonie erweckt würde, die gleich darauf eintritt, indem die Dißonanz e als die None des Grundtones nun in die Octave übergeht. Eben so konnte man bey c aus der Septime in die Sexte, bey d aus der Quarte in die Terzie herüber gehen. Man findet in der That, daß dieses die Empfindung der Harmonie etwas reizender macht.

Nachdem dieser erste Versuch, eine zum Grundtone nöthige Consonanz nicht gleich anzuschlagen, sondern erst eine Dißonanz an ihrer Stelle zu lassen, die denn in die erforderliche Consonanz herüber gehen, oder sich auflösen konnte, gelungen war, fiel man auch darauf, zwey Consonanzen so aufzuhalten, wie in diesen Beyspielen,

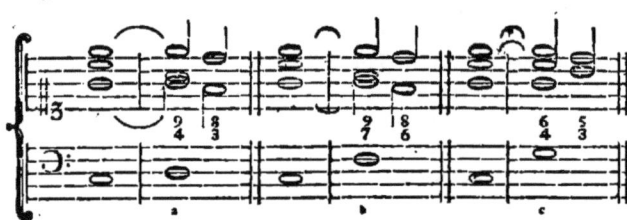

da man bey a anfänglich auf dem Grundton D so wol die Quarte, als die None eine Zeitlang liegen, und sie hernach in die Terz und Octave übergehen läßt. Bey b und c aber konnte zu F die Septime und None, zu G die Quarte und Sexte liegen bleiben, die sich hernach, im ersten Fall in die Sexte und Octave, in dem andern in die Terz und Quinte auflöseten.

Dieses scheinet der Ursprung von einer Gattung Dißonanzen zu seyn, die man als Vorhalte ansehen kann, als dißonirende Töne, die eine kurze Zeit die Stelle der consonirenden einnehmen, und während Dauer des Grundtones, mit dem sie dißoniren, in ihre nächsten Consonanzen übergehen.

Man hat aber durchgehends bemerkt, daß diese Dißonanzen zu hart seyn würden, wenn sie plötzlich einträten, und daß man sie nur alsdann brauchen könne, wenn sie in der vorhergehenden Harmonie schon vorhanden gewesen, so daß sie

des reinen Satzes in der Musik.

bey der neuen nur noch eine Zeitlang fortdauern. Wollte man diese zwey Accorde so anschlagen,

wo die Quart und None neu eintreten, so würde es hart und widrig klingen, sie müssen nothwendig vorher gelegen haben. Dadurch allein, daß sie den folgenden Accord mit dem vorhergehenden genau verbinden, und sie gleichsam in einander fliessen lassen, werden sie angenehm.

Daher ist diese Regel entstanden, daß diese Dißonanzen in dem vorhergehenden Accord allemal schon vorhanden seyn und liegen bleiben müssen, welches man auch ihre Vorbereitung nennt.

Auch ist offenbar, daß sie ihrer Natur nach, weil sie blosse Vorhalte sind, in die Consonanzen übergehen müssen, deren Stelle sie eingenommen hatten. Dieses nennt man ihre Auflösung.

So wie in den angeführten Beyspielen ein oder mehr Töne in den obern Stimmen als Vorhalte des folgenden Accordes liegen bleiben, so kann auch der Baßton, als ein Vorhalt des folgenden, liegen bleiben.

Hier hat man nach dem Accord C den Accord G in seiner ersten Verwechslung, nämlich H mit der Sexte nehmen wollen. Dazu gehört die Harmonie der obern Stimmen; man hat aber anstatt H gleich zu nehmen, den Baßton c aus dem vorhergehenden Griff liegen lassen, dadurch die Sexte in eine Quinte, und die Terz in eine Secunde verwandelt worden, die aber ihre Natur wieder annehmen, so bald sich der Vorhalt im Baße in den rechten Grundton auflöset. Diese Art hat etwas härteres als die vorhergehende.

Es erhellet deutlich aus diesen Beyspielen, daß die auf diese Art entstandenen Dißonanzen fast allemal, wo sie vorkommen, könnten weggelassen werden, ohne daß dadurch irgend ein Fehler, oder eine Zweydeutigkeit entstehet [26]).

Da also diese Vorhälte nicht nothwendig sind, so wollen wir sie zufällige Dißonanzen nennen.

Auſſer dieſen Diſſonanzen giebt es noch eine andere Art, die man nothwendige oder weſentliche nennen kann, weil ſie nicht an der Stelle einer Conſonanz geſetzt werden, der ſie gleich wieder weichen, ſondern eine Stelle für ſich behaupten. Ihre Entſtehung kann man ſich auf folgende Art vorſtellen.

Geſetzt,

[26]) Sie dienen bloß die reine Harmonie etwas aufzuhalten, die auch ohne dieſes Aufhalten gleich eintreten könnte. Doch dienen ſie auch bisweilen, verbotene Gänge, welche die Oberſtimmen gegen einander machen würden, zu verbeſſern, wie aus dieſem Beyſpiel erhellet, da durch Weglaſſung der Vorhalte ⁹ der Discant gegen den Tenor Quinten machen würde. Nur die verbotenen Gänge der Oberſtimme gegen den Baß werden durch ſolche Vorhälte nicht gut gemacht, man würde alſo dieſen Octavengang

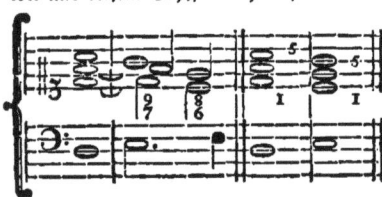 

auf dieſe Art nicht verbeſſern.

des reinen Satzes in der Musik. 31

Gesetzt, man fange an, in dem Ton C dur zu moduliren [27]), und habe also den vollkommenen Dreyklang zum C wie bey (a) angeschlagen, gehe hierauf im Baß auf G bey (b), und wollte dazu wieder den consonirenden Dreyklang nehmen. Auf dieser Stelle nun wird das Gehör des Kenners ungewiß, zu welchem Ton diese Harmonie b gehöre. Denn es kann so wol die Harmonie auf der Quinte des Tones C, darin man modulirt, als der Dreyklang des Tones G als Grundtones seyn. Mithin könnte man auf diesem Accord als bey einem Schluße stehen bleiben.

Ist die Absicht des Spielers nicht, auf diesen Accord einen Schluß zu machen, sondern wieder auf den Accord C zu gehen; so muß er auf diesen Accord zum G einen Ton hören lassen, der der Tonart C zugehört, und dahin zurück weiset. Dazu zeigt sich ein leichtes Mittel; er darf nämlich nur dem consonirenden Dreyklange noch die Septime f hinzufügen. Dadurch wird entschieden, daß die Harmonie b der Tonart C dur und nicht G dur zugehöre, weil in dieser kein f, sondern fis als das eigentliche Subsemitonium modi vorkommt, zugleich aber führet das dißonirende des Accords nothwendig auf einen folgenden Accord, wo die Dißonanz aufgelöset wird. Hieraus ist offenbar, daß die dem Dreyklange hinzugefügte Septime eine vorher unbestimmte Modulation völlig bestimmt, und das Gehör zu der nächsten Harmonie vorbereitet. In einem solchen Fall wird diese Dißonanz einigermaaßen nothwendig, und kann nicht, wie jene Vorhalte, von denen vorher gesprochen worden ist, weggelassen werden. Denn dadurch entstünde eine Zweydeutigkeit, die allemal ein Fehler ist. Also ist diese Septime eine wesentliche Dißonanz; sie vertritt hier nicht die Stelle der Sexte oder Octave, sondern ihre eigene Stelle für sich. Sie dißonirt, eben so, wie die Vor-

Man kann es also zur Regel machen, daß durch Weglassung aller Vorhalte, die oberste Stimme gegen den Baß niemals fehlerhaft wird, wenn nur sonst der Satz richtig ist.

27) Es wird weiter unten ausführlich erklärt werden, was es eigentlich heißt in einem Ton spielen, und in einen andern Ton ausweichen. Diejenigen Anfänger die dieses noch nicht wissen, können den Abschnitt von der Modulation darüber nachlesen.

Vorhalte, besonders wenn die Octave sich auch dabey befindet, weniger, wenn diese wegbleibet.

Aus diesem Grunde leidet das Gehör nicht wol, daß sie von freyen Stücken eintrete, sie muß ebenfalls vorbereitet seyn. Dieses kann, wie bey jenem, auf zweyerley Art geschehen. Entweder entsteht sie aus einem in den obern Stimmen liegenden, und in die nächste Harmonie fortdauernden Ton, wie bey a, oder sie tritt zu dem im Baße fortdauernden Grundton ein, wie bey b.

Dieses sind also die zweyerley Arten der Dißonanzen, und die Gelegenheiten sich derselben zu bedienen. Beyde Arten können in mancherley Gestalt erscheinen, und daher entstehet eine große Menge dißonirender Accorde, die man alle kennen muß, weil bald die eine, bald die andre Gestalt vorzüglich ist.

Der Septimen=Accord leidet, wie der Dreyklang, verschiedene Verwechselungen, und nimmt bey jeder Verwechslung eine neue Gestalt an, wie aus folgender Vorstellung zu sehen ist.

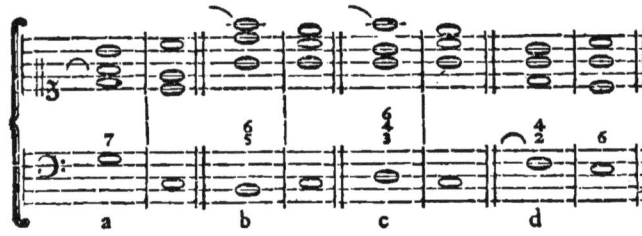

Bey a ist er in seiner ursprünglichen Gestalt, und führt in derselben den eigentlichen Namen des Septimen=Accords. Bey b ist die Terz des Grundtones in den Baß gelegt, und dadurch die Septime in die Quinte, die Octave in die Sexte verwandelt worden, in dieser Gestalt wird er der Quint Sexten=Accord genen=

I.
Tabelle der consonirenden Accorde in ihren verschiedenen Gestalten.

II.

Tabelle des wesentlichen Septimen-Accords und seiner Verwechslungen.

	Die kleine Septime mit der grossen Terz und vollkommenen Quinte.	Die kleine Septime mit der kleinen Terz und vollkommenen Quinte.	Die grosse Septime mit der grossen Terz und vollkommenen Quinte.	Die kleine Septime mit der kleinen Terz und kleinen Quinte.	Die kleine Septime mit der grossen Terz und kleinen Quinte.
a) Der Septimen-Accord.					
b) Die erste Verwechslung des Septimen-Accordes oder der Quint-Sexten-Accord.					
c) Die zweyte Verwechslung des Septimen-Accordes oder der Terz-Quart-Sexten-Accord.					
d) Die dritte Verwechslung des Septimen-Accordes oder der Secunden-Accord.					

III.

Tabelle der consonirenden Accorde mit einer oder mehr zufälligen Dissonanzen als Vorhalte.

S. 33.

a) Der Dreyklang mit seinen Vorhalten.

b) Der Septenaccord mit seinen Vorhalten.

c) Der consonirende Quartsextenaccord mit seinen Vorhalten.

d) Der consonirende Accord, da der Vorhalt im Baß ist.

IV.

Tabelle des Septimenaccords und seiner Verwechsölungen, mit einer oder mehr zufälligen Dissonanzen und Vorhalte.

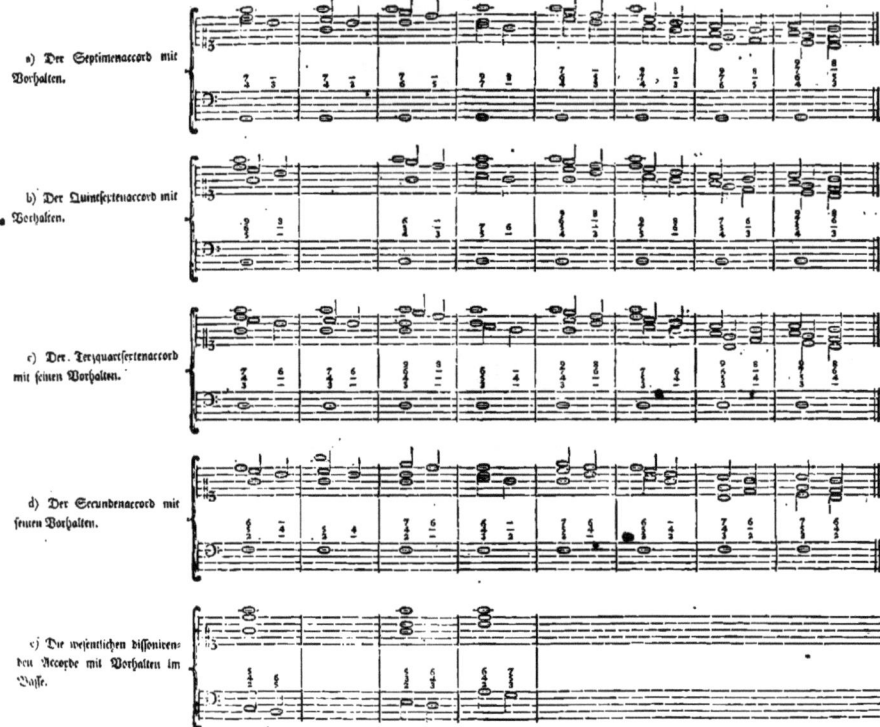

a) Der Septimenaccord mit Vorhalten.

b) Der Quintsextenaccord mit Vorhalten.

c) Der Terzquartsextenaccord mit seinen Vorhalten.

d) Der Secundenaccord mit seinen Vorhalten.

e) Die wesentlichen dissonirenden Accorde mit Vorhalten im Basse.

genennet. Bey c ist die Quinte des eigentlichen Grundtones im Baße, dadurch wird die gewesene Septime zur Terz, die gewesene Octave zur Quarte, und die gewesene Terz zur Sexte. Dieser Accord wird also der Terz=Quart=Septen=Accord genennt. Bey d ist die Septime selbst in den Baß gekommen, wodurch die Octave zur Secunde, die Terz zur Quarte, und die Quinte zur Sexte geworden.

Man hat also überhaupt in der Musik viererley Arten der Accorde. 1) Die consonirenden. 2) Die dißonirenden mit einer wesentlichen Dißonanz. 3) Die dißonirenden mit einer oder mehr zufälligen Dißonanzen; und 4) die aus beyden Arten (2 und 3) vermischten, da zufällige und wesentliche Dißonanzen zusammen kommen. Zu der ersten Art gehört der Dreyklang mit seinen Verwechslungen, zu der andern der Septimen=Accord mit seinen Verwechslungen, zu der dritten die Vorhälte vor consonirenden, und zur vierten die Vorhälte zu dißonirenden Accorden.

Wenn man also gar alle in unserm heutigen System liegenden Accorde will kennen lernen, so darf man nur auf folgende Weise verfahren.

1) Sucht man alle darin liegende Dreyklänge auf, und nimmt deren Verwechslungen. Dadurch erhält man alle consonirenden Accorde. 2) Setzt man zu jeder Art des Dreyklanges die Septime hinzu, und nimmt auch davon alle Verwechslungen. Dadurch bekommt man alle Accorde der zweyten Art. 3) Nimmt man zu jeden der Accorde der beyden vorhergehenden Claßen alle mögliche Vorhälte, so bekommt man alle zufällig dißonirenden Accorde der dritten und vierten Art. Damit dieses Verfahren durch deutliche Beyspiele erläutert werde, so haben wir folgende Tabellen verfertiget, in welchen alle in der Tonleiter des Tones C dur und A moll enthaltenen Accorde ausgezeichnet sind.

E Vierter

34 Die Kunst

Vierter Abschnitt.
Anmerkungen über die Beschaffenheit und den Gebrauch der Accorde und einiger dazu gehörigen Intervalle.

1) Ueber den Dreyklang.

Der Dreyklang ist von dreyerley Arten, der große α, der kleine oder weiche β, und der verminderte γ.

Der erste, der aus der großen Terz, der reinen Quinte und der Octave besteht, hat die vollkommenste Harmonie, die ein Accord haben kann, und da in der vollkommensten Harmonie auch die größte Beruhigung ist, so haben die Alten ihre Stücke, wenn sie auch aus der kleinen Tonart gespielt haben, mit diesem Dreyklang geschlossen. Itzt aber macht man sich kein Bedenken mehr daraus, auch mit dem weichen oder kleinen Dreyklang zu schließen. Insgemein fängt man auch die Harmonie eines Stücks mit dem Dreyklang an, nämlich mit dem Großen in den Durtönen, und mit dem Kleinen in den Moltönen, weil durch diese Harmonie so gleich die Tonart des Stücks völlig angekündiget wird.

Wegen dieser Kraft den Ton anzukündigen, wurden die drey Sayten der Tonleiter die Terz, Quinte und Octave die wesentlichen Sayten (Chordæ essentiales) genennet. Ueberhaupt hat also der vollkommene Dreyklang der großen oder kleinen Tonart seinen Hauptsitz im Anfang und Ende eines Stücks, oder eines größern Abschnitts, weil er im Anfang die Tonart bestimmt, und am Ende durch seine Vollkommenheit die Ruhe herstellt.

Der verminderte Dreyklang aber, von welchem hernach mit mehrerm wird gesprochen werden, schicket sich weder zum Anfang, weil er keine Tonart ankündiget, noch zum Ende, weil er nicht vollkommen genug ist.

Der

des reinen Satzes in der Musik. 35

Der Dreyklang hat nicht nothwendig alle seine drey Consonanzen. Man kann entweder die Octave oder die Quinte daraus weglassen, und an deren statt eines der andern Intervalle verdoppeln.

Da man, wie an einem andern Ort soll gezeigt werden, weder Quinten noch Octaven, auf oder absteigend, nach einander nehmen darf, so hat man, um diesen Fehler zu vermeiden, so gar nöthig, bisweilen die Quinte zu verdoppeln.

Also kann sich der Dreyklang in folgenden Gestalten zeigen.

Es ist aber nicht gleichgültig, in welchen Fällen die Terz, die Octave oder die Quinte müsse oder könne, statt eines weggelassenen Intervalls verdoppelt werden. Es wird sehr nützlich seyn, wenn wir die wesentlichsten Regeln hievon anführen.

Die große Terz kann verdoppelt werden auf der Tonica und Unterdominante [28]). Hingegen kann sie auf der Oberdominante nicht verdoppelt werden; denn da ist sie das Semitonium des Modi, darin man ist, welches schlechterdings, da es ein Verlangen nach dem Hauptton erwecket, so oft es gehöret wird, in denselben über sich treten muß. Würde also dieses Semitonium doppelt angeschlagen, so müßte es an beyden Orten über sich treten, und dieses würde verbotene Octaven machen, wie hier zu sehen ist.

E 2

---

[28]) Wir bedienen uns dieser französischen Wörter der Kürze halber, und wollen sie denen, die derselben nicht gewohnt sind, erklären. Tonica ist die Note, aus deren Ton das Stück geht; also z. E. in C dur oder C mol ist C die Tonica. Die Dominante oder Oberdominante ist allemal der fünfte Ton der Tonica, also in C dur oder mol die Note G. Die Unterdominante ist der vierte Ton vom Grundton des Stücks, also in C dur oder mol die Note F. Die Mediante ist die Terz, die Untermediante aber die Sexte des Grundtons.

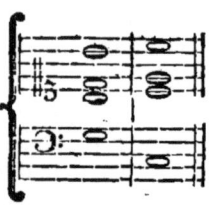

Aus eben diesem Grunde kann die große Terz auf der Tonica nicht verdoppelt werden, wenn in der folgenden Harmonie der Baß vier Töne steigend, oder fünf Töne fallend in den Dreyklang tritt. Wollte man z. B. im folgenden Gange

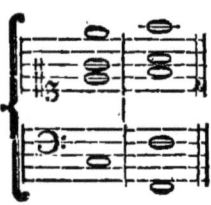

die Terz auf der Tonica C verdoppeln und von da nach F gehen, so würden ebenfalls Octaven entstehen.

Daß das Semitonium modi nothwendig über sich steigen müsse, empfindet man am deutlichsten, wenn man die Scala der harten Tonart herauf singt; denn so bald man auf die Septime gekommen ist, so kann man weder zurück kehren, noch anders wohin gehen, als in das nächst darüber liegende Semitonium der Octave vom Baß.

Auch die zufällig vorkommende große Terz, welche mit × über der Baßnote angezeiget wird, kann nicht verdoppelt werden, weil es gemeiniglich ein Semitonium von einem Ton vorstellet, wohin man ausweichen will, wie in diesem Beyspiel zu sehen ist.

des reinen Satzes in der Musik. 37

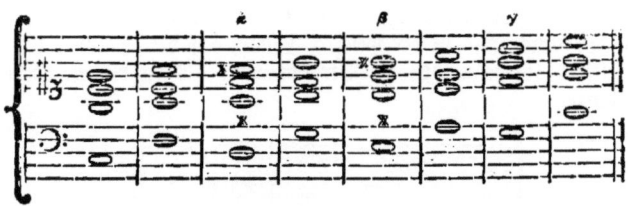

Bey α ist es das Untersemitonium von G, bey β von A und bey γ von C.

Sonst lassen sich alle großen Terzen, wenn sie nicht als Subsemitonia einer Tonart sind, so wie überhaupt alle kleinen Terzen verdoppeln, um verbotenen Quinten und Octaven zu entgehen.

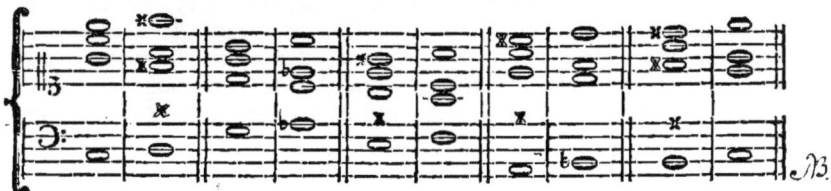

Es giebt Fälle, wo die große Terz gegen die gegebene Regel verdoppelt zu seyn scheinet; wenn dieses angehen soll, so geschiehet es in den Fällen, wo man bereits in einen andern Ton ausgewichen ist, wo die große Terz nicht mehr das Subsemitonium ist, wie im folgenden Beyspiel zu sehen, wo auf den dritten Accord auf G die große Terz kann verdoppelt werden, weil man nicht mehr in C dur, sondern in G dur ist.

Auch in der weichen Tonart leidet die Terz auf der Dominante keine Verdoppelung.

Mit dem verminderten Dreyklang kann man, wegen der Unvollkommenheit seiner Quinte, weder anfangen noch endigen. Daher ist dieser Dreyklang

E 3   nur

38   Die Kunst

nur zur Verbindung der Accorde, und hat seinen Siß in der harten Tonart auf der großen Septime, und in der weichen Tonart auf der Secunde des Haupttons. Er leidet übrigens eben die Veränderung, als die beyden vorhergehenden Dreyklänge.

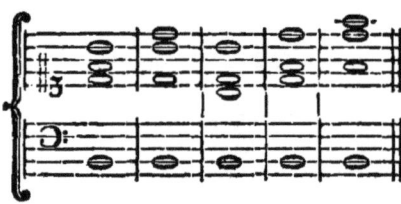

Der verminderte Dreyklang hat keine andere Fortschreitung, als vier Grade über sich zu treten: in der harten Tonart steiget er vier Töne über sich in den weichen Dreyklang, in der weichen aber, in den harten, oder in deren Verwechslungen; nämlich drey Grade unter sich in die Sexten=Accorde, oder auch einen halben Ton über sich in den Sexten=Accord, wie auch einen ganzen Ton unter sich auch in den Sexten=Accord.

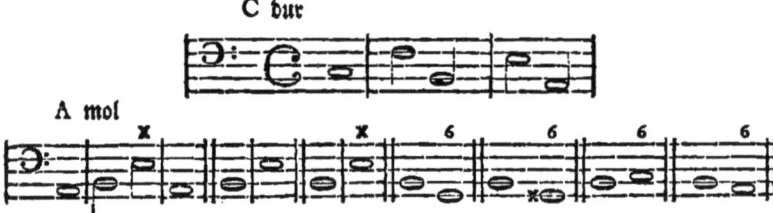

Die kleine Quinte, wenn sie im verminderten Dreyklang vorkommt, ist consonirend, und bedarf keiner Auflösung unter sich, wie folgendes Exempel ausweiset.

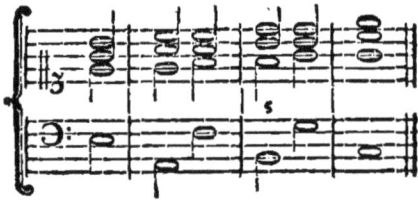

Man

des reinen Satzes in der Musik. 39

Man findet, daß bey einigen Tonlehrern noch andrer Dreyklänge, außer den erwähnten, Meldung geschiehet; allein alle Accorde, wo die große Terz größer als $\tfrac{5}{4}$, die kleine Terz tiefer als $\tfrac{6}{5}$, oder auf unsern Clavieren $\tfrac{27}{22}$, desgleichen wo die Quinte höher als $\tfrac{3}{2}$, und die kleine Quinte kleiner als $\tfrac{4}{3}$, oder nach unsern Clavieren $\tfrac{22}{27}$ ist, sind nicht nur nicht consonirend, sondern völlig unbrauchbar.

Wenn man den Linien nach Terzen, Quinten u. d. g. durch die Anzahl der Grade hervorbringen will, so verfällt man in Irrthümer, woraus alle mögliche Disharmonien entstehen können. Wer könnte z. E. folgende Dreyklänge ertragen?

oder folgende auf gleich gutem Grund beruhende Septimen=Accorde?

Einzig und allein lassen sich die Consonanzen aus dem guten Verhältniß der Schwingungen oder aus der Eintheilung des Monochords erweisen, und nicht aus den Graden der Linien und Zwischenräume eines Notensystems.

2) **Anmerkungen über den Sexten=Accord.**

A. Von dem Sexten=Accord, der aus dem großen Dreyklang entsteht.

Nach dem vollkommenen Dreyklang wird dieser Sexten=Accord vorzüglich gebraucht, man pflegt damit selten anzufangen, aber gar niemals damit zu endigen.

Er

Er kann aber auf dreyerley Art gesetzt werden. Man kann nämlich zu der Sexte noch eine Sexte und Terz nehmen a, oder statt zwey Sexten zwey Terzen mit einer Sexte b, oder zu der Sexte noch die Octave und Terz c; durch diese drey Veränderungen wird man in Stand gesetzet, vermittelst einer guten Wahl die fehlerhaften Fortschreitungen zu vermeiden.

Es giebt aber auch Fälle, wo der Accord der Sexte mit der Octave gar nicht kann genommen werden, nämlich:

1) Kann man ihn nicht nehmen, wenn man den Sexten-Accord auf dem Semitonio modi, wohin man gehen will, nimmt; weil dadurch in der Fortschreitung Octaven entstünden, wie bey d zu sehen ist. Denn weil der Ton H im Baß in C gehen muß, so würde, wenn man die Octave h zur Sexte genommen hätte, auch dieses h in c gegangen seyn.

2) Noch vielmehr ist die Octave des Baßes zu vermeiden, wenn die Baßnote schon ein zufälliges x hat, wie bey e; denn dadurch käme die große Terz doppelt in den Accord, welches nicht angehen kann. Die Baßnote Cis ist die große Terz von A; würde cis im Accord noch einmal genommen, so käme diese große Terz doppelt vor.

Dieser Sexten-Accord auf dem Semitonio modi hat also statt der Octave zwey Sexten und eine kleine Terz, wie bey f, oder in eben diesem Fall statt der Octave die Terz doppelt, wie bey g.

des reinen Satzes in der Musik.

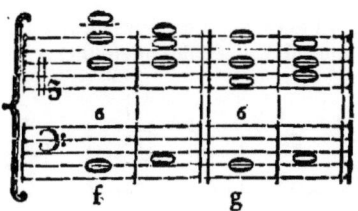

Doch versteht sich dieses nur, wenn man von diesem Subsemitonio würklich einen halben Ton über sich tritt, nicht aber, wenn man von da in einem andern Ton geht; also wäre in folgendem Beyspiel die Octave im Serten-Accord bey h unschädlich. Hier ist der Baßton H nicht mehr das Subsemitonium, sondern der dritte Ton von G.

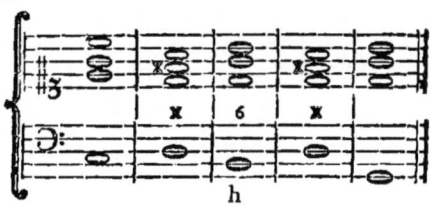

Eben diese Bewandnis hat es in dem folgenden Beyspiele, mit dem Serten-Accord bey β,

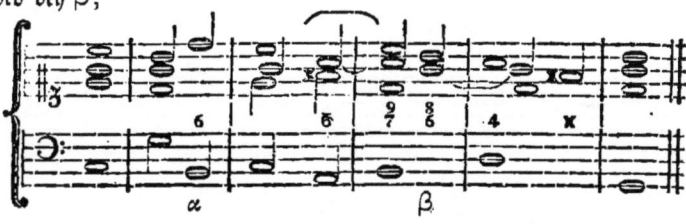

wo die Octave zur Serte, wegen Auflösung der None schlechterdings nothwendig wird. Hier ist der Baßton H nicht mehr, wie kurz vorher bey α, das Subsemitonium des Tones, sondern nunmehr die Mediante, oder der dritte Ton von G.

3) Aus eben dem Grunde kann überhaupt die Octave zur Serte nie genommen werden, wenn man von dem Serten-Accord um einen halben Ton in den

F   Drey-

Dreyklang steiget, wie in allen folgenden Beyspielen; weil die Baßnote, worüber die 6 steht, hier überall das Subsemitonium des Tones ist, der darauf folget.

4) Man

des reinen Satzes in der Musik. 43

4) Man kann auch in solchen Fortschreitungen des Basses, wie bey α die Octave zur Sexte nicht nehmen, weil dieselbe in folgendem Accord entweder Octaven verursachen würde, wie bey β, oder Quinten, wie bey γ.

Würde man nach dem mit α bezeichneten Accord die erste Verwechslung des Accords G nehmen, so wäre alsdenn auf A die Octave zur Sexte nothwendig, wie gleich hiernächst wird gezeiget werden.

Sollte man aber bey dergleichen Gängen in die Verlegenheit gekommen seyn, daß man die Sexte nicht anders, als mit der Octave haben könnte, so muß man auf dem folgenden Accord zwey Stimmen in die Quinte gehen lassen, wie hier:

5) So wie man in den vorhergehenden Fällen die Octave im Sexten=Accord zu vermeiden hat, so giebt es auch Fälle, wo man sie dazu nehmen muß. Nämlich wenn man von dem Sexten=Accord um eine kleine Terz in den Dreyklang steiget, wie im folgenden Beyspiel bey 1.

Hätte man hier die Sexte verdoppelt, wie bey 2, so würden verdeckte Quinten entstanden seyn, wie man bey 3 sehen kann.

44 **Die Kunst**

Auch wird die Octave zur Sexte in folgendem Beyspiel bey a nöthig, wenn nach diesem Accord der Baß wie hier herauf steiget, denn so wol aus der Verdoppelung der Sexte, als der Terz würden verbothene Octaven entstehen, weil auf dem folgenden Ton H die Terz oder Sexte, wie vorher No. 2 gezeiget worden, nothwendig verdoppelt werden muß. Wollte man auf H die Sexte auf derselben Höhe doppelt nehmen, so würden offenbare Quinten entstehen.

Uebrigens merken wir hier noch an, daß dieser Accord der kleinen Sexte und kleinen Terz, welcher aus dem harten Dreyklang entspringt, seinen Sitz auf dem dritten, sechsten und siebenden Ton des Haupttones habe.

B. Von dem Sexten-Accord, der aus dem kleinen oder weichen Dreyklang entsteht.

Auch in diesem Sexten-Accord wird, wie in dem, der aus dem harten Dreyklang entsteht, bald die Sexte bald die Terz verdoppelt, bald die Octave zur Sexte genommen, nachdem die Vermeidung verbothener Octaven und Quinten, den einen oder den andern dieser Fälle nothwendig macht, so daß die meisten über den vorhergehenden Accord gemachten Anmerkungen auch von diesem gelten, und also hier nicht dürfen wiederholt werden.

Bey diesem Accord ist besonders der Fall zu bemerken, wo man, (wie auch schon vom vorhergehenden angemerkt worden ist) um Octaven oder Quinten zu entgehen, den darauf folgenden Dreyklang mit Vorsichtigkeit nehmen muß, worüber folgendes zur Lehre dienen kann.

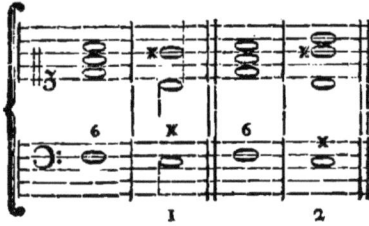

Hier

des reinen Satzes in der Musik. 45

Hier entgeht man bey 1 einer verbothenen Fortschreitung dadurch, daß man so wol die Octave als die Sexte des ersten Accords in die Quinte des folgenden herunter treten läßt: wollte man so, wie bey 2 verfahren, so fiele man in die widrige Fortschreitung einer übermäßigen Secunde von f nach gis. Man könnte den vorhergehenden Fall auch so nehmen, wie hier bey α, wo die Terz über den Baß verdoppelt ist.

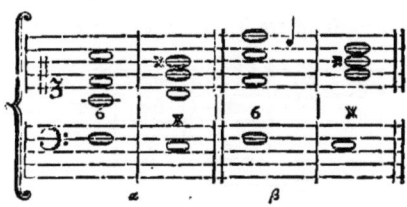

Wollte man die Sexte verdoppeln, wie bey β, so würde eine der obern Stimmen gegen den Baß verdeckte Quinten machen.

C. Von dem Sexten=Accord der aus dem verminderten Dreyklang entsteht.

Die erste Verwechselung des verminderten Dreyklanges macht einen besondern Sexten=Accord, darin so wie in den beyden vorhergehenden, so wol die Terz, als die Sexte verdoppelt werden kann.

Dieser Accord leidet keine andere Fortschreitung, als 1) einen Gr●●über sich in den weichen oder harten Dreyklang, wie bey α und β.

F 3

46 Die Kunst

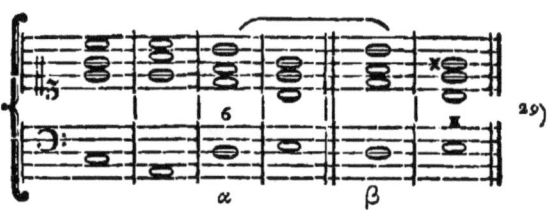

ober in die erste Verwechselung des Dreyklanges, wie hier bey γ.

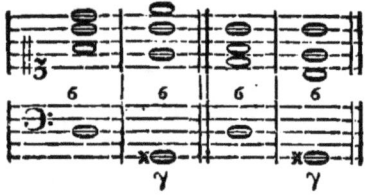

2) einen ganzen Ton unter sich in den Sexten=Accord, wie bey δ, oder in dessen Grund=Accord wie bey ε.

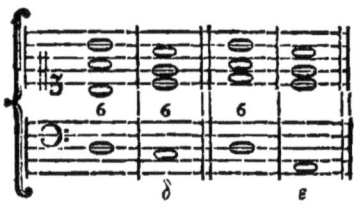

Uebrigens

29) Man kann diese beyden Accorde auch also nehmen,

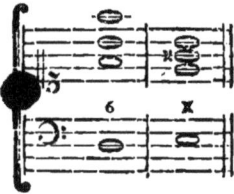

und auf dem Accord die kleine Terz ver= doppeln; die besten Componisten thun die= ses ohne Bedenken. Wir merken es des= wegen an, weil sich einige einbilden, die kleine Quinte des Grund=Accords, näm= lich h-f, sey keine Consonanz. Wäre dieses, so könnte sie bey der ersten Ver= wechselung, wie hier in unserm Beyspiel nicht verdoppelt erscheinen, sondern müßte, als eine Dissonanz aufgelöset werden.

des reinen Satzes in der Musik. 47

Uebrigens kann, wie schon gesagt worden, die Sexte in diesem Accord ohne Bedenken verdoppelt werden, wie in dem nachstehenden Beyspiel, weil sie hier nicht, als das Subsemitonium des Tones zu betrachten ist.

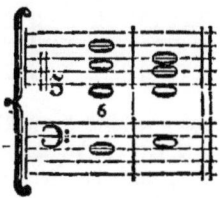

Es ist kurz vorher gesagt worden, daß dieser Sexten-Accord nothwendig entweder einen Grad über sich in den Dreyklang, oder einen ganzen Ton unter sich in den Septen-Accord trete. Es giebt aber Fälle, die diesen Regeln entgegen zu seyn scheinen, da man nämlich nach dem Accord dieser grossen Sexte einen Ton über sich in den Sexten Accord, oder einen ganzen Ton unter sich in den Dreyklang tritt, wie hier:

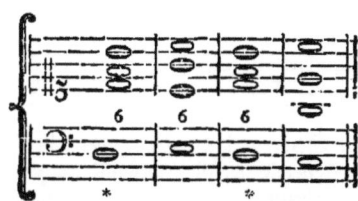

Aber man muß den hier mit * bezeichneten Accord nicht mit unsern, aus Verwechselung des verminderten Dreyklanges entstandenen Sexten-Accords verwechseln; er hat seinen Ursprung vom Septimen-Accord, wie unten in den Anmerkungen über dem Septimen-Accord wird gezeiget werden.

D. Einige besondere Anmerkungen über den Sexten-Accord und den Gebrauch desselben.

Wegen der Verdoppelung der Sext und der Terz in allen drey Gattungen des Sexten-Accords ist noch zu merken:
1) Daß die verdoppelten Intervalle entweder eine Octave auseinander stehen, oder auf derselben Stuffe können verrdoppelt werden, wie hier zu sehen ist.

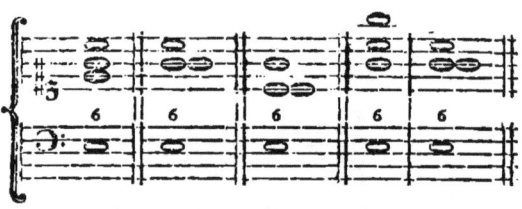

2) Daß dasjenige Intervall, welches einen Vorhalt hat, nicht könne verdoppelt werden. Nämlich, die Sexte der die Quinte oder Septime vorgehalten ist, kann nicht verdoppelt werden, auch die Terz nicht, der die Secunde oder Quarte vorgehalten wird. Also verdoppelt man die Sexte, wenn die Terz einen Vorhalt hat, hingegen die Terz, wenn die Sexte einen Vorhalt hat, wie in folgenden Beyspielen.

3) Daß weder die Sexte noch die Terz, wenn der Baß Stuffen weise im Steigen oder Fallen mit 6 bezeichnet ist, zweymal nach einander können verdoppelt werden, weil dadurch Octaven und verbothene Quinten entstünden, wie hier bey α. Man kann nach der Verdoppelung der Sexte die Terz verdoppeln, wie β, und nach der Terz die Sexte, wie bey γ.

Man

Man braucht den Sexten=Accord anstatt des Dreyklanges, um mit dem Baß Stufen weise herauf oder herunter zu steigen, welches, wegen der dadurch entstehenden Octaven, mit dem Dreyklang nicht angeht.

Daraus entsteht der wichtige Vortheil des Sexten=Accords, daß man vermittelst desselben die Perioden nach Gefallen verlängern kann, um nicht allzuöfters nach einander Abschnitte zu machen, wie weiter unten in dem sechsten Abschnitt soll gezeiget werden.

Will man bey diesen Stufenweis auf oder absteigenden Sexten=Accorden noch Vorhalte anbringen, so werden die Accorde noch enger mit einander verbunden.

Von der Sexte, von welcher bey allen diesen Sexten=Accorden die Rede ist, muß man eine andere Sexte wol unterscheiden, die in dem Dreyklang ein Vorhalt der Quinte ist. Diese verhält sich alsdenn zur Quinte, wie die None zur Octave bey +, und ist leicht von der Sexte des eigentlichen consonirenden Sexten=Accords zu unterscheiden, kommt auch, so wie die andern Vorhalte, nie im Aufschlag vor.

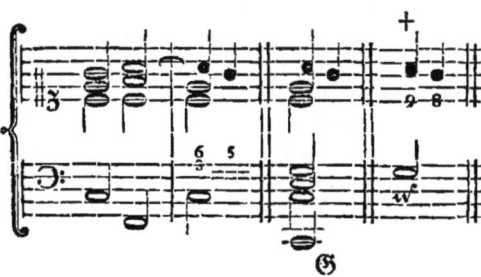

50 Die Kunst

In vielstimmigen Sachen kann man mit dem Sexten=Accord kein Stück schließen, und wie wol es in zweystimmigen Sachen, die man *Bicinia* nennt, angehen kann, so hat doch der Dreyklang zum Schluß den Vorzug, weil man gern mit dem Unisonus oder der Octave endiget.

3) Anmerkungen über den consonirenden Quart=Sexten=Accord.

Dieser Accord ist unter den consonirenden Accorden der unvollkommenste, so daß man damit ein Stück weder anfangen noch endigen kann. Sonst hat er alle Eigenschaften eines consonirenden Accordes; nemlich so wol die Quarte als Sexte können verdoppelt werden, sie können frey eintreten, und sie bedürfen nicht, wie die Dissonanzen, einer bestimmten Fortschreitung oder Auflösung, wie in folgendem Beyspiel zu sehen ist.

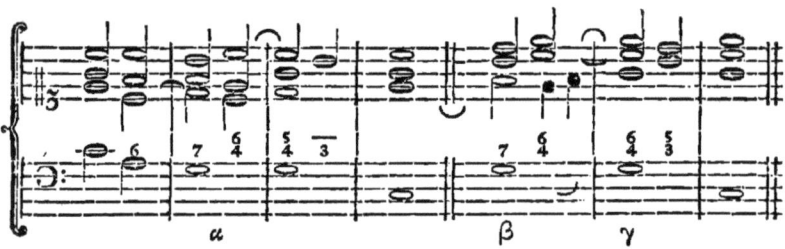

Bey α und β kömmt dieser Quart=Sexten=Accord vor; an beyden Stellen ist der eigentliche Grundton C. Bey γ sind Quart und Sexte dissonirende Vorhalte, und der Grundton ist G. In den beyden ersten Fällen empfindet man den Grundton C, hingegen bey γ nur G. Die Quarte dissoniret hier als ein Vorhalt gegen die Terz des Grundtones, welche man empfindet, und die Sexte gegen die Quinte. 3⁰)

Dieser

---

30) Dieses sind die wahren Grundsätze nach welchen man die consonirende Quarte in der zweyten Verwechselung des Dreyklanges von der dissonirenden, die ein Vorhalt ist, unterscheiden kann. Man findet noch immer Componisten, die sich fürchten den Quart=Sexten=Accord consonirend zu brauchen. Wen die hier angeführten Gründe nicht überzeugen, dem könnte man leicht durch die Autorität vieler grosser Männer, seine Zweifel benehmen. Wir wollen aber nur folgendes anführen:

des reinen Satzes in der Musik. 51

Dieser consonirende Quart=Sexten=Accord kann sowol in guten als schlechten Takttheilen vorkommen, der andere aber, wie alle Vorhalte, fällt immer auf den guten Theil des Takts.

G 2 Er

Im vierten Takte beyder Beyspiele ist der Quart=Sexten=Accord, welcher, wenn er dißonirend wäre, eine ganz andere Fortschreitung, als hier ist, haben müßte; denn hier wird weder die Quarte noch Sexte aufgelöst. Man erkennet daraus, daß es die zweyte Verwechslung des Fis Accordes ist. Niemand wird hier im zweyten Beyspiel weder die Quarte noch Sexte für Vorhalte der Terz und Quinte halten; denn der Fis Accord vom ersten Takte bleibt im Gehör, bis der H Accord erfolget, gleichsam als wenn der Baß also gienge.

Daß man so gar in der Mitte eines Stückes mit dem consonirenden Quart=Sexten=Accord anfangen könne, erhellet aus

52 Die Kunst

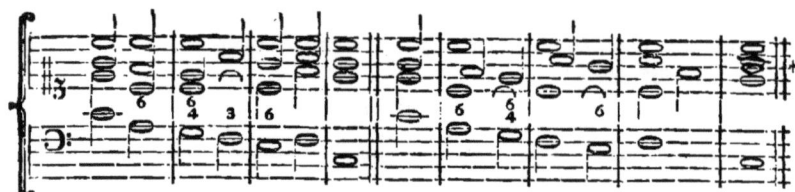

Er zeiget sich in verschiedenen Gestalten, entweder mit zwey Quarten und einer Sexte, wie bey 1, oder mit einer Quarte und zwey Sexten, wie bey 2, oder mit Quarte und Sexte, und Octave, wie bey 3, oder mit zwey Octaven und einer Sexte, wie bey 4.

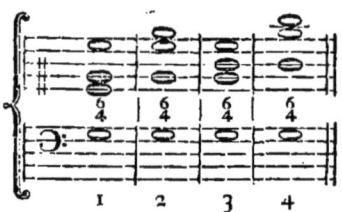

Wenn

aus folgender Stelle, welches aber An= solche Freyheiten können nur Männer vom
fängern nachzuahmen nicht zu rathen ist: ersten Range nehmen.

Daß

des reinen Satzes in der Musik. 53

Wenn er ohne Quarte mit einer Sexte und zwey Octaven im vierstimmigen Satze genommen wird, oder im Dreystimmigen ohne Quart mit der Sext und Octave, so geschieht dieses um einen schönen Gesang zu erhalten, dem zu Gefallen die Harmonie zuweilen etwas leiden muß. [31]

Wollte man hier bey α die Quarte mitnehmen, so würde die Oberstimme mit der nächsten über dem Basse verbothene Quinte machen, wie man es auch

immer

Daß dieser Quart=Sexten=Accord die zweyte Verwechselung von Fis sey, zeiget der vorhergegangene Secunden=Accord an, welcher aus dem Septimen=Accord von Cis entstehet, nach welchen die Resolution ins Fis erfolgen mußte.

Nach dem Secunden=Accord empfindet man den Grundton Fis als den Dreyklang, oder A als den Sexten=Accord, wodurch dieser Quart=Sexten=Accord entschuldiget werden kann. Ohne solche Mittel den folgenden Ton fühlbar zu machen, ist es nicht möglich mit Quart und Sexte weder ein Stück, noch einen Abschnitt anzufangen.

[31] In diesen beyden Fällen, da die Quarte weggelassen wird, hat man wohl in Acht zu nehmen, daß man den Baß nicht wie den ordinairen Sexten=Accord, zu welchen die Terz gehört, mit 6 beziffere: man thut besser ihm zum Unterschied mit $\frac{8}{6}$ zu bezeichnen. Bey vierstimmiger Begleitung muß doch die Quarte mitgenommen werden. Die Grund=Accorde dieser beyden Fälle sind ganz verschieden. Hierüber sehe man, was Herr Bach in dem 2ten Theil seines Werks über die wahre Art das Clavier zu spielen, erinnert.

54 Die Kunst

immer anstellte, wie bey * zu sehen ist. Bey β ist der eigentliche Sexten=Accord, dessen Grundton E ist, wie aus dem Grund=Baß erhellet. [32]

Man kann diesem Accord die kleine Terz beyfügen, welche die kleine Septime seines Grundtones ist, die zum Dreyklange gesetzet werden kann, wenn der Baß alsdenn vier Töne über sich im Dreyklang steiget, wie hier bey * zu sehen ist.

Dis ist eines der Kennzeichen des consonirenden Quart=Sexten=Accords, denn der dißonirende verträgt diese kleine Terz nicht. Ein anders Kennzeichen desselben ist dieses, daß man darinn die Quinte nicht anstatt der Sexte nehmen kann, welches aber bey dem dißonirenden Quart=Sexten=Accord angeht. Beydes wird durch nachstehende Beyspiele deutlich.

[32] Der Grund=Baß, der hier auf dem untersten Linien=System steht, ent= hält die wahren Grund=Töne zu den ver= schiedenen Accorden, oder die Baßtöne, wie sie

des reinen Satzes in der Musik. 55

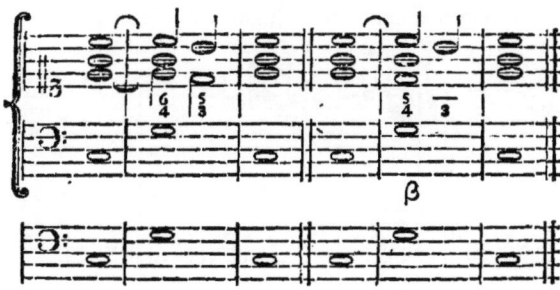

Bey α gieng es auf keinerley Weise an, die Quinte des Basses zur Quarte oder Sexte zu nehmen, wie hingegen bey β, wo die Quarte nur ein Vorhalt und dissonirend ist, geschieht.

Wenn man mehr als drey Stimmen hat, so thut man wohl, dem consonirenden Quart-Sexten-Accord, so oft es angeht, die kleine Terz beyzufügen; weil überhaupt die Terzen fast bey jedem Accorde unentbehrlich sind. Alsdenn entstehet der Terz-Quart-Sexten-Accord, welcher seinen Sitz auf den zweyten Ton des Tones, worinn man ist, hat. So wohl Quart als Sexte bleiben doch consonirend, nur die Terz als die kleine Septime vom Grundtone ist dissonirend.

sie seyn würden, wenn die Accorde immer nach ihrer ursprünglichen Gestalt, ohne Verwechselung genommen würden.

Im drehstimmigen Saße können Quart und Sexte ohne Terzie sehn.

Dieser Accord ist doch nicht consonirend genug, daß er das Gehör in Ruhe setzte, und zum Schluß oder End einer Periode könnte gebraucht werden. Es ist allemal nothwendig, daß noch andre Accorde auf ihn folgen. Also wäre nachstehender Satz, wo, wie aus dem darunter stehenden Grund=Baß zu sehen ist, nach der ersten Hälfte des zweyten dritten und fünften Takts Schlüße sind, [33]) ganz unrichtig.

Es ist kurz vorher gesagt worden, man könne zum consonirenden Quart= Sexten=Accord die Quinte der Boßnote nicht nehmen. Indessen hat man doch von einigen Componisten Exempel, daß sie die Quinte statt der Sexte beybehalten haben, hievon führen wir folgendes Beyspiel an, überlassen aber den besten Meistern der Kunst, zu entscheiden, ob es recht sey.

---

33) S. den sechsten Abschnitt von Perioden, wo gezeiget wird, wie das Steigen des Grund=Basses um eine Quarte, einen Schluß mache.

des reinen Satzes in der Musik. 57

Die mit * bezeichnete Quarte muß hier, wie jede zufällige Dissonanz aufgelößt werden, und ist darum verwerflich, weil sie im Auftakte zu stehen kommt: als eine Vorbereitung zur folgenden zufälligen Quarte wie bey +, ist sie darum unrecht, weil sie selbst gegen die Quinte vom Baße eine Septime macht.

Eben diese Erinnerungen gelten auch von den Verwechslungen dieser Accorde, wenn also die vier ersten Takte des vorhergehenden Beyspieles also gesetzt würden:

so würde es vom zweyten zum dritten Takt sehr schlecht klingen.

In geschwinden Sachen kömmt die Quarte auf diese Art vor; man betrachtet sie aber als durchgehend, und bezeichnet sie auch nicht im General-Baße.

H   Den

Den Quart-Sexten-Accord zweymal nach einander so genommen, daß die Quarten in der obersten Stimme sind, wie im nachstehenden Beyspiel, vermeiden die guten Harmonisten.

Jedoch wenn der eigentliche Grund-Ton des Quart-Sexten-Accords, oder auch nur die Terz dieses Grund-Tones vorher in der untersten Stimme gehört worden, so kann man es ohne Bedenken setzen, weil der Grund-Ton alsdenn im Gehör bleibet, wie hier:

Das C vom ersten Viertel bleibt im Gehör, und man empfindet das zweyte Viertel als einen Sexten-Accord von C.

Hier ist ein Beyspiel wo so gar drey Quarten in der obersten Stimme auf einander folgen.

Der mit 1 bezeichnete Accord, klinget, wegen des vorhergegangenen Tones d wie ein Sexten-Accord davon; der mit 2 bezeichnete, ist also der erste, der als

Quart-

des reinen Satzes in der Musik. 59

Quart=Sexten=Accord klingt; der mit 3 bezeichnete Accord ist aber nicht der consonirende Quart=Sexten=Accord, sondern der Secunden=Accord, nämlich die dritte Verwechslung des Septimen=Accords von E. 34)

Eine besondere Anmerkung verdienet der consonirende Quart=Sexten=Accord, der aus Verwechslung des verminderten Dreyklanges entsteht, wegen der Aehnlichkeit, welche die darinn vorkommende grosse Quart mit dem Tritonus hat, ob sie gleich in der Würkung sehr von ihm unterschieden ist. Folgende Beyspiele werden dieses erläutern.

Bey α, welcher Accord die dritte Verwechslung des Septimen=Accords G ist, kommt der wahre Tritonus F-h vor, und auf diesen Accord muß nothwendig der Accord C in seiner ersten Verwechs'ung folgen. Bey β hingegen kommt der Quart=Sexten=Accord, der aus der zweyten Verwechslung des verminderten Dreyklangs entsteht vor, der außer der Quarte, wie schon oben erinnert worden, auch die kleine Terz bey sich haben kann, und hier würklich hat. Ob nun gleich hier wie vorher der unterste Ton F, der oberste aber h ist, so ist doch das Intervall F-h hier nicht der Tritonus, sondern die grosse Quarte, von welcher man nicht nöthig hat um einen halben Grad höher zu treten.

Eben dieser Unterschied zeiget sich auch in der melodischen Fortschreitung. Bey δ wo der würkliche Tritonus ist, könnte die Melodie nicht, wie sie hier steht, fortschreiten; bey ε aber, wo die erste Verwechslung des verminderten Dreyklangs vorkommt, gehen die oben angemerkten Forschreitungen ohne Bedenken an. 35)

H 2

34) Im General=Baß ist es also ganz falsch, wenn man diesen Accord mit ⁶⁄₄ beziffert, die Secunde muß nothwendig auch angezeiget werden.

35) Es ist bey dieser Gelegenheit die wichtige Anmerkung zu machen, daß die Empfindung der Harmonie bisweilen die schwersten Fortschreitungen im Singen leicht,

60 Die Kunst

4) Anmerkungen über den Septimen-Accord.

A. Von der eigentlichen Septime, die eine wesentliche Dissonanz ist.

Die Septime wird, wie schon in dem vorhergehenden Abschnitt bemerkt worden ist, dem Dreyklange auf der Dominante des Tones, darin man ist, hinzugefüget, so ofte man die Harmonie von dieser Dominante wieder auf den Grundton leiten will. [36]) Sie hat also eine doppelte Würkung, indem sie erstlich das Gehör hindert, auf der Harmonie der Dominante Ruhe zu finden, und hernach durch die Nothwendigkeit der Auflösung natürlicher Weise die Harmonie auf den Grundton zurück führet.

Wenn man das, was hier von dem Gebrauch und der Behandlung der Septime vorzutragen ist, völlig verstehen will, so muß man sich vorher, das, was in dem folgenden Abschnitt von den Schlüßen gesagt wird, bekannt machen.

Die erste und vornehmste Würkung der Septime besteht also darin, daß sie die Ruhe, oder den Schluß eines Abschnitts, den man sonst fühlen würde, zernichtet, wie in folgendem Beyspiel.

Auf leicht, und ganz leichte unmöglich machen könne. So wird in dem angeführten Beyspiel bey e der Sprung von f ins h, leicht; weil man bey dem Sept-Accord des verminderten Dreyklanges den Grundton H empfindet. Hingegen würde in folgender Stelle

die Fortschreitung der obern Stimme unmöglich zu treffen seyn, weil das Gehör schon von dem Grundton B eingenommen ist, der dem h ganz zuwider ist.

36) Dadurch, daß sie dem Dreyklang auf der Dominante hinzugefüget wird, kann diese Septime vor andern, einen ganz andern Ursprung habenden Septimen, von denen hiernächst näherer Unterricht folgen wird, unterschieden werden.

des reinen Satzes in der Musik. 61

Auf jedem Ton, wo hier Septimen angebracht sind, würde ohne diese Dißonanz das Ohr in Ruhe gesetzt, oder ein Schluß empfunden werden. Also kann durch die Septime das Gefühl der Ruhe unterbrochen werden.

Wenn sie zu dieser Absicht gebraucht wird, so muß sie da angebracht werden, wo ohne sie ein Schluß seyn würde, also auf der Dominante oder Tonica des Tones, darin man ist.

Ihre zwente Würkung ist, das Gehör von dem Grundton, auf welchem sie angebracht wird, als einer Dominante zu seiner Tonica zu führen, und daselbst zu ruhen. Also wird man gewöhnlicher Weise nach der Septime mit der Harmonie vier Töne steigen, oder fünf Töne fallen, weil dieses die beyden Gänge von einer Dominante auf dem Grundton sind; wie im folgenden Beyspiel zu sehen ist.

Wenn man auf diese Art von der Dominante in den Haupton durch die Septime schliessen will; so muß man, um eine völlige Ruhe zu bewürken, den Septimen=Accord auf der Dominante so nehmen, daß die große Terz [37]) in der obersten Stimme stehe, und in dem darauf folgenden Accord zur Octave werde, wie in dem folgenden Beyspiel bey a zu sehen ist. Wollte man die Ruhe weniger völlig haben, so könnte der Septimen=Accord so genommen werden, daß in dem folgenden Accord die Terz oder die Quinte des Grundtones zu oberst käme, wie bey b und c zu sehen ist.

[37]) Es ist hier wohl zu merken, daß der Septimen=Accord auf der Dominante des Tones, allemal die große Terz hat, wenn sie gleich der Tonart nicht natürlich wäre. Also würde man in C mol den Septimen=Accord auch mit der großen Terz nehmen, z. E.

Der Grund dieses Verfahrens ist offenbar. Weil dadurch diese große Terz zum Semitonio des Haupttones, dahin man gehen will,

62   Die Kunst

Es ist so eben gesagt worden, daß man von dem Septimen=Accord auf der Dominante gewöhnlicher weise vier Töne steige, oder fünfe falle; inzwischen findet man auch, daß sie nur um einen Ton über sich in den Dreyklang tritt.

Allein dieser Fall hat einen ganz andern Grund, indem diese Septime eigentlich die None des wahren Grundtones ist, deren Auflösung erst in dem folgenden Accord geschiehet, wie an diesem Beyspiel zu sehen ist.

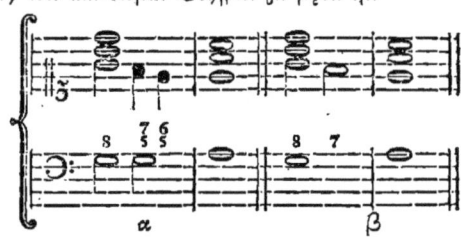

Man stelle sich den Gang bey α so vor, daß nach dem Accord G der Accord E mit der None und Septime; aber in seiner ersten Verwechslung sollte genommen werden,

will, wird, folglich das Verlangen nach demselben erwecket. Eben dieses geschiehet auch in den Umkehrungen des Septimen=Accordes, wie hier:

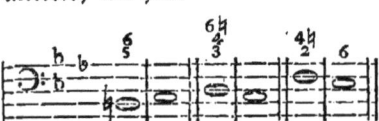

Sollte man irgendwo bey einem guten Harmonisten finden, daß er auf der Dominante die kleinere Terz hat, so ist es ein gewisses Zeichen, daß er die Tonart verlassen will, wie hier:

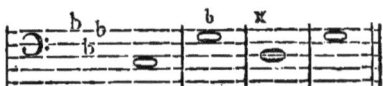

wo auf dem zweyten Accord, wegen der kleinen Terz, die man beybehält, schon die Absicht zu merken ist, daß die Harmonie nach G mol herüber gehen soll.

des reinen Satzes in der Musik. 63

den, und da der Ton f, als None des Grundtones so gleich in die Consonanz e eintreten sollte. Wenn nun diese Auflösung der None bis auf den folgenden Takt verschoben wird, so entsteht der Gang, wie er bey β ist. Der Accord G bey β ist in dem zweyten Theil des Takts eigentlich der Septimen=Accord auf E mit vergehaltener None. Folglich kommt man nicht, wie es scheint, von G nach A, sondern von E. Man kann für eine allgemeine Regel annehmen, daß nach jeder wesentlichen Septime der Baß vier Töne über sich, oder fünf Töne unter sich gehe, und den Dreyklang zur Harmonie habe, es sey denn, daß eine Verwechslung dieses Accords genommen werde.

Ein anscheinender Septimen=Accord, nach welchem der Baß ebenfalls einen Grad über sich tritt, ist eigentlich der ⁶⁄₅ Accord, in welchem für die Sexte die Septime, als eine zufällige Dißonanz vorgehalten wird, wie im folgenden Beyspiel.

Die Septime hat natürlicher weise die Terz und die Quinte bey sich, um aber verbothene Quinten zu vermeiden, kann man anstatt der Quinte die Octave dazu nehmen. Nämlich anstatt

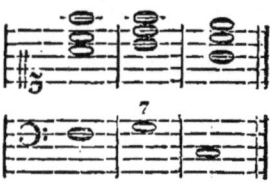

wo verbothene Quinten vorkommen, würde man diese drey Takte also setzen.

64   Die Kunst

Bey der Septime sind allemal zwey Intervalle, an denen man erkennen kann, in welchen Ton die Harmonie gehen müsse, nämlich die Septime selbst, die sich in die Terz dieses Tones auflöset, und die große Terz im Septimen=Accord, welche das Subsemitonium des neuen Tones ist, und bey der nächsten Harmonie in derselben hinauftritt.

Die Septime ist entweder klein oder groß. Die kleine Septime kommt vor 1) in dem harten Dreyklang auf der Dominante, und leitet, wie in den kurz vorher angeführten Beyspielen a, b, c (S. 61.) zu sehen, zu einem Schluß in den Hauptton; 2) in dem weichen Dreyklang, und zwar auf der Secunde, Terz und Sexte des Haupttones, und leitet alsdenn zu Schlüßen in die Quinte (wie bey d), oder Sexte (wie bey e), oder Secunde des Tones (wie bey f).

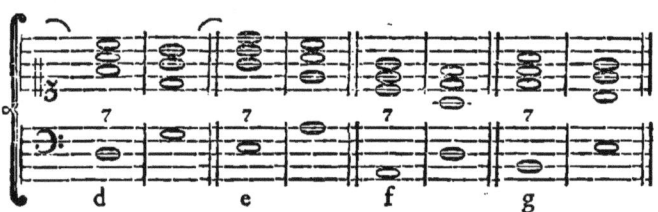

Endlich kommt die kleine Septime auch 3) in dem verminderten Dreyklang vor. Dieses geschiehet nur auf dem Subsemitonio des Haupttons darinn man ist, welches alsdenn zur Dominante des Tones wird, der darauf folget, wie bey g zu sehen ist.

Die große Septime kommt mit dem großen Dreyklang auf der Tonica, auch auf der Unterdominante des Haupttones vor. In diesem letzten Fall leitet sie auf den verminderten Dreyklang auf dem Subsemitonio der Haupttonart, und kann also auf keinen eigentlichen Schluß führen.

des reinen Satzes in der Musik.

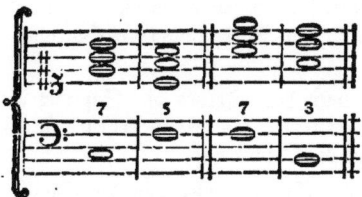

Die verminderte Septime hat keinen Dreyklang, dem sie als eine wesentliche Dißonanz hinzugefüget werden könnte. Sie wird bey Betrachtung der enharmonischen Ausweichungen vorkommen, und daselbst auf ihre Grundharmonie zurück geführet werden.

Die wesentliche Septime kann auf mehrerley Weise vorbereitet und aufgelöset werden, wie an folgenden Beyspielen zu sehen ist.

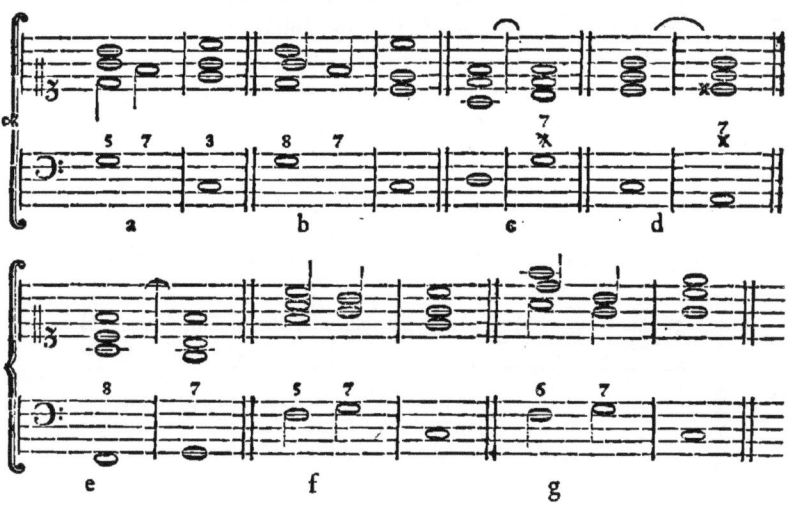

Bey a und b liegt der Baß, dessen Quinte bey a und Octave bey b, auf der schlechten Zeit des Takts in die Septime treten; bey c, d, e, f aber bleibet die Terz (c), oder die Quinte (d), oder die Octave (e, f, g) des Grundtones der guten Zeit des Baßes liegen, und wird, indem auf der schlechten Zeit

J   ein

66 Die Kunst

ein neuer Grundton eintritt zu dessen Septime. In allen diesen Fällen aber löset sich diese Septime in dem Niederschlag des folgenden Takts in die Terz des Grundtones auf.

Wenn man aber nach dem Accord der Septime nicht in den Dreyklang des Haupttones, dahin er leitet, sondern in dessen erste Verwechslung geht, so löset sich die Septime in die Octave auf.

Diese Auflösung der Septime wird von den Meistern des Satzes, allen Anfängern verbothen, weil verdeckte Octaven dadurch entstehen. Inzwischen findet man doch, daß gute Harmonisten, die Septimen durch Verwechslung des Grundtones, auf welchem die Auflösung geschieht, in die Octave auflösen lassen; allein dieses geschieht allemal in der so genannten Gegenbewegung, von welcher im Verfolg dieses Werks mit mehrern wird gesprochen werden.

B. Von der uneigentlichen Septime, die nicht als eine wesentliche Dißonanz hinzugefügt, sondern aus einer Umkehrung entstanden ist.

Es ist vorher angemerkt worden, daß nach dem eigentlichen wahren Septimen=Accord der Baß vier Töne steigen, oder fünf Töne fallen müsse. So oft also ein Septimen=Accord vorkommt, nach welchem diese Fortschreitung nicht erfolget, so ist es ein Zeichen, daß die Septime nicht die wesentlich dißonirende Septime, sondern ein anderes Intervall sey, daß durch eine Umkehrung eines Grundtones, zur Septime geworden. Dergleichen Accorde sollen hier näher betrachtet werden. Beyspiele dieser unächten Septime geben folgende Stellen, wo der Ursprung der Septime aus dem untenstehenden Grundbaße zu sehen ist.

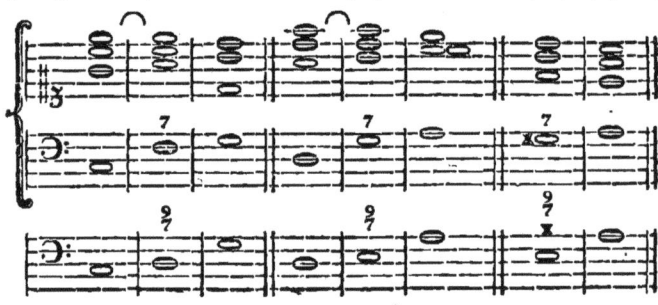

des reinen Satzes in der Musik. 67

Im ersten Falle ist die Septime auf F, eigentlich die None des wahren Grundtones D, der seine wahre Septime bey sich hat, und deswegen vier Töne steiget. Das ungewöhnliche dieses Falles bestehet darinn, daß die Auflösung der None erst in dem folgenden Takt geschieht. (S. Seite 62.) Auf eben diese Weise sind die beyden andern Fälle der unächten Septime zu verstehen. Nach solchen unächten Septimen steiget der Baß natürlicher weise um eine Secunde, welche die Quarte des eigentlichen Grundtones dieser Septimen=Accorde ist. Folgender Fall aber ist eigentlich so zu verstehen, als wenn nach dem wahren Accord E, ehe er sich auflöset, seine erste Verwechslung im Vorbeygehen angeschlagen würde.

5) Anmerkungen über die erste Verwechslung des Septimen=Accords, oder den Quint=Sexten=Accord.

Da dieser Accord eigentlich der Septimen=Accord auf der Dominante des Tones, der darauf folget, ist, in welchem, anstatt der Dominante im Baße, dessen große Terz genommen wird, so hat er natürlicher weise seinen Sitz auf dem Subsemitonio des Tones, dahin man geht, und die Quinte ist darinn die Dißonanz und der eigentliche Grundton zu $\frac{6}{5}$ liegt allemal drey Töne tieffer, als der, welcher den Baß des $\frac{6}{5}$ Accordes macht. Nämlich

was zu G die Septime ist, wird zu H die Quinte, und weil der Accord G mit der Septime nach C führet, so führet auch seine Verwechslung, oder der Quint= Sexten=Accord auf H dahin.

68 Die Kunst

So wie man einen unächten Septimen-Accord hat, so zeiget sich auch bisweilen ein unächter $\frac{6}{5}$ Accord, der ebenfalls eine Verwechslung eines Septimen-Accordes mit der None ist, da die None wegen der im Baße geschehenen Verwechslung nicht in die Octave übergeht, wie folgendes Beyspiel zeiget, unter welches der wahre Grundbaß gesetzt ist.

Der unächte $\frac{6}{5}$ Accord ist eigentlich der $\frac{6}{4}\frac{}{3}$ Accord, darinn statt der Quarte die Quinte, als die None des Grundbaßes stehet.

6) Anmerkungen über die zweyte Verwechslung des wahren Septimen-Accordes, oder den Accord der Terz, Quart und Sexte.

$$\frac{6}{\frac{4}{3}}$$

Dieser Accord entsteht, wenn in dem eigentlichen Septimen-Accord, anstatt der Dominante des Tones, dahin man geht, die Quinte dieser Dominante in den Baß gesetzt wird. Durch diese Verwechslung wird die gewesene Septime nun zur Terz, die in diesen Accord die Dißonanz ist, die gewesene Octave zur Quarte und die gewesene Terz zur Sexte. Weil die Quinte der Dominante die Secunde des Tones, dahin man gehet, ist, so wird dieser Accord allemal auf der Secunde des Tones, dahin man geht, angebracht, und leitet also auf den Ton, der einen ganzen Ton unter der Baßnote dieses Accords liegt, wie folgende Beyspiele zeigen.

des reinen Satzes in der Musik.   69

Man sieht hier zugleich, wie die Terz in diesen Accord vorbereitet und aufgelöset wird. In den zwey ersten Fällen liegt der Baß, und hat den consonirenden Quart=Sexten=Accord über sich, von dem, bey liegenbleibenden Baße die eine von den zwey Sexten, oder die Octave in die dißonirende Terz tritt; in dem dritten aber bleibet diese Terz aus der vorhergehenden Harmonie liegen, und der Baß tritt dazu ein.

Es kommt bisweilen ein Fall vor, da diesem Accord die Quarte fehlet, da denn die Terz einen Grad über sich steiget, und wieder zur Terz der folgenden Baßnote wird, wie hier bey a.

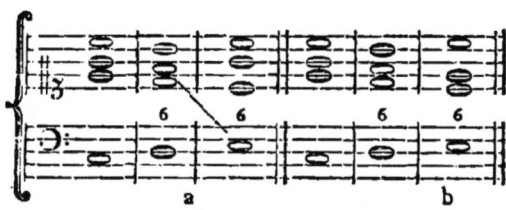

Der Grund dieser ausserordentlichen Auflösung liegt darinn, daß wenn man die dißonirende Terz bey a hätte unter sich gehen lassen, der darauf folgende Sexten=Accord keine Terz gehabt hätte, wie bey b zu sehen, welche doch bey jedem Accord unentbehrlich ist. Man kann einigermaßen sagen, daß durch eine Verwechslung der Baß die Auflösung mache.

Wenn der Satz nur zwey= oder dreystimmig ist, mithin von den zum vollständigen Accord gehörigen Intervallen eines oder zwey weggelassen werden, so hat man sich in Acht zu nehmen, daß der Accord der großen Sexte, welcher die erste Verwechslung des verminderten Dreyklanges ist, nicht mit dem Terz=Quart=Sexten=Accord, der die zweyte Verwechslung des weichen Dreyklanges ist, verwechselt

wechselt werde. Bey diesem geht die große Sexte über sich, und die kleine Terz unter sich, wie in dem nachstehenden Beyspiel bey a zu sehen ist; der Baß aber geht entweder einen Grad unter sich in den Dreyklang, oder einen Grad über sich in den Sexten=Accord. Im ersten Fall aber geht der Baß einen Grad über sich in den Dreyklang, wie bey b, und die kleine Terz kann verdoppelt werden. Folgendes Beyspiel, wobey der Grundbaß den Ursprung beyder Arten der Accorde deutlich anzeiget, wird dieses näher erläutern.

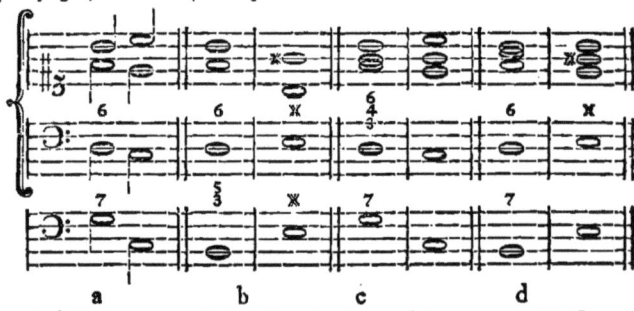

    a   b   c   d

Bey c und d sieht man, wie die Accorde seyn würden, wenn die Harmonie vollständig wäre. Bey c müßte bey der großen Sexte noch die Quarte seyn; bey d hingegen die Quinte, als Septime des wahren Grundtones.

Der unächte $\begin{smallmatrix}6\\4\\3\end{smallmatrix}$ Accord entsteht aus dem Secunden=Accord mit vorgehaltener None des Grundbaßes, wie aus folgendem Beyspiel zu sehen ist.

Der Accord zu F, ist die dritte Verwechslung des Septimen=Accords G, und das a in der obersten Stimme ist die None von dem Grundton.

7) An=

des reinen Satzes in der Musik. 71

7) **Anmerkung über die dritte Verwechselung des Septimen-Accordes, oder den Secund-QuartSexten-Accord, der auch schlechtweg der Secunden-Accord genennt wird.**

Dieser Accord entsteht, wenn die Septime auf der Dominante durch Verwechslung in den Baß kommt. Daraus entstehen die Veränderungen: 1. daß dieser Accord auf der Unterdominante vorkommt. 2. Daß die Octave zur Secunde, die Terz zur Quarte, und die Quinte zur Sexte wird. 3. Daß nun die eigentliche Dißonanz im Baß ist, und in der Auflösung daselbst, einen Grad unter sich, in den Sexten-Accord treten muß, wie in diesem Beyspiel zu sehen ist.

8) **Anmerkungen über die zufälligen Dißonanzen, oder die Vorhalte, über ihre Natur, ihren Gebrauch, ihre Vorbereitung und Auflösung.**

Diese Dißonanzen sind, wie aus der dritten Tabelle der Accorde zu sehen ist, die Secunde, die Quarte, die Sexte, die Septime und die None, in so fern jede auf einer guten Zeit des Takts, anstatt der, einen Grad unter ihr liegenden Consonanz angeschlagen wird, und hernach in dieselbe heruntertritt.

Wenn also, anstatt des Unisonus die Secunde, anstatt der Terz die Quarte, anstatt der Quinte die Sexte, anstatt der Sexte die Septime, und anstatt der Octave die None genommen wird, so geschiehet dieses allemal so, daß ein solcher Vorhalt aus der vorhergehenden Harmonie einer schlechten Taktzeit, auf die nächste Harmonie der folgenden guten Zeit liegen bleibet, und hernach in den Ton herunter tritt, an dessen Stelle er gestanden hat, wie dieses an jedem in der III. Tabelle befindlichen Accord deutlich zu sehen ist.

Wie wohl jeder in einem Accord auf der schlechten Taktzeit vorkommende consonirende Ton, als ein Vorhalt einer Consonanz des nächsten Accordes liegen bleiben kann, wenn er blos um einen Grad über dieser Consonanz liegt; so

hat

Die Kunst

hat man sich doch hauptsächlich den Gebrauch und die Behandlung der Quarte und der None genau bekannt zu machen; denn die übrigen Vorhälte entstehen entweder aus diesen, durch die Verwechslung der Accorde, wie aus der IV. Tabelle hinlänglich zu sehen ist, oder sie erfordern sonst in allen Stücken eben die Behandlung, als diese beyden Hauptvorhalte.

Die Natur und Würkung dieser Dißonanzen besteht darinn, daß sie die verschiedenen Takte oder Theile derselben in einander verschlingen und daß dadurch die Theile der harmonischen Fortschreitung, oder die Accorde enger mit einander verbunden werden. Ohne diese Verbindung würde die Fortschreitung der Harmonie ohngefehr solchen Versen gleichen, in denen jedes Wort einen Fuß macht; Verse die jedermann für schlecht hält. Daher es auch in der Poesie eine Hauptregel ist, die Einschnitte der Füße, so viel möglich, mitten in die Wörter zu legen.

Auſſer dieser Würkung aber können die Vorhalte wegen ihrer dißonirenden Eigenschaft auch das Gehör in einer starken Reizung erhalten, und so gar, wo es nöthig ist, merkliche Unruhe erwecken, also dienen sie beydes zur Vollkommenheit des abgemeßenen Ganges, und zum Ausdruck oder der Kraft der Musik. Beydes scheinet durch die None stärker, als durch die Quarte zu geschehen, weil sie ihrer Natur nach stark gegen die Octave dißonirt, da die Quarte nur in so fern dißonirt, als sie das Gefühl der schönen Harmonie des Dreyklanges, darinn die Terz und Quinte sind, zerstöhret. Denn eigentlich dißonirt die Quarte nur aus diesem Grunde, da sie sonst, wenn man sie nicht gegen den Grundton, oder die Tonica, die allemal das Gefühl des Dreyklanges rege macht, sondern gegen die Dominante hört, sehr gut consonirt [38]).

Diese Dißonanzen müssen allezeit auf der guten Zeit des Takts eintreten, und auf den schlechten aufgelöset werden [39]), und dadurch unterscheiden sie sich
von

---

[38] Dieses ist die eigentliche Art, sich den Unterschied zwischen der consonirenden und dißonirenden Quarte, worüber so viel ist gestritten worden, vorzustellen. So lange man in einem gewißen festgesetzten Ton, z. E. in C spielt, so ist das Gehör beständig von der Tonleiter desselben eingenommen, das ist, es hat vorzüglich das Gefühl des Grundtones C, seiner Terz und seiner Quinte. Wenn also der Ton F in einer der obern Stimmen vorkommt, so ist er die dißonirende Quarte, die anstatt der Terz steht; hört man aber bey der zweyten Verwechslung des Dreyklanges der Tonica C, nämlich auf dem Baßton G, seine Quarte c, so hat sie gar nichts dißonirendes mehr.

[39] Die Ausnahmen von diesen Regeln werden unten vorkommen.

des reinen Satzes in der Musik. 73

von der wesentlichen Dißonanz, der Septime, und denen, die aus Verwechs=
lung des Septimen=Accords entstehen, welche meistentheils auf den schlechten Takt=
zeiten eintreten, und auf den guten aufgelöset werden.

Beyde Vorhalte können durch verschiedene Consonanzen, auch wohl durch
Dißonanzen vorbereitet seyn. Folgende Beyspiele enthalten ohngefehr alle Arten,
die Quarte vorzubereiten.

74 Die Kunst

Die None wird ebenfalls auf mehrere Weise vorbereitet, wie aus diesen Beyspielen zu sehen ist 40).

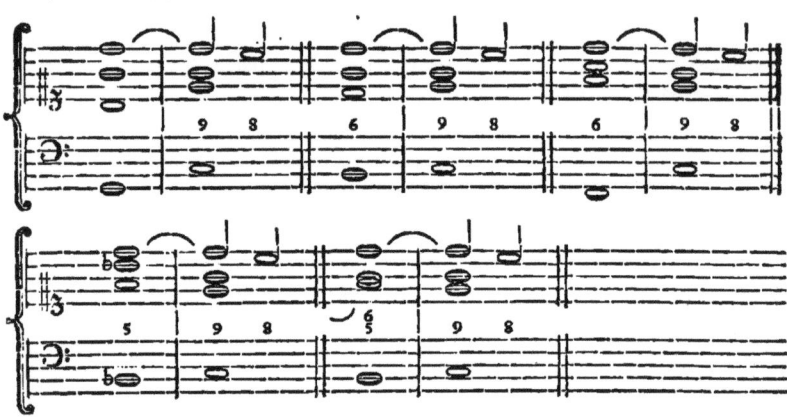

Nur die Octave schicket sich nicht wohl zur Vorbereitung der None, weil durch ihre Auflösung eine verbothene Octavenfortschreitung geschiehet:

40) Es scheinet, daß ein Ton bey gleich weitem Abstand vom Baße, so wol dessen None, als Secunde seyn könne; aber dieses kommt von einer Unvollkommenheit unsrer Art zu beziffern her. Man sehe dieses Beyspiel:

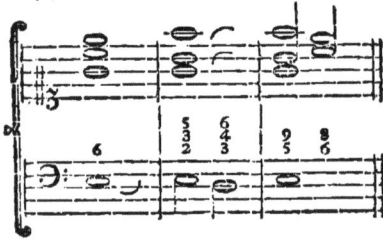

der Ton f in der obersten Stimme hat im zweyten und dritten Takt denselben Abstand vom Baße, und wird das erstemal mit 2, das andere mit 9 bezeichnet; allein das erstemal ist der Baßton E eine umgekehrte Septime von F, und also f eine Secunde des Baßtones, der einen Grad unter sich tritt, damit f zur Terz werde. Im andern Fall aber ist das oberste f würklich die Dißonanz, die an der Stelle der Octave steht, folglich ist es die None.

des reinen Satzes in der Musik.

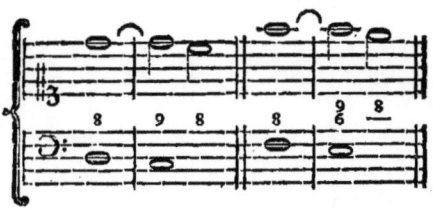

Indessen findet man, wie sogleich soll gezeiget werden, daß auch strenge Harmonisten diese Vorbereitung gebraucht, und die Octavenfortschreitung dadurch vermieden haben, daß die Auflösung nicht auf dem Baßton geschieht, auf welchen die Dißonanz fällt, sondern auf einem neuen Grundton, wovon die Beyspiele hernach werden angeführt werden.

Aus diesen beyden Vorhalten der Quarte und der None, entstehen durch die bekannten Verwechslungen der Accorde, da anstatt des wahren Grundtones dessen Terz oder Quinte genommen wird, die zufälligen Dißonanzen, Secunden und Septimen. Nämlich die Quarte des Dreyklanges, wird durch dessen erste Verwechslung zur Secunde, durch die zweyte zur Septime; die None aber wird durch die erste Verwechslung des Dreyklanges zur Septime, wie an diesen Beyspielen zu sehen ist.

Die Quarte kann durch Umkehrung in den Baß versetzt werden, alsdenn wird die gewesene Quinte des Dreyklanges die Secunde des Baßes. Dessen ungeachtet aber liegt die wahre Dißonanz im Baße, und tritt daselbst in der Auflösung um einen Grad herunter, wovon ein Beyspiel auf der dritten Tabelle bey d zu sehen ist.

Die None läßt sich so nicht umkehren.

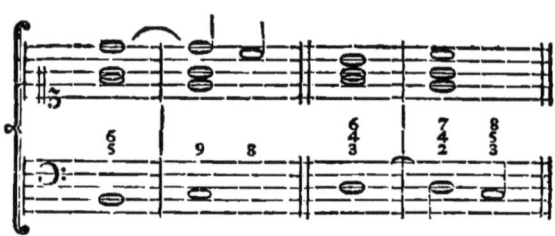

Aus dem, was im Anfange dieser Anmerkungen gesagt worden ist, folget, daß dieses die natürlichste Behandlung der Vorhalte sey, daß sie auf denselben Baßton, worauf sie fallen, in ihre Consonanzen übergehen, wie es in allen angeführten Beyspielen geschehen ist. Dieses wird aber nicht allemal beobachtet; denn man hat gefunden, daß der Baß, ohne die Auflösung abzuwarten, seinen Schritt thun kann, wenn es nur so geschieht, daß die aufgelöseten Vorhalte mit dem neuen Baßton consoniren. Folgende Beyspiele erläutern dieses.

Quarten, die nicht auf denselben Baßton aufgelöset werden.

Man hat sich aber hiebey vor verdeckten Quinten in Acht zu nehmen, die entstehen würden, wenn man die Quarte in die Quinte des Baßes wollte auflösen, wie hier:

Natür=

Natürlicher weise löset sich die Quarte in die Terz auf, deren Vorhalt sie ist; aber durch den Eintritt eines neuen Baßtones, auf welchen die Auflösung geschieht, ändert sich dieses, die Quarte geht in die Octave, wenn der Baß drey Töne steigt; in die Sexte, wenn er fünf Töne steigt, oder vier Töne fällt.

Nonen, die nicht auf denselben Baßton aufgelöst werden.

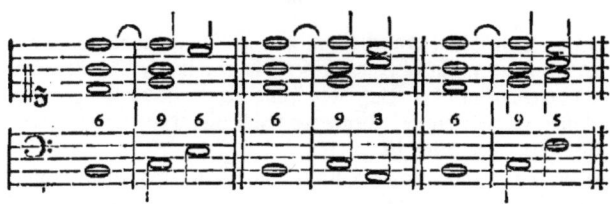

Auf diese Weise geht es auch an, daß die None durch die Octave vorbereitet werden kann, welches sonst nicht angienge, weil dadurch nothwendig bey der Auflösung verbothene Octavenfortschreitungen vorkommen würden, wie kurz hiebevor ist gezeiget worden.

Nonen, die durch die Octave vorbereitet sind.

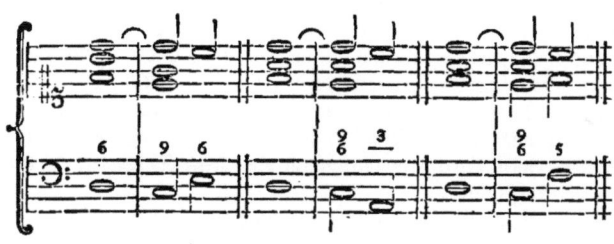

Es geht auch an, daß die None so gar erst in dem Niederschlag des folgenden Taktes aufgelöset wird, wie hier:

78 Die Kunst

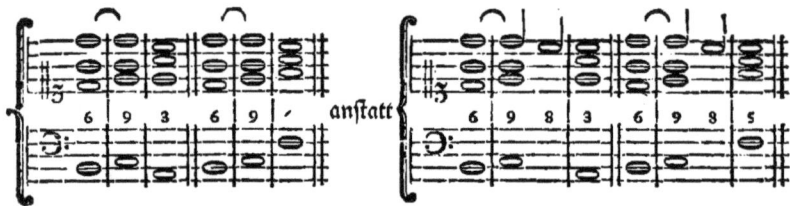

Durch die bemeldte Verwechslung des Baßtones wird also die None auch nicht immer, wie es natürlicher weise seyn sollte, in die Octave aufgelöst, sondern in die Sexte, wenn der Baß drey Töne steigt; in die Terz, wenn der Baß drey Töne fällt; in die Quinte, wenn der Baß vier Töne steigt, oder fünf Töne fällt, welcher Fall aber selten ist.

Diese beyden Dißonanzen, Quart und None sind zwar groß oder klein, je nachdem die Tonart es mit sich bringt, sie werden aber in beyden Fällen gleich behandelt. Die Quarte kann so gar übermäßig vorkommen, und, doch gegen die gewöhnliche Art der übermäßigen Dißonanzen [41]), herunter in die Terz treten. Dieses geschieht bey dem verminderten Dreyklang, da die Octave die übermäßige Quarte von der Quinte des Grundtones ist.

Man hat vorher gesehen, daß durch die Verwechslungen des Baßes, sowol die Quarte als die None zur Septime werden können; diese Septime ist alsdenn ein Vorhalt der Sexte, und muß wol von der andern Septime, die eine wesentliche Dißonanz ist, unterschieden werden. Insgemein ist es leicht, die Septime, die nur ein Vorhalt ist, von der wesentlichen zu unterscheiden, weil diese meistentheils, jene aber niemal auf die schlechte Zeit des Taktes fällt. Wenn aber die wesentliche Septime, wie bisweilen geschieht, auch auf die gute Zeit des Taks fällt, so ist sie schwerer von dem Vorhalt zu unterscheiden. Ein Kennzeichen der Septime, die ein Vorhalt ist, ist dieses, daß sie die Quinte nicht bey sich leidet, weil durch die Auflösung eine neue Dißonanz in dem Quint-Sexten-Accord entstühnde.

Ferner kann man die wesentliche Septime auch daran erkennen, daß sie sich auf demselben Baßton nicht auflösen läßt, indem sie, wenn sie einen Grad herunter

---

41) Der Grund, warum die übermäßigen Dißonanzen in der Auflösung über sich steigen, wird unten, da die plötzlichen Ausweichungen erklärt werden, angezeiget.

unter tritt, sich zu der übrigen Harmonie nicht schickt, und also nur als ein durchgehender Ton gelten kann, wie hier:

Dahingegen die unächte Septime, die aus der None entsteht, allemal wenn sie auf demselben Baßton aufgelöst wird, zu dessen übrigen Tönen paßt, wie in diesen Beyspielen.

oder in diesen

In dem ersten ist die Septime aus der Verwechslung des Nonen=Accords entstanden, und löst sich auf denselben Baßton in die Sexte auf; in dem andern aber ist sie aus der Verwechslung des vornen stehenden Sept=Nonen=Accords entstanden, daher die unächte Septime, durch die Auflösung den Quint=Sexten=Accord hervorbringt.

Auch

Auch kann man merken, daß nach der zufälligen Septime, wenn sie sich auch erst auf der folgenden Harmonie auflöset, der Baß um einen Grad steiget, da er nach der wesentlichen Septime vier Töne steigt, oder fünf Töne fällt.

Beydes, die größere und die kleinere Septime, kommen als wesentliche Dißonanzen, und als Vorhalte vor, nur die verminderte Septime ist allezeit eine zufällige Dißonanz.

Fünfter Abschnitt.
Von der freyen Behandlung der dißonirenden Accorde in der leichtern Schreibart.

Die Beobachtung, der in dem vorhergehenden Abschnitt vorgetragenen Regeln, ist durchaus nothwendig, wenn das Tonstück einen schweren Gang hat, oder wenn es, wie man sich insgemein ausdruckt, in der strengen Schreibart gesetzt ist; sie leiden aber ungemein viel Ausnahmen und Abweichungen, wenn man in der freyen oder leichtern Schreibart setzet.

Die strenge Schreibart besteht darinn, daß jeder Accord, und in den Singestimmen fast jeder Ton mit Nachdruck angeschlagen wird; daß wenig Auszierungen des Gesanges, oder wenig durchgehende Töne, die nicht zur Harmonie gerechnet werden, vorkommen; in der freyern oder leichtern Schreibart aber hüpfet man gleichsam über einige Accorde weg, die daher weniger Nachdruck haben. Der Gesang wird mit vielen durchgehenden Tönen, die als Auszierungen der Haupttöne angesehen werden, untermengt. Die strenge Schreibart giebt den Gesang einen gravitätischen Gang, dessen Schritte alle schwer auffallen, und ohne alle Nebenbewegung oder zierliche Manieren, immer gleich fortrücken; die leichte Schreibart aber verursacht einen freyen und zierlichen Gang, bey welchem, ehe der Fuß wieder fest auftritt, allerhand zierliche Wendungen, oder auch Sprünge, gemacht werden.

Jene strenge Schreibart wird vornämlich in der Kirchenmusik, die allemal von ernsthaftem, oder feyerlichen Inhalt ist, gebraucht; diese aber ist vornehmlich der Schaubühne und den Concerten eigen, wo man mehr die Ergötzung des Gehörs, als die Erweckung ernsthafter oder feyerlicher Empfindung zur Absicht hat. Sie wird deswegen insgemein die galante Schreibart genennt, und man gestattet ihr verschiedene zierliche Ausschweiffungen, und mancherley Abweichungen von den Regeln.

des reinen Satzes in der Musik.

Hier sollen also die Freyheiten von den vorhergegebenen Regeln abzuweichen, die die besten und bewährtesten Harmonisten in der freyen Schreibart nehmen, so viel möglich ist, vollständig angezeiget werden.

I. Die allgemeinen Abweichungen der freyen Schreibart, von den im vorigen Abschnitt vorgetragenen Regeln, sind ohngefehr folgende.

1) Da in der strengen Schreibart alle Dißonanzen durch vorhergehende Consonanzen vorbereitet, und durch Heruntertretung auf die nächste Stufe aufgelöst werden, so leidet die freyere Schreibart den Eintritt einer nicht vorbereiteten Dißonanz, die Uebergehung der Auflösung, und eine Auflösung der Dißonanz in einer andern Stimme, wovon hernach Beyspiele folgen werden.

2) In der strengen Schreibart ist die Dißonanz in Ansehung ihrer Dauer niemals länger, als die Consonanz, womit sie vorbereitet worden; in der freyen Schreibart dauert die Dißonanz bisweilen viel länger. In diesem Fall aber hat keine Bindung statt, sondern die Dißonanz wird beym Niederschlag wieder aufs neue angeschlagen.

3) Die Dißonanz darf in der strengen Schreibart nicht wiederholt werden, sondern muß nothwendig gleich in eine Consonanz übergehen, welches in der freyen Schreibart nicht allemal beobachtet wird.

4) Die unregelmäßig durchgehenden Noten werden in dem strengen Satz vermieden, und kommen im leichten häufig vor [42]).

5) Die so genannten falschen Fortschreitungen durch übermäßige Intervalle, werden im strengen Satz vermieden, und kommen im leichten häufig vor [43]).

6) In

---

[42]) Unregelmäßig ist der Durchgang, wenn nicht die erste Note der guten Taktzeit, sondern die zweyte zur Harmonie gerechnet wird; im regelmäßigen Durchgang ist dieses umgekehrt.

[43]) Die Alten verbothen so gar die große Sexte; gegenwärtig aber kehrt man sich auch im strengsten Styl nicht an dieses Verboth. Nur in dem Fall, da die große Sexte in einer Singestimme der vorhergehenden, oder nachfolgenden Harmonie so zuwider wäre, daß der Sänger sie deswegen nicht treffen könnte, (S. die 35. Anmerk.) muß man sie nicht nehmen. Aber dieses gilt auch von jedem andern Intervall.

82 Die Kunst

6) In der ganz strengen Schreibart ist so gar der consonirende Quart=Sexten=Accord etwas verdächtig, und wird nur so gebraucht, daß hernach der Quart=Quinten=Accord, auf derselben Baßnote darauf folget, wie hier:

Auf den consonirenden Quart=Sexten=Accord darf man nach dem strengen Satz nie den Dreyklang auf einem Baß, der um einen Ton höher oder tiefer ist, nehmen. Also wäre folgendes ganz falsch.

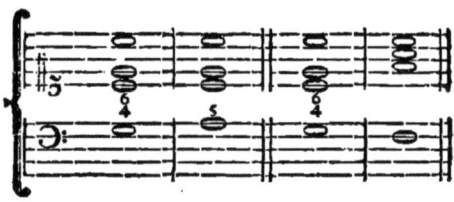

II. Ist auch die freye Behandlung des wesentlichen Septimen=Accords in Ansehung der Auflösung der Dißonanzen näher zu betrachten.

Es ist in dem vorhergehenden Abschnitt ausführlich gezeiget worden, wie die Dißonanz im Septimen=Accord und in allen seinen Verwechselungen aufzulösen sey, und wie die Töne in den verschiedenen Stimmen bey der Auflösung fortschreiten; davon kann man in der freyern Schreibart verschiedentlich abweichen.

1) Erstlich geschiehet es bisweilen, daß die Auflösung nicht in der Stimme vor sich geht, wo die Dißonanz eigentlich liegt, sondern in einer andern Stimme. So wird z. B. dieser, nach den strengen Regeln eingerichtete Gang

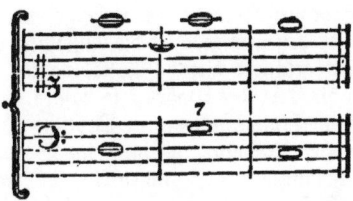

durch eine freye Behandlung auf folgende Weise genommen.

Der Baß nihmt durch einen Tausch in der andern Hälfte des Takts die Dißonanz, und läßt sie hernach einen Grad unter sich treten, so daß die Auflösung nun aus der obern Stimme in die untere kömmt. Eben dieses geschiehet auch bey den Verwechslungen des Septimen-Accordes, wie an folgenden Beyspielen zu sehen ist.

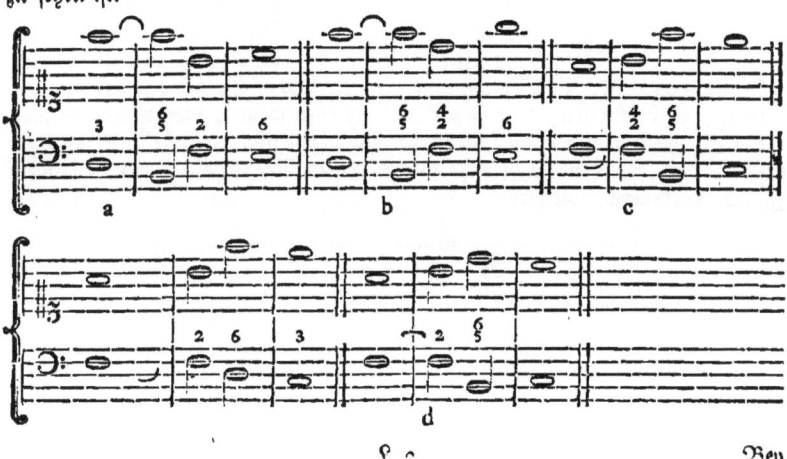

Bey a ist anstatt des Septimen-Accords des vorhergehenden Beyspiels seine erste Verwechslung genommen, dessen ungeachtet die Auflösung im Baße, wie vorher geschehen kann. Bey b geschieht dieselbe Auflösung im Baße, in der obern Stimme aber erscheinet die Terz des Baßes, so daß es einigermaaßen das Ansehen hat, als wenn die vorher vorgekommene Septime über sich getreten wäre; aber wie gesagt, die wahre Auflösung geschieht im Baße. Bey c und d sind etliche Fälle mit Verwechslungen des Septimen-Accords, wo die Oberstimme die Auflösung, anstatt des Baßes, wo sie eigentlich geschehen sollte, übernimmt.

2) Zweytens kann man auch anstatt des Septimen-Accords währender Zeit, da er liegen bleiben sollte, alle seine Verwechslungen nach einander nehmen. Also kann der Gang, der vorher mit a bezeichnet ist, so genommen werden, wie hier bey e, und anstatt des mit e bezeichneten, der bey f.

Diese Vertauschung, oder Versetzung der Dißonanz in eine andere Stimme, geht nur bey der wesentlichen Dißonanz an, die zufälligen Dißonanzen, oder Vorhalte leiden es nicht, wie aus der Natur beyder Arten der Dißonanzen leicht zu sehen ist. Ein Vorhalt muß seiner Natur nach dichte neben dem Ton liegen, dessen Vorhalt er ist; die Septime hingegen, die blos da ist, um den Ton, darinn man ist, zu bestimmen, thut diese Würkung eben so gut, man nehme sie hoch oder tief. Wo man also die Quarte vertauscht antrifft, da ist sie nicht der Vorhalt der Terz, sondern die, welche in der dritten Verwechslung des Septimen-Accords vorkommt, wie hier:

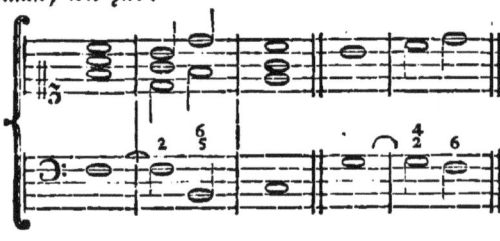

3) Drit-

des reinen Satzes in der Musik. 85

3) Drittens kann so gar die Auflösung der Septime würklich übergangen, das ist, der durch die Auflösung entstehende consonirende Accord kann ausgelassen, und gleich ein andrer dißonirender Accord genommen werden, dessen Dißonanz durch diesen ausgelassenen Accord wäre vorbereitet worden. So kann man anstatt dieses Ganges

durch Weglassung des mit * bezeichneten consonirenden Accordes, diesen nehmen.

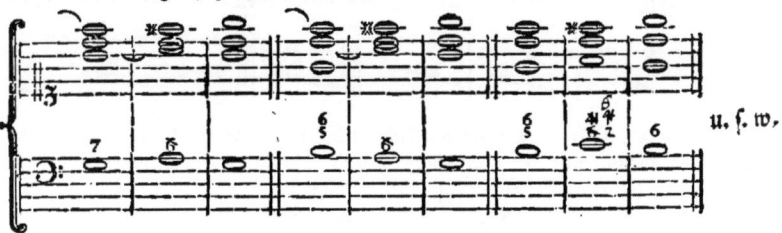

Aus solchen Fällen, da zwey durch Auslassung unmittelbar auf einander folgende dißonirende Accorde vorkommen, entstehen durch Verwechslungen, noch andre Arten von Gängen, z. E.

4) Viertens kann die Septime in der freyen Schreibart ohne Auflösung vorkommen, wenn man vom Dreyklang in den Sexten-Accord steiget, oder von diesem in den Dreyklang herunter gehet, und im Baße den dazwischen liegenden

L 3   Ton

Ton, als einen durchgehenden Ton anschläget, auf welchem man die schon liegende Septime liegen lässet. Z. E.

In der strengen Schreibart wären die mit * bezeichneten Töne durchgehend, und müßten also von kurzer Dauer seyn, und in die schlechten Zeiten des Takts fallen. Die freye Schreibart aber bindet sich nicht an dieses Gesetz, sondern hält sich auf diesen Septimen wol einen ganzen Takt auf. Z. E.

Ueberhaupt ist hier zu merken, daß in der freyen Schreibart durchgehende Noten nicht allemal mit der Schnelligkeit und Leichtigkeit vorübergehen müssen, wie es in der strengen Schreibart geschieht. Daher kommt es denn, daß oft, (indem in den obern Stimmen dieselbe Harmonie bleibt, da der Baß inzwischen durchgehende längere Noten anschlägt) über diese mannigfaltige Dißonanzen erscheinen, die nicht aufgelöst werden, wie aus diesem Beyspiel hinlänglich zu sehen ist.

des reinen Satzes in der Musik. 87

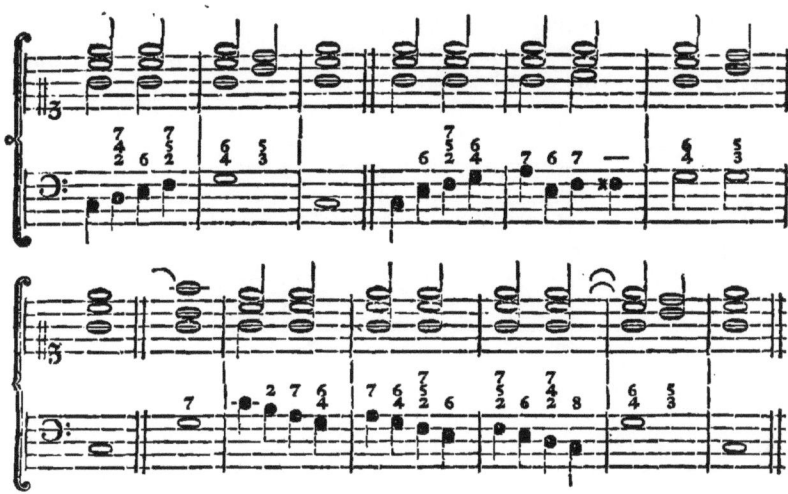

Nur läßt sich bey diesem Septimen-Accord die Quinte im vierstimmigen Satze nicht wol anbringen; im mehrstimmigen Satze hingegen kann die Quinte zur Verstärkung der Harmonie mitgenommen werden. Man hat sich hiebey besonders für verbothenen Quintenfortschreitungen in Acht zu nehmen, zumal wenn der Baß nach dieser Quinte einen Grad zurück in den Dreyklang tritt.

5) Eben diese freye Behandlung hat auch bey der ersten Verwechslung dieses Septimen-Accordes statt, wie hier:

44)

6) Auf

44) Aus dieser Behandlung des Quint-Sexten-Accordes entstehet der, bey einigen französischen Tonsetzern gewöhnliche, halbe Schluß durch den Accord, dem sie den Namen

6) Auf eine ähnliche Weise werden auch bey liegendem Baße dißonirende Harmonien in den Oberstimmen, der Länge ihrer Dauer ungeachtet, ohne Auflösung wie durchgehende Töne behandelt.

Eben diese freye Behandlung der Septime hat auch alsdann statt, wenn man von dem Septimen-Accord auf der Dominante, auf dessen erste Verwechslung steiget, oder von dieser wieder zurück tritt, und auf dem dazwischen liegenden Ton ebenfalls die Septime nimmt.

III. Es giebt in der freyen Schreibart verschiedene Fälle, da die Septime ohne die, in dem strengen Satz gewöhnliche, Vorbereitung vorkommt, wovon wir folgende Beyspiele anführen wollen:

Namen Accord de la Sixte ajoutée, oder der hinzugesetzten Sexte gegeben. Wovon unten im Abschnitt von den Cadenzen das mehrere wird erinnert werden.

des reinen Satzes in der Musik.

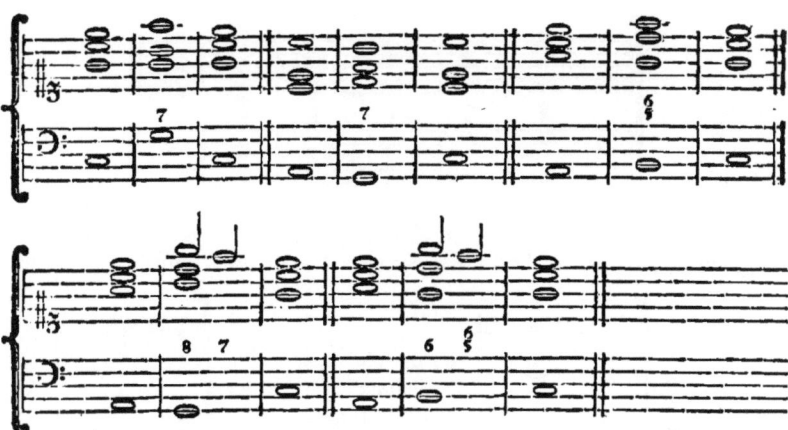

Den ersten Fall entschuldiget man damit, daß der Grundton als Quinte von dem vorhergehenden Accord liegt; den zweyten damit, daß die Septime, und den dritten, daß die Quinte als so durchgehende Töne in der freyen Schreibart auf diese Weise angehen können.

Hieraus entstehen Fortschreitungen durch zwey unmittelbar auf einander folgende dißonirende Accorde, die in der strengen Schreibart zu hart scheinen würden. Also würden folgende, nach dem strengen Satz eingerichtete Fortschreitungen

in der freyen Schreibart so stehen können:

M

90   **Die Kunst**

Der Accord der verminderten Septime, welcher aus der ersten Verwechslung des Septimen-Accords mit vorgehaltener kleinen None entsteht; da nämlich

kann überall und in allen seinen Verwechslungen frey angeschlagen werden. Er hat wegen der drey übereinander liegenden kleinen Terzen etwas besonders. In dem achten Abschnitt wird dieser Accord, der der Grund aller enharmonischen Gänge ist, näher betrachtet werden.

Sechster

Sechster Abschnitt.
Von den Harmonischen Perioden und den Cadenzen.

Die Accorde sind in der Musik das, was die Wörter in der Sprache: wie aus etlichen zusammenhangenden und einen völligen Sinn ausdruckenden Wörtern ein Satz in der Rede entsteht, so entsteht in der Musik ein harmonischer Satz, oder eine Periode aus einigen verbundenen Accorden, die sich mit einem Schluß endigen. Und wie viel mit einander verbundene Sätze eine ganze Rede ausmachen, so besteht ein Tonstück aus viel verbundenen Perioden.

Ehe gezeiget werden kann, wie ein ganzes Tonstück zu verfertigen ist, muß gelehrt werden, wie einzele harmonische Perioden zu verfertigen sind; dazu ist dieser Abschnitt gewidmet.

Da eine Periode aus verbundenen, oder einen natürlichen Zusammenhang habenden Accorden besteht, die sich mit einem Schluß endigen, so sind hier zweyerley Dinge zu zeigen. 1) Wie man mehr oder weniger auf einander folgende Accorde zusammen hängen solle, und 2) wie man dieser Reihe von Accorden durch die so genannten Cadenzen einen Schluß geben könne.

Die Accorde können eine doppelte Verbindung unter einander haben, eine allgemeine oder weitere, und eine besondere oder engere. Ihre allgemeine Verbindung besteht darin, daß sie aus einerley Ton, und Tonart genommen werden, und daß das Ohr dieses empfinde. Dazu wird erfodert, daß der erste Accord in der Reihe so gleich dem Gehör eine bestimmte diatonische Tonleiter der harten oder weichen Tonart einpräge, und daß hernach alle darauf folgenden Accorde, so wol nach ihren Grundtönen, als nach den dazu gehörigen Intervallen, aus dieser Tonleiter genommen seyen. 45)

Der Ton und die Tonart werden dem Gehör am besten dadurch eingepräget, daß der erste Accord der Periode der Dreyklang auf der Tonica sey, weil dieser Dreyklang alle wesentliche Sayten der Tonleiter hören läßt. 46) Darum muß die Periode mit diesem Dreyklang anfangen.

---

45) Von den Perioden, deren Accorde aus mehrern Tonarten genommen sind, nämlich den chromatischen und enharmonischen Fortschreitungen, wird im achten Abschnitt gesprochen werden. Der Fall aber da etwa ein Interwall nicht aus der Tonleiter der Tonica genommen worden, wird hiernächst besonders betrachtet werden.

46) Man sehe die Anmerkungen über den Dreyklang auf der 34. Seite.

Doch wird diese Regel nicht nothwendig, wenn schon eine andere Periode vorhergegangen ist, die sich mit dem Dreyklang auf der Tonica der neuen Tonart geendiget hat; weil alsdenn das Gehör schon hinlänglich von der neuen Tonleiter eingenommen ist. In diesem Fall kann man die Periode gar wol mit einer Verwechslung des Dreyklanges der Tonica oder einem andern aus der Tonleiter der neuen Tonart genommenen Accord anfangen.

Auf diesen ersten Accord kann jeder andre der Tonart zugehörige Accord folgen, weil alle eine allgemeine Verbindung unter einander haben. Nur dürfte man unmittelbar nach dem Dreyklang auf der Tonica, weder den verminderten Dreyklang auf der großen Septime, noch in der harten Tonart den Dreyklang auf der großen Terz der Tonica unmittelbar hören laßen; weil es scheinet, daß er das Gefühl einer andern Tonart erwecke.

Hiebey ist aber auch auf eine nähere Verbindung der Accorde zu sehen. Diese kann auf eine dreyfache Weise erhalten werden, 1) Der folgende Accord kann seines Grundtones halber, mit dem Grundton des vorhergehenden nahe verbunden seyn. Man weiß, daß jeder Ton das Gefühl seiner Quinte mit sich führet, und daß überhaupt der Übergang von einem auf dem andern desto leichter ist, je besser die Töne mit einander harmoniren. Also geschieht die Fortschreitung von einem Grundton zum andern am leichtesten durch consonirende Sprünge, durch Quinten, Quarten und Terzen. Aus diesem Grunde hätten folgende Accorde

eine engere Verbindung, als diese:

Die Accorde auf der Quinte, Quarte, Terz und Sexte des Haupttones, sind nicht nur dadurch mit diesem Haupttone verbunden, daß man durch leichte consonirende Sprünge darauf kömmt, sondern auch dadurch, daß jeder einen oder zwey Töne mit dem Accord des Grundtones gemein hat. Allein solche Fortschreitungen, besonders die durch vollkommene Consonanzen geschehen, haben wieder die Unvollkommenheit an sich, daß man auf jedem Schritt still stehen kann, weil das Gehör so befriediget ist, daß es keinen Grund hat, eine weitere Fortschreitung zu erwarten.

Man

des reinen Satzes in der Musik. 93

Man muß deswegen 2) auch das zweyte Mittel die Accorde in engere Verbindung zu bringen gebrauchen. Dieses besteht darin, daß man anstatt der Grund=Accorde ihre Verwechslungen nehme. Denn da diese nicht so vollkommen harmoniren, so setzen sie das Gehör in die Erwartung, daß noch besser consonirende Accorde erfolgen werden. Der schönste Zusammenhang der Harmonie ist der, da das Gehör in beständiger Erwartung einer vollkommenern Harmonie erhalten wird, die doch nicht eher, als am Ende der ganzen Periode erfolget, wie z. E. hier.

Es giebt aber 3) noch ein beßeres Mittel die Folge der Accorde gleichsam in einander zu flechten, so daß jeder das Gehör fast nothwendig auf den nächsten leitet. Dieses Mittel besteht darin, daß man einige Töne bindet, das ist, sie von einem Accord, bis auf den andern fortdauren läßt, und besonders, daß diese gebundene Töne auf dem nächsten Accord dißonirend seyen, und also durch die Erwartung der Auflösung ihre folgende Harmonie nothwendig machen. Demnach wären folgende Accorde in einer unzertrennlichen engen Verbindung.

Dieses kann nun schon hinlänglich seyn zu zeigen, wie die Accorde einer Periode in eine Verbindung zu bringen seyen. Ehe wir nun andere Eigenschaften der Perioden betrachten können, muß gezeiget werden, wie der Schluß oder das Ende derselben vermittelst der Cadenzen fühlbar gemacht werden könne.

Die Ruhe oder das völlige End in einer Folge von Klängen, kann nicht anders, als durch die vollkommene Harmonie, durch das vollkommene Consoniren erhalten werden. Denn so lange das Gehör noch etwas mangelndes empfindet, so erwartet es die Entwickelung oder Auflösung desselben. Hieraus folget, daß der letzte Accord der Periode, der, welcher den völligen Schluß macht, nothwendig consonirend seyn müße, und daß die vollkommenste Harmonie, nämlich der Dreyklang, und zwar in seiner vollkommensten Gestalt, den vollkommensten Schluß mache.

M 3 Wenn

Wenn also der Abschnitt, wie wir itzt noch voraus setzen, ganz in einerley Ton seyn soll, so muß nothwendig der letzte Accord der Dreyklang des Grundtones seyn. Wie man aber in einer Periode der Rede, das letzte Wort ehe es würklich ausgesprochen wird, erwartet, und schon voraus merket, daß es nun zur völligen Beendigung des Sinnes eintreten werde, so wird bey einen vollkommenen Schluß der harmonischen Periode auch das Gefühl des letzten Accords schon zum voraus erweckt. Also wird der vollkommenste Schluß der seyn, dessen vorletzter Accord der Accord der Quinte des Grundtones ist; wie hier:

und die höchste Vollkommenheit wird dieser Schluß haben, wenn der vorletzte Accord die Septime bey sich hat, weil alsdenn der letzte Grundton schlechterdings nothwendig wird. (S. Seite 30 und 31.)

Hiebey ist aber nicht blos auf die Folge der Grundtöne zu sehen, die beym vollkommensten Schluß den Fall einer Quinte machen, sondern auch auf die Oberstimmen, in denen jeder letzte Ton ebenfalls durch den vorletzten kann bestimmt werden.

Die große Terz des vorletzten Grundtones macht das Subsemitonium des Tones aus, in welchen der Schluß geschieht, und geht in dessen Octave. Die Septime in dem vorletzten Accord macht die Quarte des letzten Grundtones, und löset sich also in dessen Terz auf. Also ist dieses die vollkommenste Art des Schlusses.

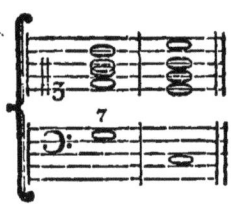

Dergleichen Schluß wird auch nur am Ende eines ganzen Stücks angebracht; deswegen er auch die Finalcadenz, oder der Hauptschluß genennt wird.

Etwas unvollkommener wird diese Finalcadenz, wenn man anstatt von der Dominante auf die Tonica zu fallen, von der Unterdominante auf dieselbe hinauf springt, wie hier:

In der weichen Tonart aber muß man kurz vor dem Schluß, und in dem Schluß=
accord selbst die kleine Terz verlassen, und die Große dafür nehmen, wie hier
angezeiget ist.

Es geschieht bisweilen, daß man diesen Schluß mit dem vorhergehenden
vereiniget und durch einen doppelten Schluß die völlige Ruhe bestätiget, welches
man, wie aus folgenden Beyspielen erhellet auf verschiedene Art thun kann.

Durch diesen doppelten Schluß erhält man in der weichen Tonart den Vor=
theil ohne Härte mit der großen Terz zu schließen, wie in diesem Beyspiel:

Will man mitten im Stück einen Hauptabschnitt oder Haupttheil endigen,
so kann zwar die Cadenz eben diese Form haben, nur wird der letzte Accord auf
einem andern, als dem Hauptton genommen. Z. E.

Hier geschieht der Schluß durch eine Ausweichung (wovon in dem folgen=
den Abschnitt ausführlich soll gehandelt werden) in die Dominante des Hauptto=
nes, aber ebenfalls durch das Fallen um eine Quinte, oder steigen einer Quarte;

so

so daß auch hier der vorletzte Grundton, die Dominante des letzten ist, denn dieses gehört allemal, als eine wesentliche Eigenschaft zum ganzen Schluß oder der vollkommenen Cadenz.

Durch eine solche vollkommene Cadenz wird allemal ein Haupttheil eines Tonstücks geendiget; sie stellt also das vor, was in der Rede ein solcher Abschnitt mit dem sich eine Folge einzeler, aber zu einer Hauptvorstellung gehöriger Sätze endiget, nach welchem die Rede etwas ausruhet.

Wie aber in der Rede ein Hauptabschnitt aus kleinern Einschnitten, Abschnitten und Perioden besteht, welche man durch verschiedene Zeichen, als das *Comma* (,) das *halbe Colon* (;) das *Colon* (:) und den Punkt (.) andeutet; so kann auch der harmonische Hauptabschnitt aus mehrern Einschnitten Abschnitten und Perioden bestehen.

Nämlich in einem langen Abschnitt können in der Fortschreitung der Accorde einzele Perioden und kleinere Ruhe=Punkte vorkommen, da das Gehör nicht vollkommen befriediget und in eine dauerhafte Ruhe gesetzt, ihm aber doch etwas stille zu stehen vergönnt wird.

Eigentlich findet das Gehör auf jedem Dreyklang Ruhe, weil dessen Harmonie so vollkommen ist, daß es ganz befriediget und nach nichts anderm gelenkt wird. Also kann jeder vollkommene Dreyklang in der Fortschreitung der Harmonie, schon ohne andere Veranstaltung, einen kleinen Ruhe=Punkt machen.

Aber merklicher wird diese Ruhe, wenn der Dreyklang eine vollkommene Consonanz des Haupttones, nämlich dessen Dominante zum Grund hat, zumal wenn man durch einen consonirenden Sprung auf denselben gekommen ist. Alsdenn wird die Ruhe so merklich, daß man sie einen **halben Schluß** oder eine **halbe Cadenz** nennt: also sind dieses halbe Cadenzen.

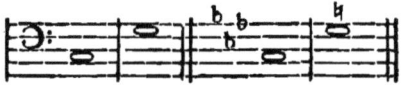

welche in der harmonischen Fortschreitung eine ganze Periode, die man etwa in der Rede mit einem Punkt unterscheidete, beschließt.

Die

des reinen Satzes in der Musik. 97

Die Französischen Tonsetzer machen diesen Schluß auf eine besondere Art, indem sie dem Dreyklang auf dem vorletzten Ton die Sexte hinzufügen, und also schließen:

Sie nennen diese Sexte die hinzugethane Sexte, und sehen sie, wie wir die Septime, als eine wesentliche Dißonanz an, die hier in der Auflösung über sich in die Terz des folgenden Grundtones geht. Aber weder die Deutschen noch die Italiänischen Tonsetzer bedienen sich dieser Art den Schluß zu machen.

Diese Sexte kommt zwar bey ihnen auf der halben Cadenz, so wie noch andre Dißonanzen auch vor, aber nur als durchgehend, so wie in folgenden Beyspielen zu sehen ist; in schwerer oder langsamer Bewegung hat dieses nicht statt.

Diese durchgehende Töne, werden aber, wie jeder andrer durchgehende Ton im General=Baß nicht angezeiget.

Es giebt noch eine dritte Hauptart des Schlußes, auf welchen man durch eine unvermuthete Fortschreitung kommt, weswegen er von den Italiäner Inganno, welches so viel als Betrug bedeutet, genennt wird. Dieser Schluß entsteht,

steht, wenn man von der Dominante des Tones, nachdem alles zum Schluß veranstaltet worden, nicht in die Tonica schließt, wie hier:

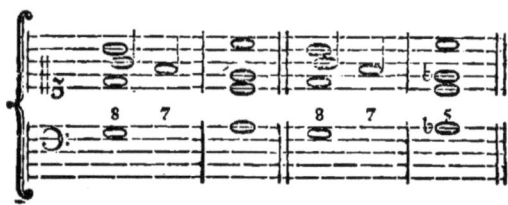

Von den Französischen Tonlehrern wird dieser Schluß Cadence rompue, die abgebrochene Cadenz genennt.

Dieses sind also die drey Hauptgattungen der Schlüsse, von denen die erste eine völlige Ruhe herstellt, so daß man Haupttheile eines Tonstücks damit endigen kann. Die beyden andern Gattungen stellen keine völlige Ruhe her; doch werden sie auch zu Schließung ganzer Haupttheile gebraucht; sie schicken sich aber auch solche Theile in Perioden zu theilen.

Nun kann jede dieser drey Hauptgattungen auf vielerley weise verändert oder modificirt werden, wodurch das Gefühl der Ruhe, die sie verschaffen mehr oder weniger geschwächt wird: und daher entsteht eine große Mannigfaltigkeit der kleinern Ruhepunkte, die blos durch die Harmonische Fortschreitung erhalten werden.

Der ganze Schluß wird am vollkommensten, wenn dem Dreyklang auf dem vorletzten Grundton, nämlich auf der Dominante, die Septime hinzufügt wird, zugleich aber in der obersten Stimme die Octave des letzten Grundtones erscheinet, wie hier:

Die Veränderungen, welche mit dieser ganzen Cadenz können vorgenommen werden, um sie mehr oder weniger zu schwächen, können auf einmal aus folgenden

des reinen Satzes in der Musik. 99

Beyspielen hinlänglich erkennt werden. Aber dergleichen durch Verwechslung der Accorde veränderte Cadenzen verschaffen nur Ruhepunkte für einzele Perioden, und sind keine ganze Schlüße mehr.

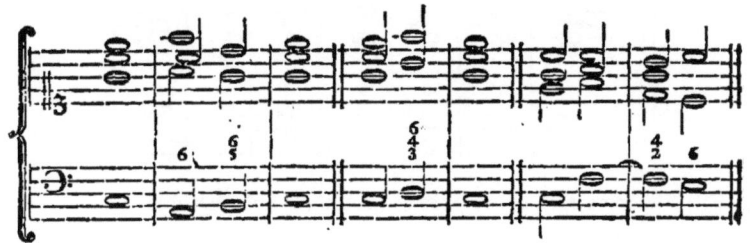

Wo man die Freyheit hat die Dißonanz in andern Stimmen auflösen zu laßen, kann auch der letzte Accord dieses Schlußes verwechselt und dadurch die völlige Ruhe verhindert werden, wie hier:

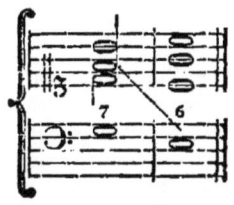

Will man aber die ganze Cadenz so laßen, und dennoch die Ruhe auf derselben hindern, so darf man nur dem Dreyklang auf der Tonica die Septime beyfügen; alsdenn wird sie selbst die Dominante eines neuen Tones.

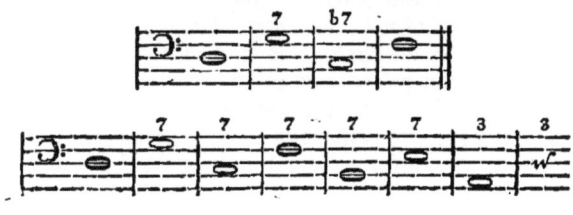

Man kann auch den halben Schluß durch Verwechslungen schwächen; seine verschiedene Gestalten sind aus folgenden Beyspielen zu sehen.

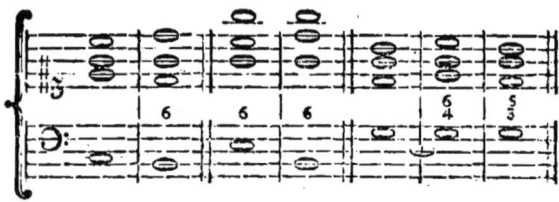

Die Veränderungen der abgebrochenen Cadenz sind folgende:

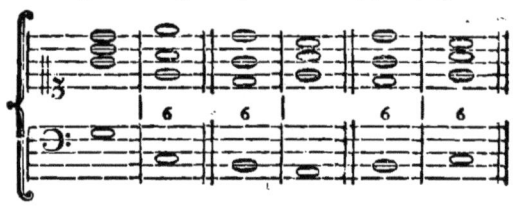

Dieses sind also die vielerley Ruhepunkte, die durch die Harmonie fühlbar gemacht werden können. Im Verfolg dieses Werks wird auch gezeiget werden, wie diese Ruhepunkte auch in der Melodie mehr oder weniger empfindlich gemacht werden können.

Nachdem nun bisher gezeiget worden, wie so wol ganze Haupttheile, als Perioden, auch größere und kleinere Abschnitte und Einschnitte, durch verschiedene Ruhepunkte zu unterscheiden sind; so bleibet hier noch übrig, die Länge und Kürze der Perioden zu betrachten.

In den Singstücken bestimmt der Text jeden Abschnitt und jede Periode; denn die Harmonie muß einen Ruhepunkt fühlbar machen, wo der Sinn des Textes einen erfodert; in solchen Stücken aber, die blos für Instrumente gesetzt sind, ist der Tonsetzer völlig Meister. Nur in Balletten und Tänzen, die schon ihren bestimmten Rhythmus haben, muß er sich genau an das binden, was der Charakter des Stücks erfodert. Da aber das, was zum Rhythmus gehört, erst im Zweyten Theile dieses Werks vorkommen wird, so begnügen wir uns hier blos mit einigen allgemeinen Anmerkungen über die Länge und Kürze der Perioden.

So wie vor einiger Zeit in Frankreich der so genannte Stile coupé, oder die aus lauter ganz kurzen Perioden bestehende Schreibart Mode gewesen, so hat sich

des reinen Satzes in der Musik.

dieses verschiedentlich auch in der Musik eingeschlichen. Es giebt Tonsetzer, die eine Schönheit darin suchen, daß sie auf jeden zweyten Takt, oder wol gar auf jeden Takt eine Cadenz anbringen. Wo der Ausdruck des Texts dieses erfodert, da ist nichts dagegen zu erinnern; aber da, wo man gar nicht gebunden ist, wird diese Schreibart sehr bald platt und langweilig. In der Musik muß man wie in der Rede allemal lieber längere, als kürzere Perioden machen, und dieselben nach Beschaffenheit ihrer Länge durch schwächere, halbe und abgebrochene Cadenzen in Abschnitte und Einschnitte eintheilen, dadurch entsteht in der Musik, wie in der Sprache, das wahre periodische der Schreibart.

In Sachen, die für Singstimmen, für Blas=Instrumente, die Flöte und Hautbois, gesetzt sind, ist man wegen der Länge der Perioden eingeschränkt; denn dem Athem der meisten Sänger und Spieler muß Erholung verschaft werden: Aber wer für das Clavier, für Orgeln und Geigen setzt, ist wegen der Länge der Perioden nicht eingeschränkt. Wer nur einigermaaßen mit der Harmonie umzugehen weiß, dem kann es nicht schwer werden, auch nur mit zwey oder drey Accorden ziemlich lange Perioden zu machen. Statt aller Regeln wird es hinlänglich seyn, dieses durch folgende Beyspiele zu zeigen. Nur muß man bey langen Perioden nicht vergeßen, daß sie in Abschnitte und kleinere Einschnitte müßen eingetheilt werden.

Die Kunst

Das letzte Beyspiel, in welchem, wie aus dem unterstehenden Fundamental-Baße zu sehen ist, die Harmonie nur auf zwey Accorden beruht, beweißt, wie leicht es sey, lange Perioden zu machen, ohne allzu einförmig zu werden.

Es verdienet hier auch noch angemerkt zu werden, daß man, um die Harmonie einer Periode etwas reizender zu machen, bisweilen die natürlichen kleinen Terzen verlaßen, und die großen dafür nehmen könne, als wenn man ausweichen wollte; wenn man sie nur gleich wieder verläßt. So wäre folgende Periode, der zufälligen x ungeachtet, doch ganz in C dur:

Siebender Abschnitt.
Von der Modulation.

Man singt oder spielt in einem Tone, so lange man in dem Gesang und in der Harmonie keine andre Töne hören läßt, als die, welche in der diatonischen Tonleiter desselben Tones enthalten sind. Diese Töne für jeden Grundton und jede Tonart, sind oben in einer Tabelle vorgestellt worden. So bald ein Tonstück etwas lang ist, so geht es nicht wol an, daß man durchaus in demselben Ton bleibe; Gesang und Harmonie müssen allmählig in andre Töne geleitet, zuletzt aber am Schluße wieder auf den ersten Hauptton zurücke geführt werden.

In dem vorhergehenden Abschnitt ist vorausgesetzt worden, daß eine harmonische Periode in dem Ton, darin sie anfängt, auch fortgesetzt und geschloßen werde. Längere aus mehrern Perioden bestehende Tonstücke erfordern, wie gesagt, eine Mannigfaltigkeit der Töne; sie kommen alle darinn überein, daß die Harmonie anfänglich eine Zeitlang in dem Tone, darinn man anfängt, fortgesetzt, hernach in verschiedene andre Töne herüber geführt, zuletzt aber in den Hauptton wieder zurück gebracht wird, in welchen auch das ganze Stück sich endiget.

Jeder Ton hat seine ihm eigenthümliche Sayten und Intervalle, durch welche er so wol in der Harmonie, als im Gesange, seinen eigenen Charakter, sein eigenes Gepräge bekommt, wodurch er sich von allen unterscheidet, dieses wird jederman erkennen, der die im zweyten Abschnitt befindliche Tabelle der Töne mit Aufmerksamkeit betrachtet, noch lebhafter aber fühlt das Ohr diesen Unterschied.

Es läßt sich nicht entwickeln, worin eigentlich das unterscheidende eines jeden Tones bestehe; ein geübtes Ohr aber empfindet es, und ein Tonsetzer der Ueberlegung und Empfindung in gehörigem Maaße hat, wird allemal nach dem Charakter der Sache, die er ausdrücken will, die Tonart zu wählen wißen; ob es gleich nicht möglich ist, bestimmte Regeln darüber zu geben. Wie aber die Harmonie aus dem Hauptone nach und nach in andre Töne herüber zu führen, und zuletzt wieder in den Hauptton zurück zu bringen sey, darüber laßen sich verschiedene bestimmte Regeln geben. Dieses sind die Regeln der Modulation, die in diesem Abschnitt sollen entwickelt werden.

Wir haben in der heutigen Musik nicht nur 24 verschiedene Tonleitern, deren jede ihren bestimmten Charakter hat, sondern wir können dabey auch noch die Tonarten der Alten beybehalten. Dadurch entsteht eine ungemein große Mannigfaltigkeit der Harmonie und der Modulation. Man kann die Harmonie durch mancherley Töne so durchführen, daß allezeit der folgende von dem vorhergehenden wenig absticht; hingegen kann es auch so geschehen, daß die auf einander folgenden Töne weniger an einander paßen. Im ersten Fall empfindet das Ohr eine angenehme Abwechslung; in welcher nichts hartes, nichts abgebrochenes, nichts ohne den genauesten Zusammenhang ist. Dergleichen Modulation schicket sich zu angenehmen und sanften Empfindungen. Im andern Fall aber wird man aus einer Art der Empfindung schnell in eine andere fortgerißen; dieses schicket sich zu einem Inhalt von heftigen und oft abwechselnden Affekten. Allein so wol in dem einen, als in dem andern Fall müßen die Uebergänge aus einem Ton in einen andern so gemacht werden, daß nichts gezwungenes darin sey.

Hiebey ist nun vor allen Dingen zu merken, daß jeder Ton, wie schon oben erinnert worden, seine wesentlichen Sayten habe, wodurch er und seine Tonart angekündiget oder fühlbar gemacht wird. Diese wesentlichen Sayten enthält der Dreyklang auf der Tonica. Wenn also von Anfang eines Stücks, oder einer Periode ein solcher Dreyklang vorkommt, so wird das Gehör dadurch für den Ton und die Tonart eingenommen.

Nur in den Fällen, wo man vorher schon von einem Ton eingenommen ist, dem alle Töne des neuen Dreyklanges zugehören, wird man ungewiß, ob man den Grundton dieses Dreyklanges für eine Tonica halten soll oder nicht. Wenn z. B. das Gehör, indem es für die Tonart C Dur eingenommen ist, den harten Dreyklang auf G hört, so hat dieser nichts, das einen neuen Ton anzeigte, weil alle Töne dieses Dreyklanges auch in die Tonleiter des C dur gehören. Sollte man also für G dur eingenommen werden, so müßte noch ein Ton vorhanden, oder kurz vorher gegangen seyn, oder auch sogleich darauf folgen, der der Tonart C dur fremd wäre.

Derowegen ist nur im Anfang eines Stücks, ehe das Gehör noch für irgend eine Tonleiter eingenommen ist, der Dreyklang auf der Tonica hinlänglich den Ton anzukündigen; Geht man aber von einem Ton in einen andern über, so muß dem Dreyklang auf dem neuen Grundton irgend ein Ton vorhergehen, oder unmittelbar nachfolgen, der dem vorhergehenden Ton fremd ist, und sein Gefühl gleichsam auslöschet, hingegen dem neuen Ton wesentlich zugehört. Wie man dieses bewerkstellige, wird im Verfolg dieses Abschnitts deutlich gezeiget werden.

Man hat in Absicht auf die Modulation drey Hauptpunkte zu wißen nöthig. 1) in was für Töne man aus jedem gegebenen Ton ausweichen könne, 2) wie lange man sich in dem neuen Ton aufhalten könne, 3) wie die Ausweichung zu veranstalten und zu vollenden sey. Diese drey Punkte sollen hier der Ordnung nach vorge-

vorgenommen werden. Vorläufig aber merken wir an, daß in diesem Abschnitt nur von der leichtesten und gewöhnlichsten Modulation gesprochen werde, wo man aus jedem Ton in seinen nächst verwandten übergeht. Die plötzlichen Ausweichungen in entlegene Tonarten, werden in dem folgenden Abschnitt besonders betrachtet werden.

I. Wenn man eine Zeitlang in dem Ton, in welchem man angefangen, gespielet hat, so ist das Gehör von demselben so eingenommen, daß es auf jeden Accord einigermaaßen die ganze diatonische Tonleiter deßelben empfindet. Geht die Harmonie in einen andern Ton über, so stimmt sich das Gehör nach der Tonleiter dieses neuen Tones, den es nun eben so wie den vorhergehenden empfindet. Nun ist leicht zu erachten, und noch leichter zu empfinden, wie beschwerlich und verdrießlich es dem Gehör ist, plötzlich sich in das Gefühl einer Tonleiter zu setzen, die weit von der abgeht, die es kurz vorher empfunden hat. Ist man von C dur eingenommen, und sollte nun gleich darauf E dur empfinden, so müßte man schnell die Tonleiter C, D, E, F, G, A, H, in diese Cis, Dis, E, Fis, Gis, A, H, verwandeln, dieses würde eben so verdrießlich seyn, als wenn man plötzlich aus der Wärme in die Kälte, oder aus der Dunkelheit in ein helles Licht käme. Dergleichen schnelle Veränderungen sind dem Gemüthe zuwider. Wie nun überhaupt alle Abwechslungen allmählig geschehen müssen, wenn sie nichts widriges haben sollen, und die gegenwärtige Empfindung gegen die nächstvorhergehende niemal stark abstechen muß, wenn wir nicht unangenehm sollen gerührt werden; so muß auch die Harmonie dergestalt behandelt werden, daß der Ton, dahin man in jedem Fall ausweichen will, nicht zu sehr gegen den vorhergehenden absteche; es sey denn, daß der Ausdruck des Stücks geradezu dergleichen Härte erfoderte. Davon wird in dem nächsten Abschnitt gesprochen werden.

Man muß also bey der Modulation vor allen Dingen die Verwandschaft der Töne vor Augen haben. Es ist von selbst offenbar, daß die Töne am nächsten mit einander verwandt sind, deren Tonleitern die meisten gemeinschaftlichen Töne haben. So kann man sagen, daß die Tonart C dur mit G dur eine sehr nahe Verwandschaft habe, weil sie nur in einer einzigen Sayte von einander abgehen, da in C die Sayte F, und in G die Sayte Fis vorkömmt, die übrigen aber alle gleich sind: hingegen sind die Tonarten C dur und Fis dur einander bey nahe gerade entgegengesetzt, da sie nur eine einzige gemeinschaftliche Sayte haben.

Es können aber zwey Töne nur in einer einzigen Sayte von einander abgehen, und dennoch nur eine geringe Verwandschaft haben. Dieses geschieht, wenn die Sayte der Natur des andern Tones ganz entgegen ist. So ist C dur von F dur nur in einer einzigen Sayte verschieden, die in C dur H, und in F dur B ist.

O Allein

Allein dieses H ist dem C dur unentbehrlich, weil es das Subsemitonium des Tones ist. Durch Veränderung dieser Sayte leidet die Tonleiter des C dur weit mehr, als wenn irgend eine andere wäre geändert worden. Also ist der Ton F dur viel weiter von C dur entfernt, als die, darin eine weniger wesentliche Sayte geändert wird.

Es ist aber nicht nothwendig, daß wir die Grade der Verwandschaft der Töne weitläuftig untersuchen, da sie sich so leicht empfinden läßt, daß die Tonlehrer fast durchgehends einerley Meynung über diesen Punkt sind. Folgende Tabelle zeiget die Grade der Verwandschaft in den Dur und Moltönen.

Dur	×V	♭VI	♭III	×IV	♭II	z. E. C dur und A mol	C dur	G×	A♭	E♭	F×	D♭
Mol	♭V	×III	♭IV	×VI	×VII		A mol	E♭	C×	D♭	F×	G×

Jeder Durton hat die nächste Uebereinstimmung mit der harten Tonleiter seiner Quinte, hernach mit der weichen seiner Unterterz u. s. f. wie die Tabelle es anzeiget. Die Moltöne gehen darin von jenen von dem dritten Grad der Verwandschaft bis auf den sechsten ab. Die Zeichen × und ♭ zeigen an, ob die Tonart hart oder weich sey. Wenn also der Hauptton eines Stücks die große Tonart hat, so kann man ohne Härte in deßen Ober- und Unterdominante mit der harten Tonart, in die Unter- und Obermediante, auch in die Secunde, mit der weichen Tonart ausweichen.

Ist der Hauptton in der weichen Tonart, so kann man in deßen Ober- und Unterdominante, aber auch mit der weichen Tonart, in die Ober- und Untermediante, und in die Septime, aber diese mit der harten Tonart ausweichen. Nur verstattet die große Tonart keine Ausweichung in die Septime des Tones, noch die kleine Tonart in die Secunde. Der Grund dieser Ausnahme ist offenbar; weil die Septime der Durtöne und die Secunde der Moltöne keinen vollkommenen Dreyklang hat, indem sie der Sitz des verminderten Dreyklanges ist. Denn in C dur hat die Septime H natürlicher Weise den verminderten Dreyklang; da aber die Tonleiter von A mol ebendieselbe ist, als von C dur, so sitzt dieser verminderte Dreyklang auf der Secunde dieses Tones.

Dieses sind also die Tonarten, in welche man aus dem Hauptton, er sey in der harten oder weichen Tonart, unmittelbar ausweichen kann. Nun kann man zwar in langen Stücken von einer Nebentonart, in welche man von dem Hauptton unmittelbar ausgewichen ist, wieder in deßen verwandte Töne gehen. Von diesen Tonarten aber, dahin man nicht unmittelbar gehen kann, ist zu merken, daß sie das Gefühl des Hauptones, darin man angefangen hat und auch endigen will, leicht gänzlich auslöschen, und daß man auch nicht ohne weite Umwege wieder auf den Hauptton zurückkommen könne.

Gesetzt man wäre in einem Stück, deßen Hauptton C dur ist, durch Umwege nach Fis mol gekommen, und müßte nun wieder nach C dur zurückkehren, so wird man finden, daß dieser Rückweg, wenn er nicht gar zu weitschweifend seyn soll, sehr hart und rauh ist. Nemlich von Fis mol würde man wieder nach H mol, oder gleich nach E mol, von da nach G dur, und von da wieder nach C dur zurücke gehen.

Hieraus folget, daß man sich bey der gemeinen Modulation nicht in entlegene Töne wagen könne, und am sichersten fahre, wenn man bey den Ausweichungen mit den angezeigten fünf nächsten Graden der Verwandschaft zufrieden ist.

Es ist überhaupt bey dieser Modulation eine Maxime, so zu verfahren, daß der Hauptton, in welchem das Stück anfängt und sich endiget, nie völlig ausgelöscht werde. Wenn man demnach in andere Töne ausweicht, so soll dieses nicht eher geschehen, bis das Ohr von dem Hauptton gleichsam gesättiget ist; und diese Nebentöne müßen dennoch den Hauptton nicht so ganz auslöschen, daß man ihn völlig verliehre. Also muß man sich immer, so zu sagen, in seiner Nachbarschaft aufhalten, und von Zeit zu Zeit das Gefühl deßelben wieder erneuern. Wo dieses versäumt wird, da ist es schweer die Einheit der Harmonie zu erhalten. Weil dieses eine zur guten Modulation sehr wichtige Betrachtung ist, so wollen wir sie etwas umständlicher ausführen.

Gesetzt der Hauptton eines Stücks sey C dur, und man sey von dem Hauptton in seine Dominante G dur ausgewichen. Wenn man nun diesen Ton wieder eben so zum Hauptton machen wollte, wie C dur es ist, um von da auch wieder in seine verwandten Töne auszuweichen, so würde wenig mehr von der wahren Einheit der Tonart übrig bleiben. Man darf deßwegen von diesem G dur nun nicht wieder in die natürliche Tonart seiner Dominante, nämlich D dur gehen, wie man thun würde, wenn das Stück in G dur gesetzt wäre; sondern man muß in unserm Falle die Ausweichung nach D mol, als einen Ton, der dem Hauptton C dur verwandt ist, nehmen. Und so wär es auch mit andern Ausweichungen zu halten. Wer in C dur angefangen hat, von da nach F dur ausgewichen ist, der kann nun von diesem Ton, ohne die Haupttonart zu zernichten, nicht nach B dur, auch nicht nach G mol gehen, aber wol nach G dur.

Man kann überhaupt aus dieser Anmerkung sehen, daß die Töne, in welche man vom Hauptton unmittelbar ausgewichen ist, bey weiterer Modulation, von den

den ihnen sonst zukommenden Ausweichungen, nicht alle ferneren Ausweichungen verstatten, sondern davon diejenigen verliehren, die dem Haupttone zuwieder sind. Ist der Hauptton C dur, so kann man von G dur, dahin man ausgewichen ist, nicht in seine Dominante D dur, noch in seine Mediante H mol gehen. F dur verliert im ähnlichen Fall seine sonst natürliche Ausweichung nach B dur und G mol; E mol, die nach H mol und D dur; D mol, die nach B dur und G mol.

Man kann es also als einen Grundsatz ansehen, daß man, wofern ein Stück nicht sehr lang ist, sich dergestalt bey der Haupttonart aufhalten müße, daß man von da nur in die Töne ausweiche, in welche man ohne Weitläuftigkeit kommen kann: nemlich nur in die, welche die vorher gegebenen Tabellen anzeigen. Von den Tönen aber, dahin man ausgewichen ist, soll man keinen als einen Hauptton betrachten, von welchem man wieder in andere mit ihm verwandte Töne ausweicht. Dieses ist die einfacheste und natürlichste Art zu moduliren. Damit man sich auf einmal eine deutliche Vorstellung davon machen könne, fügen wir folgendes Muster an, da die Modulation aus dem Hauptton C dur durch alle mit ihm verwandten Töne durchgeführt, und zuletzt wieder in den Hauptton eingelenkt wird.

In sehr langen Stücken, wo man z. B. ganze Psalmen durchaus zu setzen hat, kann man, um die Mannigfaltigkeit der Modulation zu erreichen, die Ober- und Unterdominante, so wie die Ober- und Untermediante des Hauptones, in die man ausgewichen ist, wieder als Haupttöne ansehen, aus denen man ebenfalls in ihre verwandelten Töne ausweicht. Von dieser weit ausschweifenden Art zu moduliren aber, soll umständlicher im nächsten Abschnitt gesprochen werden.

II. Diese Anmerkungen dienen auch zum theil zur Beantwortung der zweyten, die Modulation betreffenden Frage, wie lange man sich in den neuen Tonen, dahin man gegangen ist, aufhalten könne. Hiebey kömmt es vornehmlich auf die Länge eines Stücks an. Nur in ganz langen Stücken geht es an, daß man sich

des reinen Satzes in der Musik. 109

in entferntern Tonarten so festsetze, daß man sie gleichsam in die Stelle der Haupttonart treten läßt: in kurzen Stücken aber soll eigentlich keine Nebentonart so behandelt werden, als wenn sie eine Haupttonart wäre, aus der man wieder frey ausweicht. Mithin ist auch klar, daß man sich in derselben nicht lang aufhalten könne, sondern wohl thue, seinen Weg von da wieder in einen Ton zu nehmen, der sich nicht weit von dem Hauptton entfernt. Wiewol wir das Verweilen in den Tönen, dahin man durch die Modulation kommt, nicht schlechterdings bestimmen wollen, so kann doch folgende Abbildung einigermaaßen zur Lehre dienen. A ist das Modell, wenn der Hauptton die große Tonart hat; B für die kleine. Jede Note bedeutet den Ton, in den man ausgewichen ist, und ihre Geltung kann das Verhältniß der Zeit, in der man sich darin verweilen kann, ausdrücken. Wenn man z. E. von Anfang zwey Takte in dem Hauptone geblieben, so kann man einen Tackt in seiner Quinte, einen halben in der Sexte u. s. f. verweilen. Inzwischen ist es eben nicht ganz nothwendig sich darnach zu richten.

III. Es ist also hier noch übrig zu untersuchen, wie in jedem Fall die Ausweichung zu veranstalten und zu vollenden sey. Schon der bloße Name Ausweichung, den man dem Uebergang aus einem Ton in einen andern gegeben hat, zeiget an, daß dieses allmählig geschehen müße. Wollte man schlechtweg ohne alle Vorbereitung aus einem Ton in einen andern gehen, so würde die harmonische Fortschreitung ohne Zusammenhang und sehr hart seyn. Man muß also schon am Ende einer Periode den Ton empfinden, in welchem die folgende fortfahren wird, und so müssen in einem ganzen Stück die Töne, durch welche die Harmonie geführt wird, zusammengehängt oder verbunden werden.

Dieses wird am besten bewerkstelliget, wenn jede Periode ihren Schluß in dem Tone der folgenden Periode macht. Denn auf diese Art hängen alsdenn die Perioden genau zusammen. Wenn man z. E. in C dur angefangen hat, und von da nach G dur herübergehen wollte, so darf man nur den Abschnitt, oder die Periode, die aus C dur gegangen, durch eine Cadenz in G dur endigen, und diesen Ton alsdenn in der folgenden Periode fortsetzen.

Damit

110 Die Kunst

Damit man deutlich sehe, wie dieses bewürkt wird, wollen wir setzen, man spiele in C dur, und wolle den nächsten Abschnitt in G dur fortsetzen. Nach der vorhergehenden Anmerkung müßte nun der in C dur gesetzte Abschnitt in G dur schließen. Dazu wäre nicht genung, daß die letzte Harmonie der harte Dreyklang des Tones G wäre; denn dieser Dreyklang gehört auch zur Tonart C dur. Also würde bey dieser halben Cadenz

das Ohr nicht die geringste Empfindung einer neuen Tonart bekommen. Es muß also diesem Schluß nothwendig etwas vorhergehen, das diese Empfindung des neuen Tones errege.

Dieses kann am füglichsten dadurch bewerkstelliget werden, daß man vor der neuen Tonica den Accord auf ihrer Dominante entweder mit der großen Terz, oder mit der kleinen Septime, oder mit beyden zugleich, und alsdenn von da, durch eine Cadenz in die neue Tonica schließe. Anstatt des vorher angezeigten halben Schlusses, würde also dieser zu brauchen seyn, um dem Gehör die völlige Ausweichung nach G dur fühlbar zu machen.

Die große Terz auf dem Accord D ist der Tonart C dur fremd, und kündiget also einen neuen Ton an. Sie ist zugleich das Subsemitonium des Tones G, und leitet also natürlicher Weise dahin; wenn man nun von diesem Accord durch eine ganze Cadenz auf den Accord G kömmt, so ist dieser neue Ton dem Gehör vollkommen eingeprägt. Will man auf dem vorletzten Accord das Gefühl der neuen Tonica noch gewisser machen, so darf man nur dem großen Dreyklang auf D noch die kleine Septime hinzufügen; denn dadurch wird nun die Cadenz nach G nothwendig.[47] Auf diese Weise kann also die Ausweichung angekündiget und vollendet werden.[48]

Die

---

[47] Man sehe was von der Würkung dieser wesentlichen Septimen auf der 31. Seite gesagt worden.

[48] Obgleich die außer der Tonleiter des Tones, darin man ist, genommenen Terzen, die durch zufällige x oder b angedeutet

des reinen Satzes in der Musik.

Die große Terz auf der Dominante der neuen Tonica ist nicht immer hinlänglich die Ausweichung anzukündigen. Sie thut diese Würkung nur, wenn sie dem Ton, darin man ist, fremd ist. Sie ist es in den angeführten Beyspielen, weil die Tonleiter von C dur kein Fis hat. Wollte man aber von diesem Ton nach F dur ausweichen, so würde diese große Terz auf der Dominante des neuen Tones keine Kraft haben, ihn anzukündigen, weil sie auch dem Ton C dur eigen ist. Wenn man also diese Fortschreitung hätte:

so würde auf dem vorletzten Accord die große Terz von C, ungeachtet sie das Subsemitonium von F ist, diesen Ton nicht ankündigen, weil sie auch zum Ton C dur gehört. Folglich wäre man, der Cadenz ungeachtet, auf diese Weise nicht nach F ausgewichen. In diesem Fall thut die kleine Septime den Dienst der Ankündigung des neuen Tones, weil sie der Tonart C dur fremd ist; demnach würde hier die Ausweichung folgender Weise geschehen:

Denn indem man auf den vorletzten Accord die Octave verläßt, und die kleine Septime dafür nimmt, die der Tonart C dur fremd ist, so kündiget man schon an, daß dieser Ton soll verlassen werden: und nun ist der Schluß nach der neuen Tonica F nothwendig.

Dieses deutet worden, gemeiniglich eine Ausweichung ankündigen, so haben sie doch nicht immer diese Absicht; denn gar ofte geschieht keine Ausweichung nach denselben, wie schon vorher (auf der 102 Seite) angemerkt worden. Denn wenn man nicht würklich in den angekündigten Ton übergeht, oder wenn man ihn sogleich wieder verläßt, so ist keine Ausweichung geschehen. Also wäre folgende Periode ganz in C dur.

112　Die Kunst

Dieses sind also die Mittel den neuen Ton anzukündigen, und durch einen Schluß würklich in denselben hineinzugehen. Man kann aber auch anstatt in die neue Tonica zu schließen, durch die halbe Cadenz in ihre Dominante in denselben gehen. Wenn man z. E. in C dur durch einen halben Schluß auf den Accord D dur käme, so könnte diese halbe Cadenz auch ein Schluß nach G dur seyn. Eben dieses könnte auch von andern ähnlichen Fällen statt haben, wie aus folgendem Beyspiel zu sehen ist.

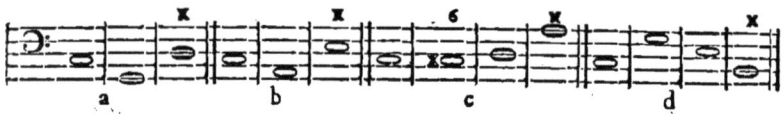

Bey a geschähe durch die halbe Cadenz nach D eine Ausweichung nach G dur, bey b nach A mol; bey c nach D mol, und bey d nach E mol. Will man aber würklich in die neue Tonica selbst schließen, und doch keinen ganzen Schluß machen, so darf man nur auf den vorletzten Accord eine Verwechslung nehmen. Also könnte man die drey vorhergehenden mit A, B, und C bezeichneten Ausweichungen durch die erste Verwechslung des vorletzten Accords auch so verrichten.

Auch die anderen Verwechslungen des vorletzten Accords können dazu gebraucht werden. Man könnte also aus C dur auf alle folgende Arten nach G dur schließen.

Die erste und dritte Art des Schlußes, wird die **Baßclausel**, die zweyte und vierte die **Discantclausel**, die fünfte und sechste aber die **Tenorclausel** genennt.

Die Ausweichung wird demnach dadurch vorbereitet, daß man in der Fortschreitung auf die Dominante des neuen Tones kömmt. Nimmt man auf derselben

des reinen Satzes in der Musik. 113

ben die kleine Septime und große Terz zur Harmonie so wird alsdenn der Schluß in die neue Tonica nothwendig. Auf diese Dominante des neuen Tones aber kann man so geschwind, als man will, kommen. Denn, man habe aus der Tonleiter des Haupttones, welchen Accord man wolle, so kann man allemal von demselben, entweder unmittelbar durch einen einzigen Schritt, oder höchstens durch zwey Schritte auf die Dominante jeder andrer mit dem Hauptton unmittelbar verwandten Tonica fortschreiten und von da aus den Schluß vollenden. Zur völligen Aufklärung dieser Sache wollen wir alle diese Ausweichungen aus dem Hauptton C dur in einer Tabelle vorstellen.

Gesetzt also man habe eine Zeitlang die Harmonie in dem Hauptton fortgeführet und wolle nun in einen andern Ton ausweichen; so sind die schnellesten Ausweichungen von jedem Accord, in jeden andern Ton, auf folgender Tabelle zu sehen.

2. Von

(49) Anstatt dieses Schlusses würde man lieber diesen nehmen:

P   weil

2. Von dem Accord der Secunde.

weil es beßer ist, daß der durch ein x erhöhete Ton in derselben Stimme liege, wo der, aus dem er entsteht.

(50) Dieser Uebergang von dem Accord C, zum Schluß in E mol ist hart: Man läßt insgemein den Accord A oder G oder den Sexten-Accord von E vor der Dominante vorhergehen, wie hier:

(51) Es ist oben erinnert worden, daß die Fortschreitung von der Tonica auf den Accord ihrer grossen Terz hart sey. Also würde man hier beßer dem Accord auf E den auf der Quinte oder Sexte des Haupttones vorhergehen laßen. Am kürzesten würde dieser Schluß so seyn:

(52) Dieser Schluß ist wegen der in den oben Stimmen vorfallenden Veränderung des f in fis, worauf wieder e folget, schwerer und unangenehm, wie aus

3. Von

des reinen Satzes in der Musik. 115

3. Von dem Accord der Terz.

P 2   4. Von

aus dem vollstimmig hier ausgesetzten Beyspiel zu sehen ist.

Um dieser Härte zu entgehen, ist es besser den Accord A oder den Septen=Accord von C zwischen D und H zu setzen.

116 Die Kunst

4. Von dem Accord der Quarte.
  in die Quinte der Tonica F dur. (53)
  in die Sexte A mol.
  in die Tonica selbst.
  in die Secunde D mol.
  in die Terz E mol.

5. Von dem Accord der Quinte.
  in die Sexte der Tonica A mol. (54)
  in die Tonica selbst.
  in die Secunde D mol.
  in der Terz E mol. (55)
  in die Quart F dur.

6. Von

(53) Hiervon gilt die 49 Anmerkung.
(54) Auch hiervon gilt die 49 Anm.
(55) Auf diesen Schluß muß auch die 51 Anmerkung angewendet werden.

des reinen Satzes in der Musik. 117

6. Von dem Accord der Sexte.
- in die Tonica selbst.
- in die Secunde D mol.
- in die Terz E mol.
- in die Quart F dur.
- in die Quinte G dur.

Es ist leicht diese verschiedenen Ausweichungen auf andre Töne anzuwenden, wenn man nur Achtung giebt, was für ein Verhältnis der Accord, von welchem der erste Schritt zur Ausweichung geschieht, zu dem Ton habe, in welchen man ausweichet. Nämlich, eben so wie man aus dem Haupttone C dur auf alle hier angezeigte Arten ausweichet, so kann man auch aus jedem andern Haupttone auf ähnliche Arten ausweichen. Man kann auch eben diese Ausweichungen als Formeln brauchen, schnell in entfernte Töne auszuweichen, wie in dem folgenden Abschnitt wird gezeiget werden.

Ungeachtet alle angezeigten Ausweichungen würklich auf diese Arten angehen, so sind doch diejenigen, da dem Accord auf der Dominante der neuen Tonica, der Accord auf ihrer Unterdominante, oder Unterterz oder Septime vorhergeht, die besten.

Es geschiehet ofte, daß alles zum Ausweichen veranstaltet ist, ohne daß die Ausweichung selbst nothwendig erfolget, das Gehör wird getäuscht, da man einen neuen Ton nur anzeiget, ihn aber wieder verläßt, ohne würklich in denselben auszuweichen, wie hier.

In beyden Beyspielen ist auf dem zweyten Accord der Ton G dur angekündiget, und dennoch nicht in demselben geschlossen worden.

Sollte auch gleich der Schluß in dem neuen Ton, vermittelst einer Cadenz würklich geschehen, so kann dennoch das Gefühl desselben durch die dem Dreyklang hinzugefügte Septime sogleich wieder ausgelöscht und die Ausweichung in einen neuen Ton angekündiget werden: wie hier.

Hier erwartet man nach dem zweyten Accord einen Schluß nach A mol, es erfolget auch der Sprung nach A; aber die dem Dreyklang auf A hinzugefügte kleine Septime, und die große Terz anstatt der kleinen, zeiget schon wieder an, daß die Harmonie nicht soll in A mol fortgeführet werden, und so auch in den folgenden Accorden.

Man kann auch sogar mit Uebergehung des natürlicherweise auf den Septimenaccord folgenden Accords, gleich auf eine neue Dominante eines andern Tones gehen, und z. E. anstatt dieses Ganges

 diesen nehmen.

Auf diese Weise kann man, wo es zum Ausdruck nothwendig ist, das Gehör, so lange man will, aus einer Erwartung in die andre führen, und in Unruh unterhalten.

Hieher gehören auch die chromatischen Fortschreitungen des Baßes, da man den Ton, dahin man ausgewichen ist, schnell wieder verläßt, und von ihm auf den nächsten ausweichet, anstatt des Accordes auf der Dominante aber seine erste Verwechselung nimmt, wie in diesem Beyspiel:

Wir wollen nun zum Beschluß dieses Abschnits die allgemeinen Regeln der Modulation in möglichster Kürze anführen.

1. Zuerst also muß man in jedem Tonstück sich in dem angenommenen Hauptton völlig festsetzen, welches dadurch geschieht, daß man etliche Takte hindurch

des reinen Satzes in der Musik.

durch keine andere Accorde nimmt, als die in der diatonischen Tonleiter des Haupttones liegen. Man kann nach Maaßgebung der Länge des ganzen Stücks, sechs, acht bis zwölf oder noch mehr Takte lang, durch solche Accorde den Hauptton feste setzen.

2. Hierauf weichet man in einen andern unmittelbar mit ihm verwandten Ton, und am natürlichsten in seine Ober=Dominante aus; entweder unmittelbar und den kürzesten Weg, oder durch einen Umweg, auf welchem man durch andre Töne durchgeht, in denen man aber sich nur einen oder ein paar Takte aufhält.

3. Nachdem man in die Ober=Dominante des Haupttones ausgewichen ist, verweilet man in derselben ebenfalls wieder, nach der Länge der Stücke, sechs, acht oder mehr Takte, und geht denn von da auch wieder unmittelbar oder mittelbar, durch kurzes Verweilen in Zwischentönen, auf die Ober= oder Unter=Mediante des Haupttones. Auch in dieser verweilet man sich, so wie vorher in der Dominante geschehen.

4. Von dieser Ober= oder Unter=Mediante geht man wieder auf vorbeschriebene Weise auf andre dem Haupton verwandte Töne, bey denen man sich noch nicht verweilet hat, und hält sich auch darin eine Zeitlang auf.

5. Zuletzt weicht man auf einen der vom Hauptton entlegensten Töne aus, verweilet sich ebenfalls etliche Takte darin, und von da kehret man durch zwey oder drey andre Töne, wobey man sich ganz kurz aufhält, wieder auf den Hauptton zurück. Ehe man aber völlig darin schließt, muß man die Modulation wieder auf seine Ober=Dominante senken, sich darin etwas aufhalten und von da aus durch einen Schluß in den Hauptton das ganze Stück endigen.

6. Wenn das Stück sehr lang ist, und durch das Verweilen in den Tönen dahin man ausgewichen ist, der Hauptton etwas aus dem Gedächtnis gekommen, so kann man auf der Dominante des Haupttones, ehe der Hauptschluß geschieht, einen sogenannten Point d'Orgue anbringen, wodurch das Verlangen nach dem Hauptton desto lebhafter wird.

7. In diesem Fall kann man auch, nachdem schon einmal der Schluß in den Hauptton geschehen ist, noch einen Point d'Orgue anbringen, und denn den Hauptschluß wiederholen.

Diese Regeln werden durch nachstehende Vorstellungen, die als Beyspiele dienen können, erläutert. Wir merken davon nur dieses an, daß die viereckigten Noten die Töne anzeigen, in denen man sich sechs, acht, oder mehr Takte verweilet; die weißen mit einem Strich, solche, die man nur wie im vorbey gehen berührt, ohne sich länger, als einen oder höchstens zwey Takte dabey aufzuhalten; die schwarzen aber zeigen die Töne an, auf welchen der Schluß vorbereitet wird, oder wo die würkliche Rückung nach dem neuen Ton geschieht.

Was

Was vorher in der zweyten Regel gesagt worden, daß man von dem Hauptton in seine Dominante entweder unmittelbar, oder durch Berührung andrer Töne ausweiche, wird durch folgendes erläutert.

Unmittelbare Ausweichung.

Mittelbare Ausweichung.

1. Durch einen Zwischenton A mol oder D mol.

2. Durch mehrere Zwischentöne.

So wie man nun vom Haupttone auf gar vielerley Arten entweder unmittelbar, oder durch einen oder mehrere Zwischentöne, in die Ober=Dominante ausweichet, so geht man auf eine ganz ähnliche Art von dieser wieder auf andre, und von da aus auch wieder auf andre Töne, bis man zuletzt wieder in den Hauptton zurücke kehrt. Folgendes stellt demnach eine durch ein langes Stück hindurch geführte Modulation, als ein Muster vor, welches sich aber auf sehr vielerley Arten verändern läßt.

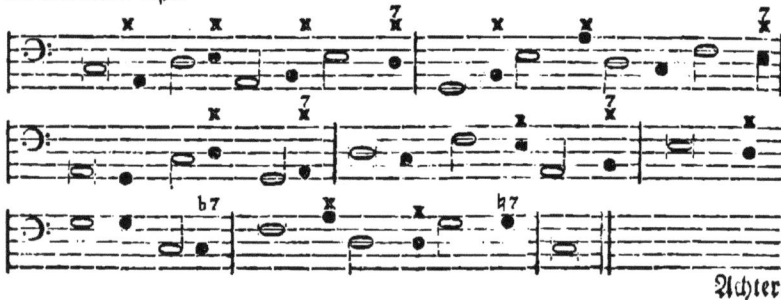

Achter

des reinen Satzes in der Musik.

Achter Abschnitt.
Von der Modulation in entfernte Tonarten, und von plötzlichen Ausweichungen.

In dem vorhergehenden Abschnitt sind nur diejenigen Ausweichungen betrachtet worden, in welche man unmittelbar aus dem Hauptton gehen kann, und man hat vorausgesetzt, daß die Harmonie durch das ganze Tonstück hindurch in den nächsten Graden der Verwandschaft mit dem Hauptton bleibe. Dadurch allein kann man auch in längern Stücken schon eine ziemliche Mannigfaltigkeit in der Modulation erhalten.

Indessen begnügen sich geübte Harmonisten nicht immer mit einer so furchtsamen Art zu moduliren; sie schweiffen in entferntere Tonarten aus, wo man bisweilen den Hauptton ganz aus dem Gehör verliert, und wissen doch zu rechter Zeit die Modulation wieder gegen denselben einzulenken. Bisweilen ist es auch des Ausdrucks halber nothwendig, daß man plötzlich in eine etwas entferntere Tonart übergehe. Diese freye und kühnere Modulation soll also hier betrachtet werden.

Sie beruhet überhaupt auf dem Grundsatz, daß man einen von den Tönen, in welche man ausgewichen ist, wieder als den Hauptton behandle, aus dem man, nach den Regeln, die im vorhergehenden Abschnitt gegeben worden, wieder in seine verwandte Töne ausweicht.

Der erste Schritt also zu einer weitern Ausdehnung der Modulation, besteht darinn, daß man die Ober- oder Unterdominante des Haupttones, wieder so, wie Hauptton selbst, behandle. Dadurch kommt man in beyden Fällen auf zwey neue Töne, die mit dem ersten Hauptton keine unmittelbare Verwandschaft haben. Wenn z. E. der Hauptton C dur ist, so wird nach dem vorhergehenden Abschnitt die gewöhnliche Modulation auf die Töne G dur, F dur, A mol, E mol und D mol eingeschränkt; weil nur diese unmittelbar mit C dur verwandt sind. Setzet man nun G dur an die Stelle des Hauptones, so kann man von diesem nach D dur, C dur, E mol, H mol und A mol ausweichen. Also erhält man die Tonarten D dur und H mol, die in der ersten Art zu moduliren nicht vorkommen.

Wenn man nämlich von einem Haupton in seine Ober- oder Unterdominante ausweicht, so hat diese, wie im vorhergehenden Abschnitt gezeiget worden, die Tonart des Haupttones, er sey hart oder weich; wird nun diese Dominante wieder zum Hauptton gemacht, so hat ihre Dominante eben dieselbe Tonart,

folglich

folglich nicht die, welche sie haben würde, wenn man aus dem ersten Hauptton unmittelbar in denselben Ton ausgewichen wäre. Aus C dur kann man unmittelbar nach D mol ausweichen. Setzet man aber die Dominante von C dur, in welche man ausgewichen ist, nämlich G dur an die Stelle des Haupttones, so weicht man von da wieder in ihre Dominante D und zwar D dur aus, und bekommt also eine dem Hauptton fremde Tonart. Zugleich aber bekommt man, wenn G dur an die Stelle von C dur gesetzt wird, auch noch H mol, als die zweyte fremde Tonart. Denn es ist bekandt, daß eines jeden Tones Unterterz in der entgegen gesetzten Tonart eben die Sayten hat, als er selbst. So haben C dur und A mol, D dur und H mol, F dur und D mol, G dur und E mol dieselben Sayten. Also erhält man dadurch, daß man die Dominante des Haupttones, wieder an die Stelle des Haupttones setzet, allemal zwey neue Töne, die Dominante dieser Dominante und ihre Unterterz.

Setzet man in dem Haupton C dur die Unterdominante F an die Stelle des Haupttones, so kommen ebenfalls zwey neue Tonarten B dur und G mol in der Modulation zum Vorschein.

Will man noch mehrere Tonarten haben, so thut man einen zweyten Schritt, und setzet einen dieser neuen Töne wieder an die Stelle des Haupttones, dadurch erhält man wieder zwey neue Töne; nämlich von dem vorhererwähnten D dur bekommt man A dur und Fis mol.

Eben so giebt das vorher erwähnte B dur die neuen Tonarten ♭E dur und C mol.

Hieben aber müßte man es bewenden lassen, weil eine noch grössere Entfernung vom Hauptton gar zu weit führen würde. Denn diejenigen Stücke, wo man im Kreis herum durch alle Tonarten modulirt, dienen blos zur Curiosität und können sonst nirgend gebraucht werden.

Folgende Tabelle stellt also die weitläuftigste Modulation, da die harte Tonart, z. E. C dur den Hauptton ausmacht, vor.

| ♭E dur | B dur | F dur | C dur | G dur | D dur | A dur |
| C mol | G mol | D mol | A mol | E mol | H mol | Fis mol |

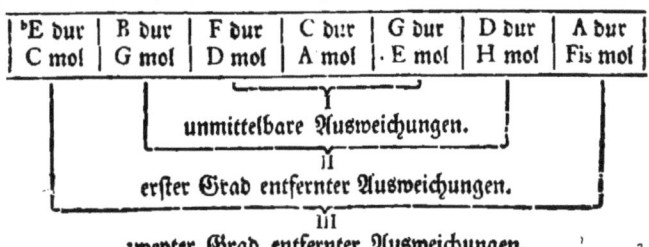

des reinen Satzes in der Musik. 123

Auf eine ähnliche Art findet man die Töne, die der erste und zweyte Grad der entfernten Ausweichungen für die weiche Tonart des Haupttones geben. Sie sind in folgender Tabelle vorgestellt.

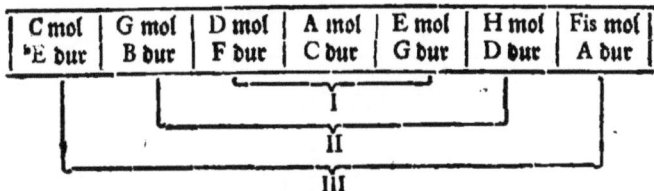

Sollen diese entfernte Modulationen nicht hart seyn, so kann man keinen im zweyten Grad der Verwandtschaft stehenden Ton nehmen, bevor man den im ersten Grad stehenden vorhergehen lassen, und keinen im dritten Grad, bevor nicht der im zweyten vorgekommen ist. So kann man z. E., wenn man in C dur angefangen hat, weder nach D dur, noch nach A dur ausweichen, als nachdem man zuvor D mol und A mol gehabt hat, und so mit den übrigen.

Uebrigens kann man durch besondere Veranstaltungen merken lassen, daß man einen Ton, dahin man ausgewichen ist, nun an die Stelle des Haupttones zu setzen gedenke. Dieses geschieht entweder dadurch, daß man sich bey der Ausweichung in denselben lang aufhält, und die Cadenz etliche Takte hindurch vorbereitet, wodurch das Gehör zum voraus zu dem neuen Hauptton gleichsam gestimmt wird; oder dadurch, daß man nach geschehener Cadenz in den neuen Hauptton, den Hauptsatz, womit das ganze Stück angefangen, nun in diesem neuen Ton eben so wiederholt, wie er im ersten Hauptton gewesen. Beydes ist an dem hier stehenden Beyspiel deutlich zu sehen.

124 Die Kunst

Hier wird, ehe der Schluß nach G geschiehet, das fis, das ihn verkündiget, verschiedentlich gehöret, und dadurch wird man so lange in der Erwartung des neuen Tones unterhalten, daß man ihn nun als den Hauptton ansieht. Hierauf wird der Hauptsatz in dem neuen Ton genau auf die Art, wie er im ersten Haupttone vorgekommen war, wiederholt.

Dieses sey also von der allmähligen Ausweichung in entlegene Töne gesagt.

Nun geschieht es bisweilen, daß man schnell in solche fern vom Haupttone liegende Tonarten auszuweichen für nöthig hält. Also müssen hier auch die kürzesten Wege dahin zu kommen angezeiget worden.

Dieses geschiehet überhaupt also: Man nimmt die Dominante eines der Töne, in die man aus dem Haupttone unmittelbar gehen kann, und ohne von dem Accord derselben in ihre Tonica zu schliessen, wird der Accord auf dieser Dominante, als der Dreyklang einer Haupttonica angesehen, von welcher man nun durch einen Schritt auf jeden in ihrer Tonleiter liegenden Accord kommen kann.

Gesetzt man wollte ganz schnell von dem Haupttone C dur in den weit entlegenen Accord Fis dur oder Dis mol kommen, so stelle man sich vor, man wolle aus C dur nach E mol gehen, welches unmittelbar geschehen kann. Dazu hätte man den harten Dreyklang auf H, als der Dominante von E nöthig. Indem man nun diesen Accord H dur nimmt, stelle man sich vor, dies H sey nun die Haupttonica, so kann man davon unmittelbar den Accord ihrer Dominante Fis dur, oder ihrer Mediante Dis mol nehmen.

Damit man auf einen Blick übersehen könne, auf wie vielerley Art man, sowol aus einen harten als weichen Ton, schnell in entfernte Töne kommen könne, wird folgende Tabelle hier eingerückt, in welcher C dur oder seine Untermediante

des reinen Satzes in der Musik. 125

mediante A mol, die beyde, wie bekannt, eine und eben dieselbe Tonleiter haben, als die Haupttone erscheinen, von welchen die Ausweichung geschehen soll.

	I C dur	II D mol	III E mol	IV F dur	V G dur	VI A mol
I G dur			H mol		D dur	
II A dur	A dur	H mol	Cis mol	D dur	E dur	Fis mol
III H dur	H dur	Cis mol	Dis mol	E dur	Fis dur	Gis mol
IV C dur						
V D dur	D dur		Fis mol		A dur	H mol
VI E dur	E dur	Fis mol	Gis mol	A dur	H dur	Cis mol

Die oberste Reihe der Fächer stellt die Töne vor, in welche man nach den im vorhergehenden Abschnitt enthaltenen Anmerkungen von C dur und A mol unmittelbar ausweichen kann. Die erste heruntergehende Reihe zeigt die Accorde auf den Dominanten an, welche man greiffen müßte, um in die in der obersten Reihe enthaltene Töne zu schliessen. Wenn man nun, indem einer dieser Accorde ergriffen worden, sich vorstellet, er sey selbst der Dreyklang der Haupttonica, so kann man aus der ihm zur Seite liegenden Reihe von Fächern die Töne sehen, in welche man nun aus diesem Haupttone gehen kann. In der Tabelle sind aber nur diejenigen angezeiget, die feine unmittelbare Verwandtschaft mit C dur oder A mol haben.

Gesetzt also, man habe den Accord E dur ergriffen, als wenn man von da nach A mol schliessen wollte. Sieht man nun diesen Accord als den Accord der Haupttonica an, so kann man sogleich darauf Fis mol, oder Gis mol, oder H dur u. s. f. nehmen, welche Accorde alle von C dur weit entfernt sind.

Will man sich schnell noch weiter entfernen, so setzet man einen der auf beschriebene Weise erhaltenen fremden Accorde, wieder an die Stelle des Haupttones, und verfährt dann wie vorher. Wenn man aus dem Hauptton C dur geschwinde nach Cis dur kommen wollte; so sucht man erst Dis mol, durch den in der Tabelle gezeigten Weg zu erhalten. Da sich nun Dis mol zu Cis dur gerade so verhält wie D mol zu C dur, so geht man von Dis mol nach Cis dur, so wie in der im vorhergehenden Abschnitt befindlichen Tabelle gezeigt worden.

Dergleichen Modulationen müssen aber nur da gebraucht werden, wo der Ausdruck sie nothwendig macht, das ist da, wo das Gemüth schnell von einer Empfindung auf eine andere zu führen ist. Dieses muß dem Urtheil des Tonsetzers überlassen werden. In den Stücken, darinn durchaus einerley Affekt herrscht, können solche Modulationen nicht statt haben. Wenn man in einen dieser entlegenen Töne einen förmlichen Schluß machen will, so kann man in der im vorhergehenden Abschnitt gegebenen Tabelle allemal eine Formel finden, nach welcher ein solcher Schluß geschehen kann. Dieses wird durch ein einziges Beyspiel hinlänglich erläutert werden.

Wir wollen setzen, man befinde sich in dem Hauptton C dur, und habe darinn den Accord auf E mit der grossen Terz genommen, als wenn man von da nach A mol schliessen wollte. Stellt man sich nun diesen Accord, als den Dreyklang auf der Haupttonica vor, so kann man nun durch einen oder zwey Griffe in jeden in der untersten Reihe der kurz vorhergehenden Tabelle enthaltenen Ton schliessen. Die kürzeste Art dieses von dem Accord E dur aus zu verrichten, geschieht nach den Formeln, die auf der 113ten Seite stehen. Man darf nämlich dort nur an die Stelle der Tonica C dur, E dur setzen, so wird der Schluß, der in der Tabelle nach D mol geschieht, die Formel für den Schluß nach Fis mol und der in der Tabelle enthaltene Schluß nach E mol, wird hier zur Formel des Schlußes nach Gis mol, und so von den übrigen.

Will man aber den Schluß nicht unmittelbar von dem Accord E dur ausmachen, sondern zuerst noch einen andern Accord aus der dem E dur zukommenden Tonleiter nehmen, z. E. Fis mol; so werden nun die Schlüsse, die auf der 114ten Seite stehen, als Formeln dienen, wie aus diesem Fis mol, als dem Accord auf der Secunde der Tonica, in jeden der übrigen schliessen könne.

Noch bleibet uns übrig hierüber anzumerken, daß obgleich in den gegebenen Tabellen der Ton, auf welchem die Rückung in den neuen Ton geschieht, den Dreyklang, oder den Septimenaccord zu seiner Harmonie hat, die ersten Verwechslungen dieser Accorde ofte vorzuziehen sind.

Will man die Schlüsse in entlegene Töne unmerklicher machen, und das Gehör in Ungewißheit über die Modulation unterhalten, so geschieht dieses am füglichsten durch angebrachte Bindungen. Wenn man z. E. von C dur aus schnell,

schnell, aber etwas unvermerkt nach H mol gehen, und diesen Schritt von dem harten Dreyklang auf A thun wollte, so würde man anstatt förmlich also zuschliessen;

so fortschreiten

Noch ein anderes Mittel sehr schnell auf entfernte Accorde zu kommen, ist folgendes. Man habe welchen Accord man wolle, so darf man nur den Baßton desselben, anstatt ihn, als die Secunde, Terz, Quart u. s. f., was er würklich von seiner Tonica aus zu rechnen, ist, anzusehen, ihn zum Intervall einer andern Tonica machen, und alsdenn ihm die Harmonie geben, die ihm in dieser Absicht, nach der natürlichsten Bezifferung der Tonleiter zukommt (56), hernach von da nach seiner Tonica gehen. Ein Beyspiel wird dieses erläutern.

Wenn

(56) Diese natürliche Bezifferung der Tonleiter besteht darinn, daß man alle Töne der diatonschen Leiter so beziffere, daß die Accorde bloße Dreyklänge, oder Septimenaccorde der Tonica und ihrer Ober- und Unterdominante, oder deren Verwechslungen, seyen. Demnach würde die Tonleiter des C dur folgendermassen zu beziffern seyn.

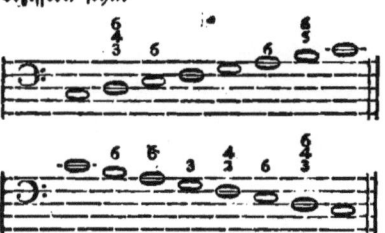

Denn hier ist jeder Accord entweder der Dreyklang, oder der Septimenaccord, oder eine Verwechslung dieser Accorde auf der Tonica und ihrer beyden Dominanten. Die Tonleiter eines Moltones, z. E. A mol, würde diese Bezifferung haben.

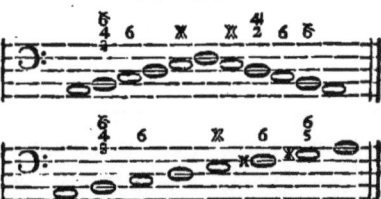

Wenn man hier im Heraufsteigen die kleine oder natürliche Sexte genommen hat, so kann man nicht weiter kommen, weil man, um auf das Semitonium des Modi zu kommen, um eine übermäßige Secunde F, Gis fortschreiten müßte. Daher muß man beym Aufsteigen entweder sogleich, oder nachdem man F genommen, gleich darauf Fis nehmen.

128   Die Kunst

Wenn man in dem Hauptton C dur auf den grossen Dreyklang auf H gekommen wäre, welcher die Septime dieser Tonica ist, und wollte nun schnell nach A dur gehen; so sieht man nun den Baßton H, als die Secunde der neuen Tonica an, nihmt die ihm zukommende Harmonie, und tritt nun von da unmittelbar nach A, so wie man in C dur von D nach C tritt.

Wer einigermassen in der Harmonie geübt ist, sieht allemal leichte, wie sie auf dem Baßtone, wo die Rückung geschieht, müsse genommen werden, damit das Gehör von der Tonleiter der neuen Tonica gerührt werde, und wie schon auf dem vorletzten Accord alles hiezu könne vorbereitet werden. So war hier leicht zu sehen, daß man die grosse Terz von H in die kleine, als Septime von der Dominante der neuen Tonica, verwandeln, und nicht die kleine sondern grosse Sexte zu nehmen habe, weil sie das Subsemitonium der neuen Tonica ist.

Wem die freye Anschlagung der kleinen Terz in einem solchen Fall zu hart scheinet, der kann sie auf dem vorhergehenden Accord frey anschlagen, wie hier:

So wie nun in diesen beyden Beyspielen der Baßton, auf welchem die Rückung geschieht, als die Secunde der neuen Tonica angesehen, und deßwegen mit $\frac{6}{3}$ beziffert worden, so kann man sie auch an die Stelle eines andern Intervalles setzen, wie man aus folgenden Beyspielen hinlänglich sehen wird.

Bey

des reinen Satzes in der Musik.

Bey a wird der Baßton H⨯ an die Stelle der Septime in A mol gesetzt und auch so beziffert, damit man von da unmittelbar in seine Octave Cis mol gehen könne. Bey b wird C an die Stelle der Septime des folgenden ♭D dur gesetzt, bey c vertritt H mit ♯ die Stelle des F mit ♯ in der absteigenden Tonleiter C dur, damit man sogleich in den Sertenaccord der neuen Tonica F dur schliessen könne, und bey d wird der Accord H dur an die Stelle des C dur in der absteigenden H mol Leiter gesetzt, um alsdenn durch den Accord der grossen Serte nach Gis mol zu schliessen.

Endlich ist noch ein schneller und einigermaassen gewaltsamer Weg in ganz entlegene Töne auszuweichen anzuzeigen, den man durch die enharmonische Behandlung der Harmonie erhält. Hiezu kommt man vermittelst des Accords mit der kleinen Septime und kleinen None, der wegen der besondern Eigenschaft, die er hat, aus drey über einander stehenden kleinen Terzen zusammengesetzt zu seyn, ohne seine Natur zu ändern, vier verschiedene Grundtöne annehmen kann. Um dieses deutlich zu fassen, stelle man sich folgenden Septnonenaccord vor.

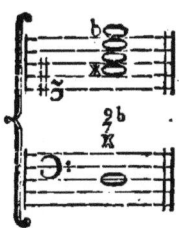

So wie er hier steht, ist er der Accord auf D, als der Dominante von G dur oder mol, wohin von hier aus der Schluß geschehen müßte; er kann aber, ohne daß eine Sayte verändert wird, ebenfalls der Septnonenaccord mit der grossen Terz drey andrer Grundtöne seyn. Nihmt man darin anstatt es oder ♭e den Ton dis, der auf dem Clavier dieselbe Sayte hat, so ist es der Septnonenaccord mit der grossen Terz auf H, wie unten bey 1; nihmt man anstatt des Tones c, den Ton h⨯ oder his; so ist es derselbe Accord zum Grundton Gis, wie bey 2; und endlich ist der Grundton F, wenn anstatt des Tones fis, der Ton g♭ genommen wird, wie bey 3.

R

130　Die Kunst

Jeder dieser vier Grundtöne ist die Dominante einer besondern Tonica, in welche bey der Auflösung der Schluß gemacht wird. Also kann man von diesem Accord unmittelbar in vier Töne schliessen, nämlich 1. in G, wenn D der Grundton ist; 2. in E, wenn H der Grundton ist; 3. in Cis, wenn Gis der Grundton ist, und 4. in B dur, wenn F der Grundton ist.

Nihmt man nun im Baße zu einem solchen Septnonenaccord anstatt eines seiner Grundtöne die erste Verwechslung desselben, wodurch die None zur Septime wird, so kann man durch eine enharmonische Rückung sogleich, anstatt in die Tonica des eigentlichen Grundtones zu schliessen, auf eine ganz fremde Tonica kommen, wie an diesen Beyspielen deutlich zu sehen ist.

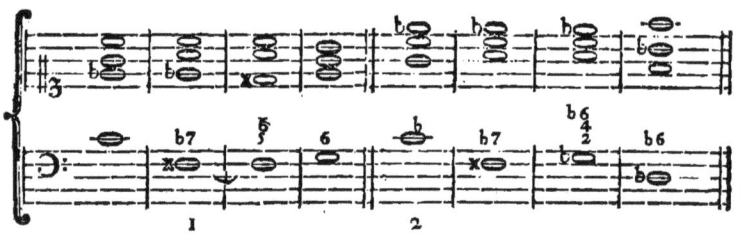

In dem ersten Beyspiel ist der zweyte Accord eigentlich der Septnonenaccord auf D, aber in seiner ersten Verwechslung, da die None nun zur Septime worden, und anstatt, als ein Vorhalt gleich unter sich zu treten, bis auf den folgenden Accord liegen bleibet. In dem dritten Accord thut diese None nun eine enharmonische Rückung, und wird aus es zu dis: dadurch nun wird der Accord zum Septnonenaccord von H, der hier in seiner zweyten Verwechslung genommen ist. Von hier muß nun der Schluß nothwendig nach E geschehen, da von demselbigen

des reinen Satzes in der Musik.

selbigen Accord, ohne die enharmonische Rückung, und wenn er so geblieben wäre, wie im zweyten Takt, der Schluß nach G hätte geschehen müssen.

In dem zweyten Beyspiel geschieht im dritten Takt eine andre enharmonische Rückung. Der Baßton ist hier eigentlich die None von F, als Oberdominante von B, dahin der Schluß geschieht.

Die enharmonische Rückung geschieht immer dadurch, daß einer der Intervalle in dem verminderten Septimenaccord, einmal als eine übermäßige Secunde, und hernach, bey Wiederholung desselben Accords, als eine kleine Terz erscheinet, oder umgekehrt; wodurch denn der Accord eine andere Natur annimmt und eine andere Fortschreitung erfodert. Hieraus ist also offenbar, wie man vermittelst der enharmonischen Rückung schnell auf Accorde kommen könne, die sehr entlegenen Tonarten zugehören.

Dieser Vortheil wird dadurch noch grösser, daß man von einem solchen Accord der verminderten Septime, wenn er selbst noch nicht auf den entfernten Accord, dahin man gehen möchte, führen sollte, sogleich durch Auf= oder Absteigen um einen halben Ton, einen andern Accord dieser Art erhält, von welchem man wieder in vier neue Töne gehen kann. Um dieses deutlich zu machen, wollen wir setzen, man habe den Accord bey a:

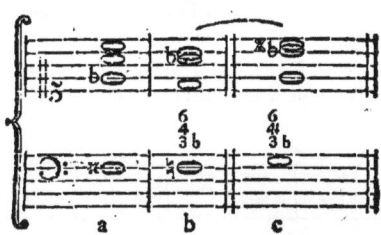

Nach der vorhergezeigten Weise könnte man nun davon, entweder gleich, oder vermittelst einer der drey enharmonischen Rückungen nach G, oder B, oder Cis, oder E kommen. Braucht man aber keinen dieser Töne, sondern 'E, oder Fis, so nimmt man unmittelbar nach diesem Accord, den folgenden bey b, welcher die dritte Verwechslung des Septnonenaccords der Unterquinte des vorhergehenden Grundtones D ist. Von diesem Accord aus kann man nun, auf oben gezeigte Art nach C, 'E, Fis und A kommen.

132 Die Kunst

Eben so kann man auch von dem ersten Septnonenaccord auf den Septnonenaccord der Oberdominante seines Grundtones kommen, wobey der Baß um einen halben Ton steiget, wie bey C, welches nun folgende Ausweichungen giebt: D, F, Gis und H. Diese Wiederholung des Accordes der kleinen Septime, durch Steigen oder Fallen eines halben Tones, kann durch viel hinter einander folgende Accorde fortgesetzt werden, wovon wir hier zwey Beyspiele aus J. S. Bachs Clavierübungen beysetzen.

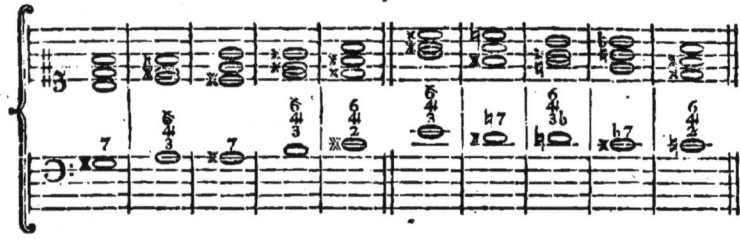

Es läßt sich hieraus leicht abnehmen, daß man von jedem gegebenen Accord in einer Tonart, durch wenige Schritte auf jeden, in dem ganzen Umfang aller 24 Töne liegenden Accord, den man braucht, kommen könne.

Man kann diese Gänge dadurch gelinder machen, daß man den verminderten Septimenaccord wiederholt, oder verwechselt, bis das Ohr nicht mehr empfindet, welcher von den Tönen eine kleine Terz, oder eine übermäßige Secunde ist; und auch dadurch, daß man einige Töne bindet, wie in diesen Beyspielen:

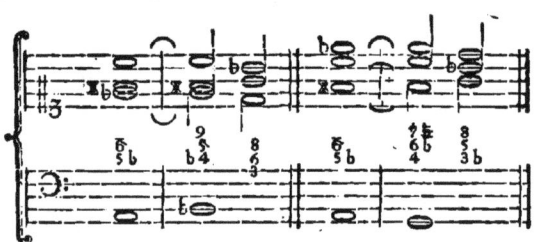

Man kann überhaupt von den enharmonischen Gängen anmerken, daß sie eben nicht unumgänglich nöthig sind, um der Modulation eine schnelle Wendung zu geben. Sie waren ehedem besonders zu der Zeit des Marcello sehr im Gebrauch,
und

des reinen Satzes in der Musik. 133

und manchmal mögen sie nur darum so häuffig angebracht worden seyn, daß selbst Kennern der Harmonie die eigentliche Behandlung derselben und die Zurückführung gewisser Accorde auf ihre wahre Grundharmonie schweer zu errathen seyn sollte (⁵⁷). Will man eine plötzliche Ueberraschung erwecken, und einigermaassen den Zuhörer bestürzen, so kann man auch ohne diese enharmonische Vorbereitungen, blos von dem Septimenaccord, oder seinen Verwechslungen, unvermuthet auf ganz fremde Töne kommen, wovon dieses zum Beyspiel dienen kann.

Die stärkste Wirkung zu einer plötzlichen Befremdung hat es, wenn man durch blosse Dreyklänge in sehr fremde Accorde geht. Dieses wußten die Alten vor der Einführung der chromatischen Intervallen sehr geschickt zu machen. Wer des Frobergers Sachen kennt, wird daraus sehen können, was für grosse Würkung durch eine glückliche Wahl fremde klingender und dennoch von dem Hauptone nicht gar zu entfernter Accorde, derselbe zu erreichen gewußt hat. In folgenden Beyspielen kommt man durch blosse Dreyklänge und deren Verwechslung auf ziemlich entfernte Töne.

R 3 Neunter

(57) Wir können bey dieser Gelegenheit überhaupt anmerken, daß man gegenwärtig von verschiedenen Künsteleyen dieser Art wieder anfängt zurück zu kommen. Die vielen nach einander folgenden Verwechslungen dißonirender Accorde; die Uebergehung der Auflösungen und das Anschlagen neuer Dißonanzen, die durch die übersprungenen Accorde hätten vorbereitet werden sollen; die Verwechslung der grossen Intervallen in kleine, und der kleinen in grosse, wurden ehedem weit häuffiger, als jetzt gebraucht. Deswegen lobt auch der Herr Capellmeister Bach in dem zweyten Theil seiner Anweisung zur wahren Art das Clavier zu spielen, (im 38. Capitel) den jetzigen Geschmack, der nur selten, und nie ohne Noth, solche harmonische Sonderheiten erlaubet.

Neunter Abschnitt.
Von den harmonischen und unharmonischen Fortschreitungen in der Melodie.

Bis dahin haben wir die Harmonie blos in den Accorden, oder in dem Falle betrachtet, da die consonirenden oder dißonirenden Töne zugleich gehöret werden. Ehe nun die bisher vorgetragene Lehre von der Harmonie zu Verfertigung eines Tonstücks angewendet werden kann, muß auch die Harmonie in der Folge einzeler Töne betrachtet werden.

Zwar scheinet der Begriff der Harmonie, des Consonirens und Dißonirens, blos auf die Töne zu passen, die man zugleich höret. Da man aber bey dem Eintritt jedes folgenden Tones, den nächst vorhergehenden noch im Gehöre hat, so vergleichet man ihn damit; und eben daher kommt es, daß einige Fortschreitungen leicht und angenehm, andre schweer, oder gar widrig sind. Man empfindet auch bey der Fortschreitung einzeler Töne in gewissen Fällen etwas, das der Auflösung der Dißonanzen ähnlich ist. Wenn man z. B. mit dem Gesang durch die ganze diatonische Tonleiter eines Tones heraufgestiegen, und bis auf seine grosse Septime gekommen ist, so empfindet man gleich, daß dieser letzte Ton nothwendig auf die Octave leitet, die man mit der grossen Septime schon einigermaassen zugleich empfindet. Soll demnach das Gehör befriediget werden, so muß die Octave darauf folgen.

Man hat also zweyerley Gründe, warum gewisse Fortschreitungen der Melodie zu verwerfen sind. Entweder streiten sie gegen die Erwartung des Gehöres, welches nach gewissen Tönen andre schlechterdings erwartet, wie im Aufsteigen die Octave nach der grossen Septime, und im Absteigen in der phrygischen Tonart den Einklang nach der Secunde; oder sie sind ihres starken Dißonirens halber sehr schweer zu treffen, wie der Tritonus F-H Und hieraus ist abzunehmen, daß die melodische Fortschreitung einer Stimme, wenn sie gleich ohne alle Rücksicht auf andere Stimmen betrachtet wird, dennoch gewissen harmonischen Regeln unterworfen sey. Der Betrachtung dieser Regeln ist gegenwärtiger Abschnitt gewiedmet.

Man muß sich aber hier zum voraus wieder erinnern, daß die Behandlung der Harmonie nach Beschaffenheit der Schreibart, entweder freyer, oder aber strengen Regeln unterworfen ist, wie schon oben (58) angemerkt worden. Was in der strengen

---

(58) Im Anfange des fünften Abschnitts auf der 80. Seite.

des reinen Satzes in der Musik. 135

strengern Schreibart verboten wird, ist in der freyern nicht nur zuläßig, sondern klinget eben deswegen ofte sehr gut, weil der Ausdruck ofte durch dergleichen Abweichungen von den Regeln unterstützt wird, welches besonders in den Fällen geschieht, wo unangenehme Leidenschaften auszudrücken sind. Folglich leiden die meisten hier vorkommenden Regeln der Fortschreitung in gewissen Fällen, des Ausdrucks halber eine Ausnahme.

Ueberhaupt gründen sich die Regeln der Fortschreitung auf die Voraussetzung, daß der Gesang leicht und gefällig seyn soll. Da es also Fälle geben kann, wo er des Ausdrucks halber weniger leicht und weniger gefällig seyn muß; so darf man sich alsdenn auch an diese Regeln nicht allemal binden, wenn man nur das ganz Widrige, oder gar Unmögliche vermeidet.

Der leichteste und gefälligste Gesang ist ohne Zweifel der, welcher durch blos reine diatonische Stufen des angenommenen Grundtones fortschreitet. Dieses beruhet auf eben dem Grunde, von dem alles Wolgefallen herkommt, das wir an der consonirenden Harmonie haben. Denn bey dieser diatonischen Fortschreitung sind die Verhältnisse der Intervalle, allemal die leichtesten und faßlichsten (⁵⁵).

Indessen geschiehet es, sowol bey dem Ausweichen in andre Töne, als sonst, wenn man fremde, der Tonart, darin man ist, nicht zukommende Töne zu nehmen hat, daß einige Intervalle erhöhet und vertiefet werden müssen. Hiebey nun können solche Fortschreitungen entstehen, dafür man sich hüten muß.

Die Hauptregel, die man hiebey zu beobachten hat, ist diese; daß man nie durch übermäßige Intervalle fortschreite, es sey denn, daß das übermäßige Intervall auf einen Ton führe, von dem man gleich hernach, als von einem Subsemitonio einer neuen Tonica, eine Stufe aufwärts, auf dieselbe steigen könne. Also wären folgende Fortschreitungen, herauf und herunter, nicht erlaubt:

übermäß.Secunde(⁶⁰). übermäß.Quarte. übermäß.Quinte. übermäß.Sexte.

Dazu

(59) Man sehe, was hierüber oben im eilften Abschnitt auf der 23sten und 24sten Seite gesagt worden.

(60) Einige Tongrübler erwähnen auch einer übermäßigen Terz, die aber im Grund etwas blos eingebildetes ist. Man wird

Dazu muß auch so gar noch die grosse Septime gerechnet werden.

Dergleichen Fortschreitungen haben im Heraufsteigen nur alsdenn statt, wenn man von dem erhöhten Ton, als dem Subsemitonio einer Tonica, in diese herauftritt, wie in folgenden Beyspielen:

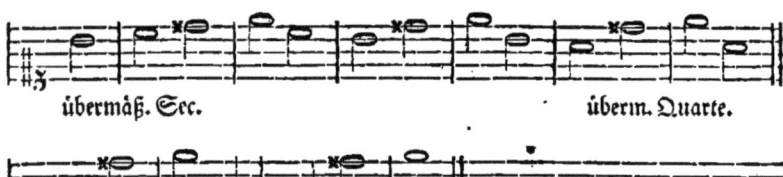

übermäß. Sec.   überm. Quarte.

übermäß. Quinte.   grosse Sexte.

Die erwähnten verbotenen Fortschreitungen durch übermäßige Intervalle werden dadurch nicht gut, daß man durch dazwischen liegende Töne darauf kommt; also würde es noch eine schlechte Fortschreitung bleiben, wenn man anstatt dieser

diese nehmen wollte:

Man wird bey keinem claßischen Tonsetzer jemals Intervalle, wie folgende verneinte Terzen sind, antreffen.

des reinen Satzes in der Musik. 137

Man kann diese übermäßige Quarte im Auf- und Absteigen auf diese Art nehmen, wenn man nur von derselben hernach noch einen halben Ton höher oder tieffer geht, wie hier: (61)

Im blossen Durchgang kann die übermäßige Prime, oder in der Umkehrung die daher entstehende übermäßige Octave statt haben, als:

Es hat damit eben die Bewandniß, wie mit durchgehenden Tönen, die nicht zur Harmonie der Accorde gerechnet, auch im Generalbaße nicht beziffert werden. Nur in der schweeren Schreibart und in langsamer Bewegung hat dieses nicht statt.

Ehedem erlaubte man auch den Sprung der grossen Sexte, weder im Auf- noch im Absteigen: gegenwärtig aber wird er ohne Bedenken gesetzt. Nur muß man dabey wol beobachten, daß in gewisser Verbindung der Harmonie diese Sexte von dem Sänger fast unmöglich würde zu treffen seyn, wie in diesem Beyspiele:

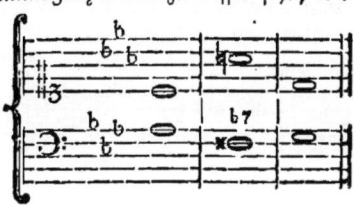

Dieses

(61) Nur in der weichen Tonart, wo man nach der übermäßigen Quarte einen ganzen Ton fallen muß, hat dieses nicht statt, weil es sehr schwer zu singen ist. Also wäre folgende Fortschreitung nicht gut.

138 Die Kunst

Dieses aber kann auch bey sonst erlaubten Intervallen eben so vorkommen. Durch die Versetzung in die Octave können aus verbothenen Fortschreitungen solche, die erlaubt sind, entstehen; wie aus folgender Vorstellung zu sehen:

Verbo=
then.

Durch
die Um=
kehrung
erlaubt.

(62)

nicht gut.

Die verminderten Intervalle geben meistentheils schlechte Fortschreitungen: von fis nach ♭a zu steigen, oder umgekehrt von ♭a nach fis zu fallen, geht nicht wol an, es sey denn, daß man im ersten Falle durch g gehe, und im andern dieses g nach fis höre; denn dieses fis erweckt, als das Subsemitonium von g, die Erwartung desselben. Demnach würden

diese verbothene Fortschreitungen

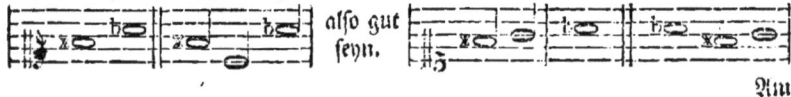

also gut
seyn.

Am

(62) Die ältern Tonlehrer verbiethen auch diese beyden Gänge; die neuern er=
lauben sie zwar, doch ist der erstere c-gis, oder die verminderte Quarte herunterwärts leichter zu singen, als der zweyte, da sie aufwärts genommen wird. Ehemals er= laubte man auch die Sprünge der kleinen Quinte der beyden vorhergehenden Bey= spiele nicht, die jetzt ohne Bedenken ge= setzt werden.

des reinen Satzes in der Musik. 139

Eben so wird der Sprung der verminderten Quarte, als gis-c, auf= und unterwärts, leichter, wenn der Baß den Ton a, der auf gis folgen sollte, hören läßt, wie hier:

Wenn ein einstimmiger Gesang so gesetzt ist, daß er einigermaaßen seine Harmonie mit sich führet, und wie ein zwey= oder dreystimmiger Satz klinget, so sind die verbothenen Fortschreitungen darinn nicht mehr widrig. Also würden folgende Sätze angehen;

weil sie beynahe klingen, als wenn sie so gesetzt wären:

Es giebt Fälle, da zwar jede Stimme für sich eine gute Fortschreitung hat, wo auch die Harmonie aller Stimmen an sich untadelhaft scheinet, und da dennoch die Fortschreitung in Vergleichung zweyer Stimmen unangenehm wird, welches insgemein der unharmonische Querstand genennt wird. So ist der unharmonische Querstand, der aus zwey in gerader Bewegung auf einander folgenden grossen Terzen entsteht, die in der Gegenbewegung gut sind, wie aus diesen Beyspielen zu sehen:

nicht gut.   weniger schlecht.   gut.

In dem ersten Beyspiel empfindet man den Tritonus c-fis zu stark; etwas weniger im zweyten; aber im dritten empfindet man nichts wiedriges.

Eben diese Anmerkung gilt auch von folgenden Fällen, in Ansehung der übermäßigen Quinte, die in den Queerstand kömmt.

nicht gut. weniger schlecht. gut.

Uebrigens hat man wegen der auf einander folgenden Terzen noch zu bemerken, daß zwey grosse Terzen auf einander folgen können, wenn die zwey Stimmen, darinn sie vorkommen, um einen halben Ton steigen oder fallen, wie bey a, oder wenn eine dabey befindliche dritte Stimme eine Bindung hat, wie bey b.

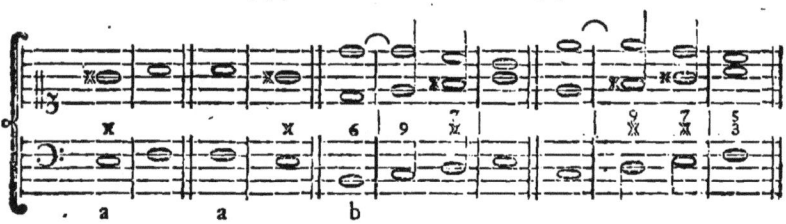

a   a   b

Aber am besten klingen die Terzen, wenn die grosse mit der kleinen, oder diese mit jener abwechselt, wie in diesem Beyspiele:

Man hat überhaupt bey der Folge mehrerer Terzen hinter einander die grosse Schwierigkeit, daß sie bey dem vierstimmigen Satz ausserordentlich schweer so

anzu=

des reinen Satzes in der Musik. 141

anzubringen sind, daß verbothene Quinten und Octaven vermieden werden. Dieses wird jeder erfahren, der einen Versuch macht, folgenden Satz vierstimmig zu machen.

Zehnter Abschnitt.
Von dem einfachen Contrapunkt in zwey und mehr Stimmen.

Vormals, ehe die itzt üblichen Noten aufgekommen, wurden die Töne durch bloße Punkte, die auf über einander gezogene Linien gesetzt wurden, angedeutet. Man zog so viel Linien über einander, als das System Sayten hatte, und zeigte jeden Ton durch einen Punkt auf der ihm zukommenden Linie an. Als man hernach zwey und mehrstimmig setzte, mußte man die Punkte, welche die Töne einer andern Stimme bezeichneten, gegen die Punkte der schon vorhandenen Stimme setzen. Daher entstand der Ausdruck contrapunktiren, welches so viel ist, als zu einer gegebenen Stimme, noch eine oder mehrere setzen. Man hat daher das Wort Contrapunkt beybehalten, welches so viel bedeutet, als die Kunst nach den Regeln der guten Harmonie zu einem gegebenen einstimmigen Gesang noch eine oder mehrere Stimmen hinzu zu setzen.

Wenn man hiebey blos auf die reine Harmonie und die gute Fortschreitung der Stimmen, so wie sie einmal hingeschrieben sind, siehet, so nennet man dieses den einfachen Contrapunkt; werden aber die Stimmen so gesetzt, daß man eine oder mehrere, ohne die Reinigkeit der Harmonie zu verletzen, höher oder tiefer nehmen kann, so daß alle Töne um eine Secunde, Terz, Quart u. s. f. herauf oder herunter gesetzt werden können; so nennt man diese Art zu setzen den doppelten Contrapunkt, welcher, wie leicht zu erachten, viel schwerer ist, als der einfache.

Die Kunst

In diesem Abschnitt ist bloß von dem einfachen Contrapunkt die Rede; von dem doppelten wird im zweyten Theile das nöthige vorgetragen werden. Der einfache Contrapunkt wird schlecht oder gleich genennt, wenn man auf jede Note des gegebenen Gesanges, der Cantus firmus genannt wird, in einer andern Stimme auch nur eine Note von derselben Geltung setzet; eine ganze Taktnote gegen eine ganze, eine halbe gegen eine halbe u. s. f.: ungleich oder verziehrt heißt er, wenn man gegen eine Note des Cantus firmus mehrere Noten setzet. Wenn man den schlechten oder gleichen Contrapunkt wol versteht, so hat der verziehrte wenig Schwierigkeiten. Demnach kommt es bey der Kunst des reinen Satzes fürnehmlich auf eine fleißige Uebung in dem schlechten Contrapunkt an; und dieses soll hier hauptsächlich unser Augenmerk seyn. Wir geben angehenden Tonsetzern den Rath, sich nicht eher mit componiren der figurirten, oder sogenannten galanten Stücke abzugeben, bis sie in diesem Contrapunkt eine solche Uebung erlangt haben, daß ihr Satz völlig rein ist.

Der einfache schlechte Contrapunkt kann zwey= drey= vier= oder mehrstimmig seyn. Man thut am besten, daß man bey dem vierstimmigen anfängt, weil es nicht wol möglich ist, zwey= oder dreystimmig vollkommen zu setzen, bis man es in vier Stimmen kann. Denn da die vollständige Harmonie vierstimmig ist, folglich in den zwey= und dreystimmigen Sachen immer etwas von der vollständigen Harmonie fehlen muß, so kann man nicht eher mit Zuverläßigkeit beurtheilen, was in den verschiedentlich vorkommenden Fällen von der Harmonie wegzulassen sey, bis man eine vollkommene Kenntniß des vierstimmigen Satzes hat.

Dieser Contrapunkt ist demnach als eine Folge von vollständigen Accorden anzusehen. Soll der Satz richtig und rein seyn, so müssen 1. die Accorde in einem guten Zusammenhang, nach den Regeln der Harmonie auf einander folgen; 2. muß jede Stimme für sich einen fliessenden Gesang und eine reine Fortschreitung haben; 3. auch mehrere Stimmen zusammen rein klingen, und in der Fortschreitung nichts unangenehmes haben. Die Fehler gegen die Reinigkeit des Satzes kommen vornemlich von vier Ursachen her, 1. von dem Mangel des Zusammenhanges, 2. von der unmittelbar auf einander folgenden Wiederholung vollkommener Consonanzen, der Octaven und Quinten, die zwey Stimmen gegen einander machen, welches dem Gesang etwas leeres, unbestimmtes und daher unangenehmes giebt. 3. Aus den schweeren und unharmonischen Fortschreitungen in einer Stimme, und 4. aus den unharmonischen Queerständen zweyer Stimmen.

Das wichtigste, was zur Vermeidung dieser Fehler zu beobachten ist, findet man schon in den vorhergehenden Abschnitten zerstreut. Daher bleibet hier nur übrig, daß die nähere Anwendung der bereits hier und da zerstreuten Regeln gezeiget

zeiget werde. Die meisten Lehrer des reinen Satzes haben sich vorzüglich angelegen seyn lassen, genaue Regeln fest zu setzen, wodurch der zweyte Fehler, nämlich die Fortschreitung durch Octaven und Quinten kann vermieden werden, weil man diesen Fehler am leichtesten begeht, und weil er den Gesang ungemein kahl und unangenehm macht.

Diese Regeln betreffen die Fortschreitung oder Bewegung der Stimmen in so fern sie aus einander, oder gegen einander gehen. Man findet diese Regeln zwar überall: doch wollen wir der Vollständigkeit halber dieselben hier wiederholen.

Zwey Stimmen gehen in gerader Bewegung fort, wenn sie zugleich steigen oder fallen; sie gehen in der Gegenbewegung, wenn die eine steiget, in dem die andere fällt, oder wenn eine Stimme auf derselben Höhe bleibet, in dem die andre steigt oder fällt. Der letztere Fall wird von einigen die Seitenbewegung genannt, er gehört aber auch zur Gegenbewegung.

Von diesen Bewegungen sind folgende drey Regeln zu beobachten, wodurch in den meisten Fällen die verbothenen Octaven- und Quintenfortschreitungen vermieden werden.

1. Von einer vollkommenen Consonanz, nämlich einer Octave oder Quinte, zur andern, muß man durch die Gegenbewegung, oder durch die Seitenbewegung gehen.

2. Eben dieses ist zu beobachten, wenn man von einer unvollkommenen Consonanz zu einer vollkommenen geht.

3. Von einer vollkommenen Consonanz zu einer unvollkommenen, oder von einer unvollkommenen zu einer andern unvollkommenen, kann man durch alle Arten der Bewegung fortschreiten.

Durch die Beobachtung dieser Regeln; dessen, was von der Vorbereitung und Auflösung der Dissonanzen angemerkt; und dessen, was zur Vermeidung der unharmonischen Fortschreitung und Queerstände erinnert worden, wird der Satz von beleidigenden Fehlern rein. Aber die Beobachtung dieser Regeln selbst ist ofte so schweer, daß man kaum sehen kann, wie die Fehler dagegen zu vermeiden sind. Deswegen ist es nöthig, daß wir für dergleichen Fälle verschiedene besondere praktische Regeln anführen. Ausser dem aber ist der Satz, darum, daß er rein ist, noch nicht vollkommen; er kann dessen ungeachtet noch sehr matt und leer seyn, oder verschiedenes Hartes haben. Und auch in dieser Absicht hat man noch einige besondere Regeln nöthig, die hier sollen vorgetragen werden.

Zum voraus aber erinnern wir, daß alles, was hier angeführt wird, blos die Reinigkeit und den Wohlklang betrifft, und daß noch gar nicht von der Kraft des Ausdrucks die Rede sey. Bey ein und eben derselben Folge von Accorden

144 Die Kunst

corden, kann der Gesang besser oder schlechter seyn, je nach dem man die dazu gehörigen Töne, in Absicht auf die Höhe, von einander entfernt, oder an einander bringt. Wenn man hiebey ohne Ueberlegung handelt, so kann der Gesang entweder ein verworrenes Geschnarre werden, oder die Stimmen nehmen sich gegen einander so wenig aus, daß die Harmonie nicht mehr vernehmlich wird.

Die Regeln zu guter Behandlung der engern oder zerstreuten Harmonie sind uns von der Natur selbst an die Hand gegeben worden. Es ist eine nunmehr ganz bekannte Beobachtung, daß der Klang einer ganz reinen Sayte, die nicht allzuhoch gestimmt ist, ein Gemenge von sehr vielen Tönen sey, die in einen einzigen Hauptton zusammen fliessen. Wenn man z. E. die Sayte, die den Ton des grossen C angiebt, streicht, deren Länge wir durch 1. ausdrücken wollen, so vermischen sich mit diesem Ton zugleich die Töne, die durch $\frac{1}{2}, \frac{1}{3}, \frac{1}{4}, \frac{1}{5}, \frac{1}{6}$ u. s. f. müßten ausgedrückt werden. Man stelle sich folgende Reihe von Zahlen vor, deren jede die Länge einer Sayte, und den ihr zukommenden Ton ausdrückt:

$1, \frac{1}{2}, \frac{1}{3}, \frac{1}{4}, \frac{1}{5}, \frac{1}{6}, \frac{1}{7}, \frac{1}{8}, \frac{1}{9}, \frac{1}{10}, \frac{1}{11}, \frac{1}{12}, \frac{1}{13}, \frac{1}{14}, \frac{1}{15}, \frac{1}{16}$

C, c, g, c̄, e, g, i, c̿, d, e, *, g, *, i, h, c̿

$\frac{1}{17}, \frac{1}{18}, \frac{1}{19}, \frac{1}{20}, \frac{1}{21}, \frac{1}{22}, \frac{1}{23}, \frac{1}{24}, \frac{1}{25}, \frac{1}{26}, \frac{1}{27}, \frac{1}{28}, \frac{1}{29}, \frac{1}{30}, \frac{1}{31}, \frac{1}{32}$

cis, d, dis, e, *, *, *, g, gis, *, *, i, *, h, *, c,

Alle diese Töne, wovon die meisten mit denen, die wir in unserm temperirten System haben, ziemlich genau überein kommen, klingen in dem Ton C, und eben diese harmonische Vermischung macht ohne Zweifel die Annehmlichkeit des Klanges aus.

Man kann hieraus abnehmen, daß der Wolklang es erfordere, daß tiefere Töne weiter aus einander zerstreut, höhere aber näher an einander gebracht werden müssen. Die Natur läßt zwischen C und c nichts hören; zwischen c und c̄ nur einen Ton g, die Quinte von c; zwischen c̄ und c̿ drey andre; zwischen c̿ und c̿̄ aber eine Menge andrer, die nur um halbe Töne von einander liegen; und noch näher an einander liegen die, welche man zwischen c̿̄ und c̿̿ höret.

Diesem Wink der Natur muß der Tonsetzer folgen, und die Töne in der Tiefe aus einander, in der Höhe aber enge an einander bringen. Zwischen dem tiefsten Baßton und dessen Oktave muß kein andrer stehen, und dieser Octave muß

des reinen Satzes in der Musik.

muß keiner näher kommen, als eine Quinte, der dritten Octave keiner näher als eine Terz: höher kann die Harmonie enger seyn. In der doppelt gestrichenen Octave kann man schon durchgehende Secunden, und in der dreygestrichenen durchgehende halbe Töne anbringen.

In der Höhe ist es zwar nicht allezeit möglich die Töne so enge zusammen zu halten, als die vorhergehende Vorstellung der harmonischen Töne anzeiget. Man lerne daraus nur überhaupt, daß das Enge der Harmonie in den hohen Stimmen vorzüglich müsse gesucht werden. Am schlechtesten würde es seyn, wenn man die unterste Mittelstimme nahe an den Baß, und die zwey obersten weit von der dritten Mittelstimme bringen wollte. Wenn man nöthig hat mit den obersten Stimmen sehr hoch zu steigen, so müssen so wol die unterste Mittelstimme, als der Baß, ebenfalls in die Höhe gerückt werden. Ueberhaupt kann der Baß nicht wol über zwey Octaven von der äussersten Stimme entfernt seyn; es sey denn, daß bey vielstimmigen Sachen der Raum zwischen der tiefsten und höchsten Stimme durch viele Mittelstimmen ausgefüllt werde.

Dieses sey von der engen und zerstreuten Harmonie gesagt.

Nächst diesem hat man bey dem vierstimmigen Satze noch auf folgende Hauptpunkte Achtung zu geben. 1) Daß die Harmonie bey gutem Zusammenhang, die gehörige Abwechslung und Mannigfaltigkeit habe. 2) Daß die Fortschreitung sowol sowol in allen Stimmen zugleich, als in jeder einzelen Stimme, rein sey. 3) Daß jede Stimme für sich einen leichten und fließenden Gesang habe, alle zugleich aber sich gut vereinigen. Jeder dieser drey Punkte verdienet etwas ausführlicher betrachtet zu werden.

1) Wie die Harmonie in einer Periode vollkommen zusammenhangend könne gemacht werden, ist oben im sechsten Abschnitt schon umständlich gezeiget worden (63). Ueber die Abwechslung und Mannigfaltigkeit derselben ist auch schon angemerkt worden, daß man mit wenigen Grundaccorden und deren Verwechslungen, schon ziemlich lange Perioden machen könne (64). Wir empfehlen dem angehenden Componisten dieses zur ernstlichen Ueberlegung, damit er sich vor der ekelhaften Monotonie hüte, in welche so viel neuere Tonsetzer zu fallen pflegen, da sie viele Takte hindurch auf einer Harmonie liegen bleiben, einen Dreyklang behalten, oder ihn höchstens mit dem Sextenaccord umwechslen lassen, und bisweilen durch eine lange Reihe von Takten, mit der Harmonie nicht von der Stelle kommen können. Anfängern zu gefallen, wollen wir nur durch ein

paar

---

(63) Auf der 91. 92. und 93. Seite.   (64) S. 101. 102.

146 Die Kunst

paar Beyspiele das, was vom Zusammenhang und der Mannigfaltigkeit der Harmonie erinnert worden, deutlich machen. Man sehe also folgende drey Beyspiele, a, b und c.

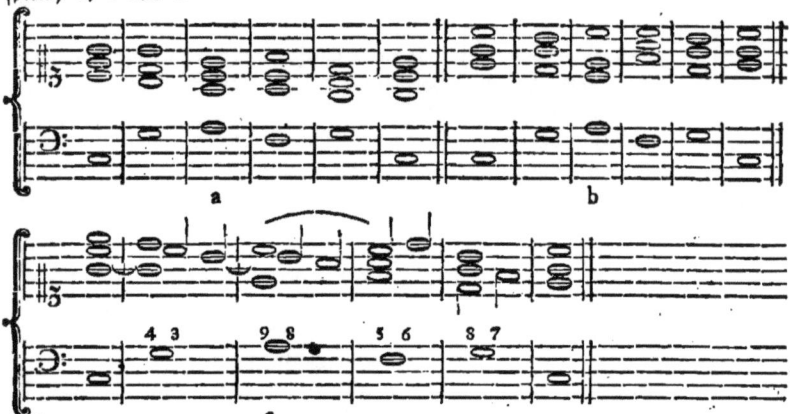

In dem ersten fehlt der Zusammenhang der Harmonie, weil man auf jedem Accord stille stehen kann, indem allezeit vollkommene Consonanzen in der obern Stimme stehen, wodurch das Gehör auf jeder Harmonie, als auf einem Schluß befriediget wird, folglich kein Grund vorhanden ist, etwas weiter zu erwarten. Im zweyten Beyspiel ist die Harmonie zusammenhangender, weil die obere Stimme meistentheils die Terzen der Grundtöne hat, welche nicht beruhigend genug sind, folglich eine weitere Fortschreitung erwarten lassen. Noch enger ist aber die Verbindung in dem dritten Beyspiel, wegen der vorkommenden Bindungen oder Vorhalte.

Was über den Mangel der Mannigfaltigkeit erinnert worden, wird aus folgenden Beyspielen deutlich werden.

des reinen Satzes in der Musik. 147

Ein Baß mit dieser Bezifferung, wie er hier ist, läßt dem Gehör immer nur eine Wiederholung derselben Harmonie hören, was für Abwechslung auch das Auge darinn zu sehen glaubt. Er klingt im Grunde nicht viel anders, als wenn er so gespielt würde, wie er unten im Grundbaße geschrieben ist.

Man muß bedenken, daß auch da, wo eine Melodie denselben Ton etlichemal hinter einander wiederholt, die Harmonie doch hinlänglich könne abgewechselt werden, indem derselbe Ton bald die Terz, bald die Sexte, Quinte oder Octave desselbigen, oder ander Grundtöne seyn kann, und daß daher immer neue Harmonien statt haben. Wer der Harmonie mächtig ist, kann bey Wiederholungen derselben melodischen Stellen immer andere Harmonien, oder doch Versetzungen der erstern nehmen (65). Man kann sogar zu einerley Melodie die Harmonie der übrigen Stimmen aus verschiedenen Tonarten nehmen. Da man also Mittel genug hat, Mannigfaltigkeit zu erhalten, so ist das Monotonische der Harmonie um so viel weniger zu verzeihen.

Man hat bisweilen Melodien, dazu sich derselbige Baßton einige Takte hindurch, ohne langweilig zu werden, beybehalten läßt. In diesem Falle hat man sich vor der übeln Gewohnheit schlechter Componisten zu hüten, die die Baßtöne, welche nach Beschaffenheit der Sachen, aus halben, oder viertel, oder

T 2 achtel

(65) Die Kenntniß des doppelten Contrapunkts dienet vornemlich zur Erleichterung dieser Mannigfaltigkeit der Harmonie. Wir wollen hierüber nur ein einziges Beyspiel anführen. Folgender Satz von dem Capellmeister Graun ist sehr angenehm:

würde man im zweyten Takt den Baß des ersten wiederholen, so würde diese Stelle alle Schönheit verlieren. Man sieht, daß bey Wiederholung derselben Töne in den Oberstimmen, jeder Baßton um eine Terz tiefer genommen ist. Diese Versetzung gründet sich auf den Contrapunkt in der Decime.

achtel Noten bestehen sollten, in Viertel, Achtel und Sechszehntheile verwandeln, wodurch die Begleitung des Baßes zu eine Art des Trommelschlagens wird.

Einige grosse Componisten lassen bisweilen denselbigen Baß viele Takte lang liegen, aber man untersuche nur die obern Stimmen, so wird man finden, daß eine reitzende Mannigfaltigkeit und Abwechslung der Harmonie auf dieselben Grundtöne gebaut ist. Man muß sich also nicht einbilden, daß überall, wo man etwa in einer oder in zwey Stimmen dieselbigen Noten einigemal wiederholt sieht, auch ein Mangel an Mannigfaltigkeit der Harmonie sey. Grosse Harmonisten wissen auch hier, wo das Auge einerley zu sehen glaubt, das Ohr durch Mannigfaltigkeit zu rühren; die aber, die dieses nicht verstehen, suchen vergeblich ihre langwierige Monotonie durch immerwährendes Abwechseln mit Piano oder Forte erträglich zu machen. Aber in der höchsten Stimme muß man sich hüten, einen Ton allzulange anhalten, oder wiederholen zu lassen. Ueber zwey, oder höchstens vier Takte, geht es nicht an.

Wegen der guten Abwechslung der Harmonie kann man jungen Tonsetzern nie genug empfehlen, daß sie die vielstimmigen Sachen eines Händels, Bachs und Grauns, mit anhaltendem Fleisse studiren. Ehe sie aber dieses mit dem erwünschten Erfolg thun können, muß ihnen der doppelte Contrapunkt geläufig seyn.

2) Die Reinigkeit der Fortschreitung, sowol jeder einzelen, als aller vier Stimmen zugleich, beruhet größtentheils auf die genaue Beobachtung der allgemeinen Regeln über die Fortschreitung (S. 143.) und der besondern Regeln, die in einigen vorhergehenden Abschnitten, bereits angezeiget worden sind. Wenn also die Dissonanzen gehörig vorbereitet und aufgelöst werden; wenn man die im neunten Abschnitt gegebenen Lehren über die harmonische und unharmonische Fortschreitung wol beobachtet; wenn man endlich das, was im vierten Abschnitt über jeden vierstimmigen Accord, von Weglassung einiger und Verdopplung andrer Intervalle, zur Vermeidung verbotener Quinten und Octaven, so ausführlich vorgeschrieben worden ist, sich recht bekannt gemacht hat, so hat man über diesen Punkt wenig mehr zu wissen nöthig. Wir wollen also hier nur noch einige, in dem vorhergehenden nicht vorgekommene Beobachtungen anführen.

Die Terz kann niemal aus der Harmonie weggelassen werden. Woraus denn folget, daß in dem vierstimmigen Satze bey dem Sextenaccord die Octave vom Baße nicht könne verdoppelt werden, weil dadurch entweder die Sexte, die diesem Accord wesentlich ist, oder die Terz müßte weggelassen werden. Also kann man die erste Verwechslung des Dreyklanges C nicht so nehmen:

des reinen Satzes in der Musik. 149

aber wol also:

Mehrere hinter einander folgende Quarten müssen nicht angebracht werden, wenn die unterste Mittelstimme von den beyden obersten entfernt ist, und dem Baße nahe liegt. Sie beleidigen in solchem Fall eben so sehr, als hinter einander folgende Quinten. Wenn aber alle Oberstimmen nahe an einander, und sämtlich vom Baß weniger entfernt sind, so kann man so viel Quarten hinter einander setzen, als man will.

Es trift sich zuweilen, daß man verbothene Octaven und Quinten zu hören glaubet, ob sie gleich in den Noten nicht können entdeckt werden. Dieses kann geschehen, wenn die zwey obersten Stimmen von einerley Instrument gespielt werden, da das Gehör bisweilen die erste und zweyte Violin mit einander verwechselt. Wir wollen nur ein Beyspiel zur Warnung für den Componisten hersetzen.

Folgender Satz.

klinget,

150 Die Kunst

Klinget, als wenn er also gesetzt wäre:

So sehr man sich im vierstimmigen Satz für verbothenen Quinten und Octaven zu hüten hat, so giebt es doch auch Fälle, wo man sie setzen kann, weil ihre üble Würkung kann vermindert werden.

So kann man mehrere Quinten nach einander setzen, wenn man von den Quinten vier Töne aufwärts steiget, fürnemlich wenn diese Quinten in dem Tenor gegen den Baß stehen, wie in folgendem Beyspiele:

Hier siehet man bey a, b, c und d Quinten, da bey a die Quinte vom Baß um vier Töne steigt, so erlaubet dieses die folgende Quinte bey b, und da auch diese um vier Töne steiget, so wird die folgende bey c erlaubt. Bey d ist wieder eine, welche durch die durchgehende Baßnoten kann entschuldiget werden. Hier aber ist bey den Quartquintenaccord, die Quinte des Baßes verdoppelt worden; weil man dadurch zwey Quinten, welche im Discant und Tenor entstanden wären, wenn man die Octave des Baßes genommen hatte, entgangen ist.

Der=

des reinen Satzes in der Musik. 151

Dergleichen Quinten also, erlauben sich auch gute Harmonisten, wiewol nur als einen Nothfall. Wir führen dieses deswegen an, damit nicht junge Componisten, wenn sie etwa bey grossen Meistern dergleichen Stellen antreffen, sich einbilden man habe nicht nöthig, so gar streng auf die Reinigkeit zu sehen. Jene grosse Componisten wissen die Fehler, welche die Noth von ihnen gleichsam erpreßt, zu bedecken. Man muß aber, wo man auf solche Stellen kommt, wol in Acht nehmen, wie sie von ihnen behandelt worden. Man würde also folgende Quinten

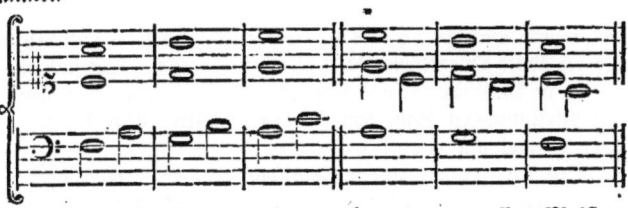

vergeblich damit entschuldigen, daß man bey einem grossen Meister folgende Stelle gefunden hat:

Jedoch, obgleich durch solche Quartensprünge die verbothenen Quinten und Octaven im vierstimmigen Satz erträglich werden, so thut man doch besser, wenn man sich auch davor hütet, und lieber an der Harmonie etwas fehlen läßt, also würde

dieser Satz  oder

Diesem

diesem vorzu=
ziehen seyn.

Im dreystimmigen Satz wird die unangenehme Würkung der Quinten und Octa=
ven, durch erwähnte Quartensprünge nicht mehr bedeckt. Sie sind also auf diese
Art nur etwa in künstlichen Contrapunkten zuläßig. Hingegen kann man sie
in mehr als vierstimmigen Sätze ohne Bedenken setzen; doch sind sie in der Ge=
genbewegung allemal am besten.

Zwey Quinten, davon die eine vollkommen, die andere aber eine kleine
Quinte ist, werden ohne Bedenken nach einander gesetzt, besonders im Absteigen,
wie hier:

Doch hat J. S. Bach ein so zärtliches Gehör gehabt, daß ihn bisweilen auch
dieses beleidiget hat. Wir finden daher, daß er durch Verdoppelung der Quinte
bey dem Dreyklang die vollkommene Quinte nach der kleinen vermieden hat, wie
aus nachstehenden Beyspiel zu sehen ist:

Die

des reinen Satzes in der Musik. 153

Die zweyte Art zog der Capellmeister Graun der erstern vor, zumal, wenn in der Vorzeichnung die kleine Terz vom Baße nicht war, sondern erst durch ein x aus der verminderten Terz die wahre kleine Terz mußte gemacht werden. Er verdoppelte lieber die kleine Quinte bey * als die grosse bey **.

Einige suchen in gewissen Fällen den verbothenen Quinten dadurch zu entgehen, daß sie zwey Stimmen zugleich in die Terz treten lassen. Wenn dieses aber die grosse Terz ist, zumal wenn sie zufällig und erst durch x hervorgebracht wird, wie in nachstehendem Beyspiel im letzten Takt, so ist diese Methode nicht gut.

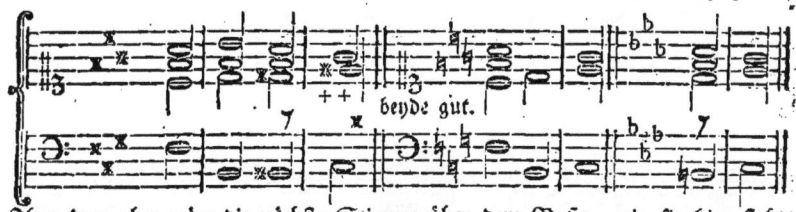

Ohne dem aber wäre die nächste Stimme über dem Baße, wie sie hier steht, nicht zu singen. ++

Ein besonderer, aber erlaubter Fall, Quinten und Octaven in der Gegenbewegung zu setzen, um dadurch offenbaren Quinten zu entgehen, ist folgender:

Durch

154 Die Kunst

Durch das Uebersteigen zwoer Stimmen kann man auch verbothene Quinten vermeiden, wie folgende Beyspiele zeigen, wo man ohne dieses eine verbothene Fortschreitung in die übermäßige Secunde α oder Quarte β zulassen müßte.

Bey γ sind zwar zwey vollkommene Quinten, welche nur mit der Secundenfortschreitung da stehen, die aber wegen des dissonirenden Secundenaccords gar nicht widrig sind.

Das Uebersteigen zweyer Stimmen ist erlaubt, einmal wenn man Octaven und Quinten entgehet,

des reinen Satzes in der Musik. 155

recht   unrecht

hernach wenn durch das Uebersteigen des Baßes der Dreyklang oder dessen erste Verwechslung der Sertenaccord entstehet, wie bey α. Nur denn nicht, wenn durch die Heruntersetzung des Tenors der Quartsertenaccord am Ende einer Periode entstehet, wie bey β.

α   β

In dem Fall, wo der consonirende Quartsertenaccord in der Mitte einer Periode gesetzt werden kann, ist es einerley, ob der Baß oder Tenor den tiefsten Ton habe.

Jene Einschränkung beziehet sich nur auf solche Fälle, wo z. Er. ein Chor von vier Singstimmen ohne Orgel mit 16 Fußton oder Violon gesungen wird.

Indessen kann auf eine ähnliche Art ohne Fehler der Tenor unter den Baß treten, wenn nur entweder ein Violon, oder auf der Orgel ein tiefferer Baß dem höhern zur Bedeckung dienet. So würde folgendes Beyspiel ohne Violon falsch, und mit einem Violon gut seyn.

156 Die Kunst

Dieses würde mit Bedeckung eines tieffern Baßes also stehen.

Wie man in dem sogenannten bunten Contrapunkt noch mehrere Freyheiten nehmen könne, wird in den nächsten Abschnitt gezeigt werden.

Diejenigen Quinten und Octaven, die bey Instrumenten oder Singstimmen, durch Uebersichtreten vermieden werden, können auf Orgeln, Flügeln oder Clavieren auf diese Art nicht vorkommen, weil man da das Ueberspringen der Stimmen nicht merket.

3) Aber die höchste Reinigkeit des Satzes, macht den vierstimmigen Gesang noch nicht vollkommen; jede Stimme muß auch für sich einen eigenen und fliessenden Gesang haben, und alle Stimmen zugleich müssen sich angenehm vereinigen.

Zuerst also muß jede Stimme ihren eigenen und fliessenden Gesang haben. Man muß sich nicht einbilden, vierstimmig gesetzt zu haben, wenn man mehrere Stimmen Octavenweise mit einander gehen läßt (66). Es ist vielleicht in der

(66) Man sieht bisweilen Stücke, die das Ansehen haben, als wenn sie aus sehr vielen Stimmen bestünden, die aber im Grunde nur drey- oder vierstimmig sind. Der Alt geht mit dem Baß, und der Tenor mit dem Discant Octaven weis. Auf diese

des reinen Satzes in der Musik.

der ganzen Wissenschaft des Satzes nichts schweereres als dieses, daß jede der vier Stimmen nicht nur ihren eigenen fliessenden Gesang habe, sondern, daß auch in allen einerley Charakter beybehalten werde, damit aus ihrer Vereinigung ein einziges vollkommenes Ganzes entstehe. Hierinn hat der verstorbene Capellmeister Bach in Leipzig vielleicht alle Componisten der Welt übertroffen; deswegen sowol seine Choräle, als seine grössern Sachen allen Componisten, als die besten Muster zum fleißigen Studio, höchstens zu empfehlen sind (67). Auch geübte Componisten werden sich leichter davon überzeugen können, wenn sie versuchen werden, zum Baß und Discant eines seiner Choräle, einen Alt und Tenor zu setzen, und diese Stimmen eben so singbar, und für den Ausdruck so gut zu machen, als die beyden andern sind.

Der gute Gesang jeder Stimme hängt hauptsächlich von leichten Fortschreitungen kleiner Intervalle ab. Wo viel grosse Sprünge in einer Stimme vorkommen, da verliert der Gesang seine Anmuthigkeit, und die Stimmen laufen durch einander, daß das Ohr ganz verwirrt wird. Da es unmöglich ist, das, was hiezu erfordert wird, in Regeln zu fassen, so ist der beste Rath, den wir angehenden Componisten geben können, dieser; daß sie die Arbeiten unsrer grösten classischen Componisten mit anhaltendem Fleisse studiren, und sich dieselben zu Mustern nehmen. Wir wollen nur durch ein einziges Beyspiel zeigen, wie widrig und unsingbar gewisse verbothene Fortschreitungen sind. Man untersuche

diese Weise könnte man leicht einem in der That nur dreystimmigen Satz das Ansehen geben, als ob er aus 10, 12 und mehr Stimmen bestünde. Man nehme z. B. folgende Einrichtung:

Gegen den ersten Discant gienge
   die erste Hoboe⎫
   die erste Violin⎬ im Einklang,
   die erste Flöte eine Octave höher,
   der erste Tenor ⎫
   das erste Waldhorn⎬ eine Octave tiefer,

Gegen den zweyten Discant oder Alt
   die zweyte Hoboe⎫
   die zweyte Violin⎬ im Einklang,
   die zweyte Flöte eine Octave höher.

   der zweyte Tenor⎫
   das zweyte Horn⎬ eine Octave tiefer,
   der Singbaß meistens mit dem zweyten Tenor im Einklang gegen den Baß,
   die Viola eine Octave höher.
   der Violon eine Octave tiefer,

So hätte man dem Ansehen nach sechszehn Stimmen, die im Grunde nur drey Stimmen ausmachen.

(67) Wegen des grossen Nutzens, den junge Componisten aus den Werken dieses grossen Mannes schöpfen können, habe ich mich entschlossen mit nächstem eine Sammlung von hundert Chorälen von demselben durch den Druck bekannt zu machen.

158 Die Kunst

in dem nachstehenden Beyspiele, welches aus dem Liede, von Gott will ich nicht lassen, genommen ist, die Tenorstimme, so wird man empfinden, daß sie auf diese Art fast unmöglich würde zu fingen seyn.

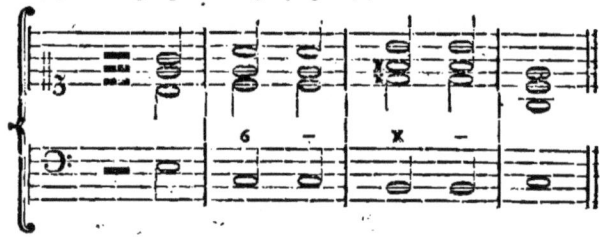

Von c̄ des zweyten Takts nach d̄is im dritten, ist eine übermäßige Secunde, und in der nehmlichen Stimme vom dritten zum vierten Takt vom d̄is nach g herunter eine übermäßige Quinte, und zu gleicher Zeit im Alt von f̄is nach c herunter eine übermäßige Quarte. In folgendem Exempel ist bey α die Fortschreitung vom c̄is nach dessen verminderten Terz ♭e, ohnerachtet g welches ebenfalls ein verbotener Quartensprung ist, dazwischen kommt, höchst falsch und unmöglich zu fingen; weil nach diesem cis erst die Harmonie d, als wovon es das Subsemitonium ist, folgen muß, ehe man von demselben zum ♭e gehen kann, wie bey β; die Octaven nicht gerechnet, welche in dem ersten Exempel von ♭e nach d mit dem Baße folgen.

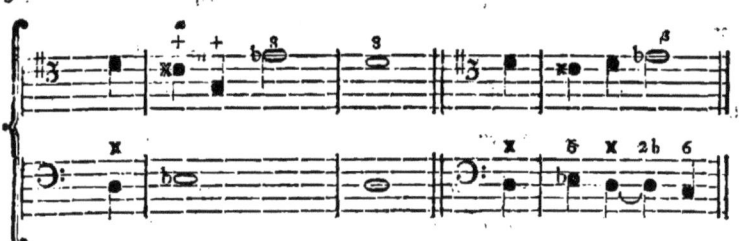

Ob gleich hier nur noch von dem schlechten Contrapunkt die Rede ist, da Note gegen Note gesetzt wird, so kann doch zum voraus erinnert werden, daß es sehr übel gethan ist, wenn in vier, oder auch in dreystimmigen Sachen, eine Stimme so gesetzt wird, daß sie sehr vor den andern hervorsticht, wodurch geschiehet, daß diese ihr gleichsam nur zur Begleitung dienen; denn dieses streitet

ganz

des reinen Satzes in der Musik. 159

ganz wieder die Natur des vielstimmigen Satzes (68). Die Stimmen müssen, so viel immer möglich ist, einander an Schönheit gleich kommen.

Indessen ist doch vorzüglich darauf zu sehen, daß die oberste Stimme gegen den Baß die höchste Reinigkeit und die reitzendste Harmonie habe. Denn das Gehör ist für die höchsten Töne am empfindlichsten. Am besten schicken sich für die oberste Stimme die Terzen und Sexten, die man wechselsweise nehmen kann. Hier und da kann man die Quinte, noch seltener aber die Octave nehmen. Die größten Harmonisten behaupten, daß die Harmonie auch bey sehr vielstimmigen Sachen immer etwas leide, wenn die Octave des Baßes in der äussersten Stimme liegt. Indessen kann es nicht allemal, ohne dem fliessenden Gesang irgend einer Stimme zu schaden, vermieden werden.

In der obersten Stimme müssen auch die bloß durchgehenden Octaven und Quinten gegen den Baß sorgfältig vermieden werden. Diese grosse Sorgfalt hat man in Ansehung der obern Stimmen gegen die Mittelstimmen eben nicht nöthig; wiewol einem feinen Gehör auch da durchgehende Quinten fühlbar sind. Man findet sogar, daß der selige Bach verdeckte Quinten zuweilen in den Mittelstimmen vermieden hat, und statt der Octave beym ordinairen Accorde die Quinte verdoppelt hat, wie bey α

Ob

(68) Man sieht bisweilen Trio, wo die erste Stimme die übrigen vollkommen verdunkelt, so daß die andern ohne Gesang und Zusammenhang sind. In diesen Fehler fallen insonderheit die Componisten am meisten, die vornämlich die Stimme und das Instrument, so sie selber spielen, in einem recht glänzenden Lichte zeigen wollen. Sie bedenken aber nicht, daß die, welche die andere Stimmen haben, in solchen Fall unmöglich mit der gehörigen Empfindung spielen können. Wie soll man gut spielen, wenn in der ganzen Stimme, die man hat, nichts von dem Affekt, und dem wahren Ausdruck des Stücks liegt, und dieses allein in einer einzigen Stimme zusammengebracht ist?

Ob man gleich nach der grossen Terz von der Dominante eines Tones, lieber am Ende die Octave verdoppelt, so ist man dennoch zuweilen verpflichtet, ohne auf den guten Gesang zu sehen, die Quinte statt der Octave zu nehmen, um den darauf folgenden Octaven gegen den Baß zu entgehen.

anstatt

Da man vornehmlich auf den guten Gesang in jeder Stimme zu sehen hat, und, wie bekannt, die grosse Terz von der Dominante in die Octave des folgenden Baßtones am reinsten und gefälligsten tritt, so suchet man lieber vorher die Harmonie so einzurichten, daß man nicht in Verlegenheit komme. Man höre Chorale mit Posaunen und Zinken oder Trompeten den Discant blasen, die Altposaune habe die erwähnte Terz der Dominante, wie widrig es alsdenn klinget, wenn sie nicht über sich in die Octave vom Baße tritt.

Da die Altposaune nach dem Zinken sehr deutlich ins Gehör fällt, so ist nichts unausstehlicher, als wenn erwähnte Terz statt einen halben Ton über sich zu treten, eine grosse Terz unter sich tritt, in welchem Falle sie einen Sänger sehr widrig und unsingbar wird.

Diejenigen Chorale, wo der Alt auf solche Art von der Terz der Dominante eine grosse Terz unter sich tritt, kommen nur in den Fällen vor, da die Chöre sehr stark, oder mit Instrumenten zugleich besetzt sind; aber blos für 4 Sänger macht es die widrigste Würkung, weil die Stimme des Altisten, eben so merklich zu hören ist, als die Altposaune bey dem Zinken. In der nächsten Stimme, nämlich Tenor, ist die Terz mehrerer Freyheit berechtiget.

des reinen Satzes in der Musik. 161

Als Muster des reinen und guten vierstimmigen Gesanges, sind hier folgende Choräle eingerückt.

Choral auf vier Stimmen.

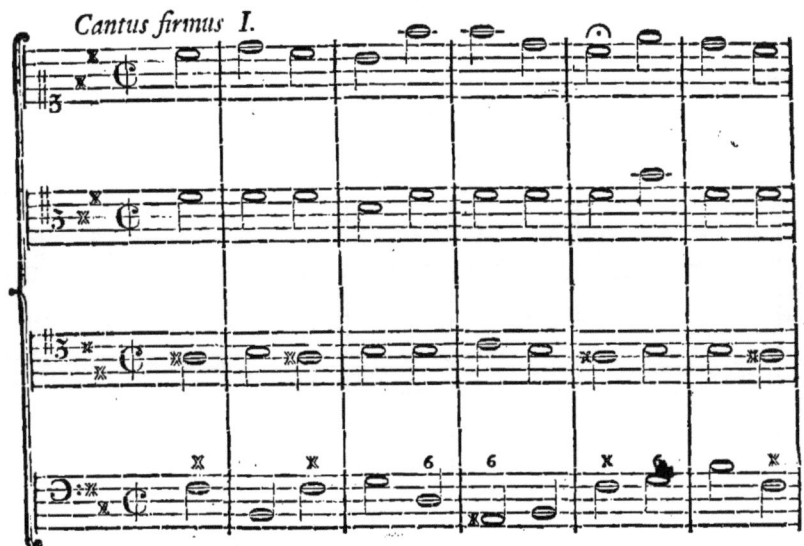

162 Die Kunst

des reinen Satzes in der Musik. 163

E 2

des reinen Satzes in der Musik.

166 Die Kunst

des reinen Satzes in der Musik. 167

168 Die Kunst

des reinen Satzes in der Musik. 169

2)

170 Die Kunst

(69)

Von dem dreystimmigen Satz hat man, ausser den allgemeinen Regeln der reinen Harmonie, folgende besondere Regeln wol in acht zu nehmen. Wenn

(69) In diesen Chorälen hat man fast überall dissonirende Accorde vermieden, und sich blos des Dreyklanges und dessen erster Verwechslung des Sextenaccords bedienet, weil in dieser Schreibart wegen der Quinten und Octaven die größte Vorsicht nöthig ist.

Man kann hier auch nicht auf einen vorzüglich guten Gesang in allen Stimmen sehen, es ist genug wenn man nur Quinten und Octaven, wie auch alle verbotene Fortschreitungen vermeidet, desgleichen die Gränzen der Singstimmen nicht überschreitet, welches entweder durch die zerstreute oder enge Harmonie kann bewerkstelliget werden.

Bey dieser Gelegenheit ist zu wissen, daß der Discant in Chören nicht über g und unter d gesetzt wird, der Tenor hat die nämliche Ausdehnung nur daß er eine Octave tiefer ist, als von d der ersten Linie desselben bis in g.

Der Alt hat gegen den Discant gleiche Ausdehnung mit dem Unterschiede daß er eine Quinte tiefer liegt, nämlich von g bis c.

Der Baß eine Octave tiefer als der Alt, nämlich A bis c, ohne Bedenken kann man im Baß bis d gehen.

des reinen Satzes in der Musik. 171

Wenn die obern Stimmen weit vom Baß entfernt sind, z. E. über zehen Töne, so darf man sie nicht Quartenweise fortschreiten lassen. Dieses geht aber an, wenn der Baß näher an der Mittelstimme liegt. Folgendes würde sehr schlecht klingen:

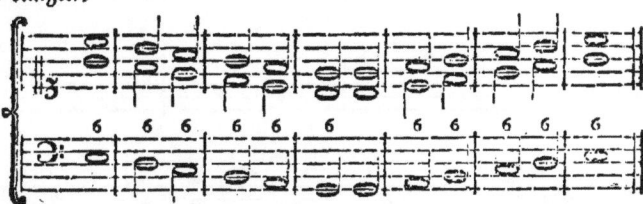

Hingegen könnten die obern Stimmen so, wie sie hier sind, stehen, wenn der Baß eine Octave höher gesetzt würde. Doch würde dieses noch nichts helfen, wenn die obern Stimmen gesungen, und der Baß von einem Instrument gespielt würde. Man weiß aus der Erfahrung, daß man in solchem Fall, auch bey dem besten Orchester, fast gar nichts vernihmt, als die Stimmen der Sänger. Hieraus folget, daß im dreystimmigen Satz, die beyden obersten Stimmen allemal so müssen gesetzt werden, daß man auch den Baß davon wegnehmen könnte. Darum hat man sich hiebey vor viel nach einander folgenden Sexten zu hüten, die in den obern Stimmen Quartengänge machen. Wenn die zwey concertirenden Stimmen immer durch Terzen und Sexten fortrücken, so wird der Gesang auch ziemlich armselig, ob es gleich bisweilen in ganz kurzen Sätzen angenehm klinget (⁷⁰).

Zur Erläuterung empfehlen wir die Betrachtung der zwey nachstehenden Beyspiele.

Y 2

(70) Ueberhaupt müssen die Duo, von zwey concertirenden Stimmen und einem Baß, oder mehrern begleitenden Stimmen allemal so gesetzt seyn, daß sie auch ohne Begleitung so schön, wie ein zweystimmiger reiner Satz klingen. Dieses können nur die Tonsetzer erreichen, die hinlänglich in der Wissenschaft der Fugen, und der dazu nöthigen einzelen Theile, als gebundener und freyer Nachahmungen und Canons, geübet sind. Die vollkommensten Muster dieser Art sind die Händelschen, Bachischen und Graunischen Arbeiten. Die letzten hoffe ich in kurzem den jungen Componisten, und den Liebhabern, durch den Druck in die Hände zu liefern.

172 Die Kunst

Diese Beyspiele sind für zwey Sänger gesetzt, durch den Baß werden sie aber drey=
stimmig. Im ersten singen die Sänger Sexten= und Terzienweise; im zwey=
ten sind sowol die Terzen als Sexten in der Ordnung nach einander vermieden
worden. Diese Art hat den Vorzug für der ersten. Ueberall aber müßen der=
gleichen Stücke für zwey Sänger, in Ansehung der Singestimmen, nach Art
der zwestimmigen Sachen gesetzt seyn, wovon hernach wird gesprochen werden.

Bey diesem Satz hat man, wenn die zwey obern Stimmen concertiren,
auch darauf zu sehen, daß diese Stimmen nicht zu weit von einander entfernt
seyen, wie es z. E. seyn würde, wenn die oberste Stimme für die Flöte oder
Violin,

des reinen Satzes in der Musik. 173

Violin, die zweyte aber für ein Fagot oder Violoncell gesetzt wäre, oder in Singestimmen nur ein Discant und ein Baß wären.

Auch hier pflegt man nicht gerne eine Stimme über, oder unter die andre treten zu lassen, weil dadurch der Gesang der obersten Stimme verletzt wird. Dieses hat nur bey dem Trio und Duetten von zwey concertirenden Stimmen statt. Indessen ist man bisweilen genöthiget, es zu thun, wenn man auf keine andere Art Quinten, oder Octaven entgehen kann.

Bey einem dreystimmigen Satze, wo zwey gleiche Instrumente concertiren, ist es ohne Nutzen, die Sätze des einen von dem andern nachahmen zu lassen; denn es klinget allemal wie eine Wiederholung des vorhergehenden. Zwey ungleiche Instrumente können es thun, bey gleichen aber helfen die Versetzungen in den Contrapunkt der Octave. Folgende zwey Oberstimmen mit Violinen

würden gerade so klingen, wie dieses.

Besser würde es durch Versetzung einiger Töne in den Contrapunkt der Octave klingen, wie hier:

Auch hütet man sich hier, so viel möglich, die Octave oder Quinte vom Baß in die oberste Stimme zu bringen, auſſer im Anfang und Ende, oder zu beſſerer Bezeichnung der Abschnitte. Denn da sie zu voll klingen, so setzen sie schon einigermaaſſen das Gehör in Ruhe. Vorzüglich muß die Terz vom Baß in die oberste Stimme kommen, damit das Gehör nirgend, als wo würkliche Abschnitte sind, ruhen könne. Dadurch bekommt die Melodie einen genauen Zusammenhang.

Man muß sich auch wol hüten, daß der Baß nirgend über eine der obern Stimmen trete, weil dadurch die Natur des Accords verändert wird, zumal beym Dreyklang, der dadurch wie der Quart-Sextenaccord klinget, wie aus folgendem Beyspiel zu sehen ist,

wo der letzte Accord gerade so klinget, wie der Quart-Sextenaccord bey +. Dieses sey vom dreystimmigen Satz gesagt.

Der zweystimmige Satz ist der schwerste von allen, und kann nicht eher vollkommen gut gemacht werden, als bis man eine völlige Kenntniß des vierstimmigen Satzes hat. Er ist von zweyerley Art. Entweder ist nur eine Solostimme, die durch den Generalbaß begleitet wird, oder es sind zwey concertirende Stimmen, ohne andre Begleitung. In dem letztern Fall ist der Satz am schwersten, weil man gar zu eingeschränkt ist. Man darf nirgend, weder die Octave noch die Quinte in die oberste Stimme setzen, als wo Schlüſſe seyn müſſen. Denn weil die Terz zur Harmonie unentbehrlich ist, so würde allemal, wo die Octave oder Quinte in der obersten Stimme steht, ein Schluß gemacht werden. Also kann man in der obersten Stimme nur Terzen und Sexten mit der Quart und Septime, als ihren Vorhalten anbringen. Die None kann auch noch gebraucht werden; nur muß der Baß, oder die untere Stimme, nicht bis zur Auflösung liegen bleiben, sondern entweder eine Terz über sich treten, daß die None in die Sexte aufgelöst wird, oder um eine Terz unter sich, daß die None sich in die Decime, oder Terz auflöset, wie aus diesen Beyspielen zu sehen ist.

des reinen Satzes in der Musik. 175

Bey den Schlüssen hat man im zweystimmigen Satz in Acht zu nehmen, daß die zweyte Stimme nicht von der Dominante in die Tonica schließt, wie gemeiniglich der Baß thut. Schließt die Oberstimme durch die Quinte der Dominante wie unten bey α, so wird in der untern Stimme die Terz dieser Dominante, oder das Subsemitonium der Tonica genommen. Schließt aber die obere Stimme durch das Subsemitonium, so geht die untere Stimme von der Secunde in die Tonica, wie bey β, doch verträgt in diesem Falle die untere Stimme auch noch den Baßschluß, wie bey γ. Nothwendig wird es aber, daß die untere Stimme zum vorletzten Ton die Dominante der Tonica habe, wenn der Schluß nicht wie in den vorhergehenden Beyspielen in die Haupttonica, sondern in ihre Unterterz geschieht, wie bey δ, wo man, ob gleich die obere Stimme, wie bey β und bey γ fortgeht, den Schluß nicht nach C sondern nach A mol macht. Hier könnte man anstatt g in der untern Stimme, nicht seine Dominante d nehmen, wie in dem Beyspiel β geschehen ist. Macht man einen halben Schluß in die Dominante des Tones, darin man ist, und setzet alsdenn die Quinte dieser Dominante in die oberste Stimme, so muß die zweyte Stimme nothwendig die Terz gedachter Dominante haben; Steht aber diese Terz in der obersten Stimme, so kann die zweyte Stimme diese Dominante selbst haben.

α   β   γ   δ

Die meisten Vicinien, sowol für Trompeten als Waldhörner, nehmen beym Schluß in der untern Stimme die Terz der in der obern Stimme vorkommenden Tonica. Aber besser ist es, daß beyde in die Octave, oder allenfalls auch in den Einklange schliessen, welches insonderheit bey tieffen Instrumenten nothwendig ist.

Dieser zweystimmige Satz auf zwey Flöten, oder andern gleichtönenden Instrumenten, oder Stimmen, ist wegen der Schwürigkeit, daß eine dritte Stimme nicht dabey vermißt werde, so schwer, daß ich von dieser Art nur des Herrn W. Friedemanns Bachs, ältesten Sohn des J. S. Bachs, Flötenduette kenne, die als vollkommene Muster zur Richtschnur dieses Satzes dienen können. Viele Duetten sind der Gefahr unterworfen, daß mehr als eine Stimme dazu könne gesetzt werden.

Noch schweerer ist es, ohne die geringste Begleitung, einen einfachen Gesang so harmonisch zu schreiben, daß es nicht möglich sey, eine Stimme ohne Fehler beyzufügen: nicht einmal zu rechnen, daß die hinzugefügte Stimme höchst unsingbar und ungeschickt seyn würde. In dieser Art hat man von J. S. Bach, ohne einiges Accompagnement, 6 Sonaten für die Violin und 6 für das Violoncell. Es ist aber hier nur die Rede von den Stücken die einstimmig gesetzt sind:

Dieses sind also die wichtigsten Regeln, durch deren Beobachtung der [vier= drey = und zweystimmige Satz rein und auch wolklingend wird.

Der vielstimmige Satz, zu fünf, sechs und mehr Stimmen hat weniger Schwierigkeit, weil es dabey in den Mittelstimmen nicht mehr auf die größte Reinigkeit ankommt, und sowol häuffige verdeckte Quinten und Octaven, als auch offenbare in der Gegenbewegung in demselben so vorkommen können, daß der Uebelklang, den sie in Sachen von wenig Stimmen verursachen, durch die andern Stimmen bedeckt und unmerklich wird.

Man braucht in dem vielstimmigen Satze dieselben Accorde, die man in dem vierstimmigen nehmen würde, nur mit dem Unterschied, daß man ein oder mehrere Intervalle in denselben, ohne Weglassung anderer verdoppelt, damit die Anzahl der Stimmen herauskomme.

In dem fünfstimmigen Satz verdoppelt man zur fünften Stimme in dem Dreyklang vorzüglich die Octave, nach ihr die Quinte, selten die Terz; weil dieses letztere ofte verbothene Octaven verursachet. Dieses sind demnach die drey Gestalten des Dreyklanges zum fünfstimmigen Accord.

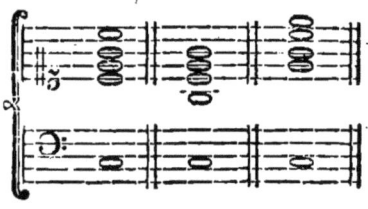

Bey dem Sextenaccord kann man die Sexte, die Terz und die Octave des Baß= tones verdoppeln; das letztere aber muß mit mehr Vorsichtigkeit geschehen, weil

die

die Octave die Terz des eigentlichen Grundtones ist. Also hat man auch drey Gestallten des vierstimmigen Sextenaccordes

Die Verdopplung der Octave des Baßtones ist bey ganzen Schlüssen nothwendig, und es würde ein Fehler seyn, es nicht zu thun, wie aus diesem Beyspiel zu sehen ist.

Bey dem Septimenaccord hat man, wenn die Octave des Grundtones beybehalten wird, keine Verdoppelung nöthig, weil er an sich vierstimmig ist. Läßt man aber die Octave weg, so kann man die Quinte oder die Terz verdoppeln. Die grosse Terz darf, wie bey dem Dreyklang, selten verdoppelt werden, hingegen hat die Verdopplung der kleinen keine Schwierigkeit. Die Septime selbst aber kann niemal verdoppelt werden.

Bey den Verwechslungen des Septimenaccords kann man leicht beurtheilen, welches Intervall zu verdoppeln sey; wenn man nur sich in acht nimmt, daß die Septime des Grundtones nie doppelt erscheine. Also muß in dem $\frac{6}{5}$ Accord nicht die Quinte, in dem $\frac{6}{3}$ nicht die Terz verdoppelt werden, und in dem $\frac{4}{2}$ Accord muß die Octave des Baßes in den obern Stimmen nicht vorkommen.

Bey den zufälligen Dißonanzen, der None und der Quarte, verdoppelt man entweder die Quinte, oder die Octave des Grundtones. Bey der None aber doch die Quinte lieber, als die Octave.

Z   Eben

Eben diese Anmerkungen von Verdopplung gelten auch von dem sechs- und mehrstimmigen Satz, da denn zwey Intervalle anstatt eines verdoppelt werden, nämlich die Octav und die Quinte zugleich.

Hauptsächlich hat man sich im sechsstimmigen Satz bey dem Secund-Quart-Sext-Septimen-Accord in acht zu nehmen, daß man ihn nicht mit dem Quart-Sext-Septimen-Nonen-Accord vermische. Bey dem ersten verdoppelt man die Consonanzen von der Quinte des Basses, als des eigentlichen Grundtones, bey dem andern aber die Consonanzen des Baßtones selbst, wie in diesem Beyspiel zu sehen ist (71).

Diese Gänge kommen nur bey dem sogenannten Orgelpunkt, (72) da der Baß liegen bleibet, vor. Hier ist in dem zweyten Takt die erste Harmonie der obern Stimmen,

(71) Das sichere Unterscheidungszeichen vom Secund-Quart-Sext-Septimen- und Quart-Sext-Septimen-Nonen-Accord ist, daß bey dem Secund-Quart-Sext-Septimen-Accord jederzeit die Octave als zufällige Dißonanz von der großen Septime kann vorgehalten werden, wie bey α: Hingegen bey dem Quart-Sext-Septimen-Nonen-Accord nicht, wie bey β:

(72) Der Orgelpunkt ist eigentlich ein durch melodische oder harmonische Verzierungen verzögerter ganzer Schluß, der meißentheils am Ende eines Tonstücks, bisweilen aber auch mitten in demselben vorkömmt. Nämlich der Baß hält die Dominante des Tones, dahin geschlossen wird, aus, da inzwischen die obern Stimmen mancherley Harmonien auf demselben hören lassen, die meistentheils durch Bindungen und Vorhalte gleichsam in einander gekettet werden, bis endlich der völlige Schluß erfolgt. Diese Verweilung auf einem anhaltenden Baßton geschieht bisweilen auf der Tonica selbst, da, nachdem bereits die Finalcadenz eingetreten ist, von dem Dreyklang auf der Tonica durch mancherley Harmonien hindurch eine nochmalige Wiederholung des Schlusses veranstaltet wird.

des reinen Satzes in der Musik. 179

men, der Septimenaccord von E, welches hier der wahre Grundton, und die Dominante des Tones ist, in den man schließt. Daraus erhellet deutlich, daß der Ton h, der im zweyten Takt die Secunde ist, im dritten zur None werde. Als Secunde ist sie die Quinte des eigentlichen Grundtones und consonirend, weil da der Ton a die zufällige Dissonanz ist. Darum hat diese Secunde einen freyen Gang, da der Ton a sich in die Terz des wahren Grundtones auflöset. Da aber das h des zweyten Takts liegen bleibet, und im letzten Takt der Vorhalt der Octave wird, so muß sie bey der Auflösung in diese herunter treten. Man sieht hieraus auch noch, daß, zu Folge dessen, was schon oben erinnert worden, diese Bezifferung $\frac{9}{5}$ oder $\frac{9}{4}$, nur im Niederschlag könne angebracht werden. Es würde unnöthig seyn, sich weitläuftig über die Verdopplung der Intervalle der dissonirenden Accorde, in sieben, acht und mehrern Stimmen einzulassen, da man sich auch da nach dem richten kann, was bereits angeführet worden ist.

Da es eine allgemeine Regel ist, daß von dem wahren Grundtone nur die Consonanzen müssen verdoppelt werden, so kommt es bey allen Verdoppelungen darauf an, daß man den wahren Grundton vor Augen habe, und zu Folge der so eben gemachten Anmerkung, die Secunde von der None wol unterscheide. Zu völliger Aufklärung der Sache wollen wir uns folgende fünfstimmige Gänge vorstellen,

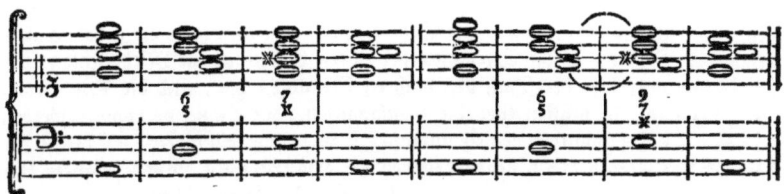

welche man noch vollstimmiger machen wollte. Wie hier die Verdopplung der Stimmen geschehen müsse, sieht jeder leicht, aus dem, was bereits angeführt worden, da es offenbar ist, welcher Ton in jedem Takt der Grundton sey. Kämen aber diese Gänge in folgender Gestalt vor,

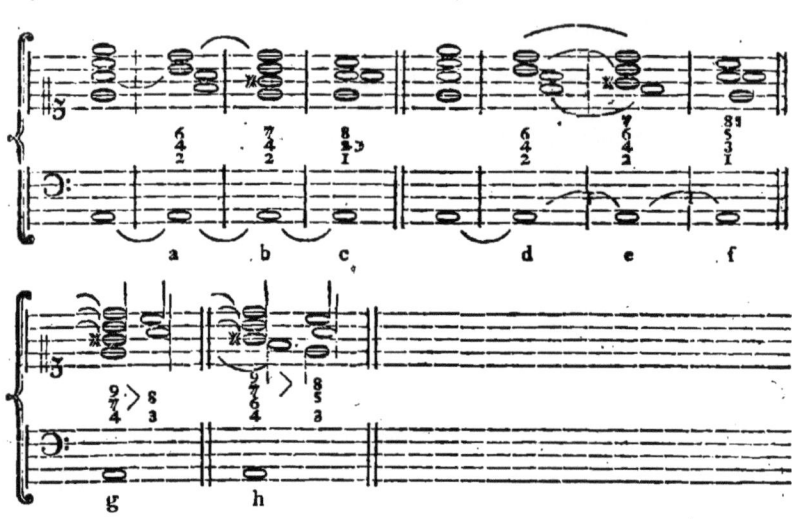

so ist bey a der eigentliche Grundton h mit der Septime, folglich würden hier die Consonanzen dieses Tones h verdoppelt, und zwar vorzüglich die, welche, wie schon gezeiget worden, im vierstimmigen Satz am besten klingen (72). Bey b ist e mit der Septime der wahre Grundton; bey d ist der Accord, wie bey a, bey e aber ist dem Grundton E zur Septime noch die None (hier die 6 des Baßes) beygefüget; bey g, ist die Harmonie der obern Stimmen im Niederschlag, wie bey b; da aber hier der Baß den wahren Grundton hat, und die Dissonanzen Vorhälte sind, so müssen hier die Consonanzen vom Baße verdoppelt werden, da bey b die Consonanzen des Grundtones E zu verdoppeln waren. Eben so verhält sich der Accord bey h gegen den bey g. Als Beyspiele eines sehr guten fünf und sechsstimmigen Gesanges, können folgende Stücke angesehen werden.

(72) Weil bey solchen liegenden Baßen die Consonanzen des eigentlichen Grundtones, Dissonanzen des Baßtones werden, so sind die verdoppelten Töne Dissonanzen des Baßes. Daher einige glauben, man könne auch die Dissonanzen verdoppeln. Im Grunde aber sind diese verdoppelte Dissonanzen wahre Consonanzen des Grundtones.

Choral

des reinen Satzes in der Musik. 181
Choral auf fünf Stimmen.

182 Die Kunst

des reinen Satzes in der Musik.

Choral auf sechs Stimmen.

184 Die Kunst

des reinen Satzes in der Musik.   185

Man hätte in dem Choral der auf der 183 Seite steht in dem ersten Accord des zweyten Theils statt des Accords E dur den Accord H mol nehmen können, wie bey dem Zeichen † auf der 184 Seite. Alsdenn aber kommt der Baß vier Töne über den Tenor, und dadurch wird der Dreyklang eigentlich in den Quart-Septen-Accord verwandelt, den man im Anfange nicht nehmen kann. Weil aber bey einem solchen Choral allemal ein Violon oder eine Orgel von 16 Fuß Ton zur Begleitung voraus gesetzt wird, so kommt dadurch das Fundament doch unter den Tenor, der also immer noch eine Mittelstimme bleibt.

In dem Choral selbst, wie er Seite 183 steht, hat man dieses H im Baß nicht gesetzt, weil man von da nach xE einen verbothenen übermäßigen Quarten-Sprung hätte machen müßen, welcher durch die Umkehrung von H nach xE verbessert, und zum Singen leichter wird.

Der Hauptgesang oder Cantus firmus kann bey dem mehrstimmigen Satze in jeder Stimme stehen: nur hat man, wenn er in den Baß gesetzt wird, darauf zu sehen, daß er mit solchen Schlüßen sich endige, die zu der Haupttonart gehören.

Choral auf fünf Stimmen.

Die Kunst

des reinen Satzes in der Musik.

Choral auf sechs Stimmen.

Die Kunst

des reinen Satzes in der Musik. 189

Eilfter Abschnitt.
Von dem verziehrten oder bunten einfachen Contrapunkt.

Wie der Gesang in mancherley Absichten dem Gang ähnlich ist, so gleichet der schlechte, plane Gesang, den man den Choralgesang nennt, dem gemeinen Gang, der mit gleichen Schritten fortrücket; der verziehrte Gesang hingegen hat eine Aehnlichkeit mit dem ziehrlichen Gange, der bey dem Tanzen vorkommt, wo jeder Schritt seine Verziehrung hat. Es ist für die Musik sehr wichtig, daß man diese Aehnlichkeit wol fasse, weil die wesentlichsten Eigenschaften des ziehrlichen Gesanges aus dieser Vergleichung am deutlichsten zu erkennen sind.

Man stelle sich demnach folgenden Gesang vor:

Preis, Lob, Ehr, Ruhm, Dank, Kraft und Macht,

Aa 3 und

und bemerke dabey, daß die Art, wie die Stimme fortrücket, eine völlige Aehnlichkeit mit dem ordentlichen gemeinen Gang habe. Jede Note und jede Sylbe des Textes stellet hier einen Schritt zum weitern Fortrücken vor; alle diese Tritte sind sowol in Ansehung des schweren Auftretens, als der Geschwindigkeit, in der sie auf einander folgen, einander völlig gleich. Wie man aber mit denselbigen Schritten, geschwinder oder langsamer fortschreiten kann, ohne daß der Gang seine einfache ungekünstelte Natur, oder sein durchaus gleiches Wesen verliehret, so kan es auch mit dem Gesang geschehen. Man kann den vorherstehenden Gesang auch noch einmal so geschwind singen

So wie folgenden.

Nur auf dem letzten Schritt hält man, weil man, wie es auch in dem Gange geschiehet, nicht plötzlich stille stehen kann, länger an. Hier fallen zwey Töne auf eben die Zeit, auf die vorher nur einer fiel. Man macht gleichviel Schritte, wie vorher, aber in halb so kurzer Zeit. Eben diese Schritte könnten auch noch einmal so geschwinde gemacht werden.

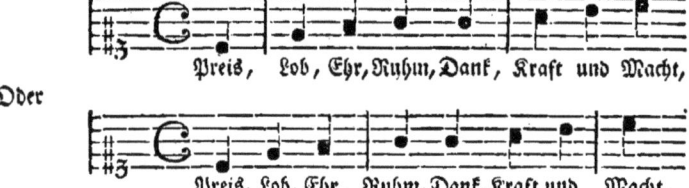

Oder

Die Zeit, in welcher im ersten Gesang ein Schritt geschieht, ist eben dieselbe, in der im letzten vier Schritte geschehen, und diese Zeit wird ein Takt genennet. Darum kann, nachdem der Gesang schnell oder langsam gehet, eine Zeit, oder ein Takt, einen oder mehrere Schritte in sich fassen; nur müssen alle Takte, so lange das Fortrücken gleich geschwinde geschieht, einerley Anzahl Schritte haben.

des reinen Satzes in der Musik. 191

haben. Also stellet die Anzahl der Töne, die man einen bestimmten Theil der Zeit, oder in einen Takte singet, die schnelle oder langsame Bewegung des Gesanges vor. Auch dieser Bewegung giebt man bisweilen den Namen des Takts. So sagt man z. E. der Gesang sey in Zweyviertel- oder in Viervierteltakt und dergleichen, um anzudeuten, daß auf einen Takt zwey oder vier Schritte geschehen (73).

Man muß genau bemerken, daß die Natur des planen oder ungeziehrten schlechten Gesanges, darinn bestehe, daß jeder vorkommende Ton einen Schritt, das ist, eine der Hauptzeiten des Takts einnehme; einen ganzen Takt, wenn dieser durch das ganze Stück nicht in mehrere Zeiten eingetheilt wird, wie im ersten Beyspiel; einen halben Takt, wenn der Takt durchaus in zwey Zeiten eingetheilet ist, wie im zweyten Beyspiel; einen viertel, wenn jeder Takt in vier Zeiten eingetheilt ist, wie im dritten Beyspiel. Dieses sind also die Arten des schlechten Gesanges.

Der verziehrte, bunte Gesang hingegen, wird daran erkennet, daß Töne darinn vorkommen, die für sich keine Schritte ausmachen, oder keine ganze Zeit des Takts einnehmen, wie hier:

Hier machen die zwey Töne vor dem ersten Taktstrich nur einen Schritt aus, die darauf folgenden acht Töne zwischen dem ersten und zweyten Taktstriche, machen vier Schritte: aber die Schritte sind verziehrt, wie man mit dem Fuß, indem er in der Höhe steht, anstatt gerade fortzuschreiten, eine kleine Seitenbewegung macht.

Wie man nun bey dem Gange auf jeden Schritt, ehe der Fuß wieder niedertritt, mehrerley kleine zierliche Bewegungen machen kann, so können auch im Gesange, die Schritte mit mehrern Tönen ausgeziehrt seyn. Nachdem der Ton, der eigentlich das Niedertreten, oder den Anfang des Schrittes bezeichnet hat, angegeben worden, können nun, währender Zeit, da er nach dem schlechten Gesang

---

(73) Man bemerke wol, daß es hier noch gar nicht darum zu thun sey, daß die verschiedenen Gattungen des Takts, und der Bewegung erkläret und deren Einfluß auf den Ausdruck gelehret werde. Diese Materie wird erst im zweyten Theile vorkommen. Hier werden bloß die verschiedenen Geltungen der Noten gegen einander in Betrachtung gezogen.

fang stehen bleiben würde, vielerley Töne Stuffen- oder Sprungweise zur Ausziehrung angebracht werden, nur müssen alle zusammen mit dem auf den Niedertritt kommenden Tone nicht mehr als eine Hauptzeit des Takts einnehmen; wo mehrere Stimmen sind, da kann eine blos gerade oder schlechte Schritte thun, da eine andere verziehrte anbringet, wie hier:

Der Baß hat hier den schlechten Gesang, wo jeder Ton einen Schritt macht, in der obern Stimme besteht jeder Schritt aus vier Tönen, wo immer der erste das Niedertreten des Fußes vorstellt, die drey folgennen aber kleine zur Zierlichkeit des Schritts dienende Bewegung anzeigen. Diese vier Töne aber müssen nicht mehr Zeit einnehmen, als nach diesen Vierviertelstakt zu einen Schritt erfordert wird. Diese Art, den Gesang auszuziehen, wird in der Kunstsprache der Contrapunkt per diminutionem genannt; weil man die Noten ihrer Dauer oder Geltung nach vermindern muß. Man kann dieses füglich den bunten Contrapunkt, oder den bunten Gesang nennen.

Ausser dem bunten Gesange giebt es noch eine andere Art, die darinn besteht, daß die Töne anders eintreten, als die Zeiten des Takts es zu erfordern scheinen. Die Tonlehrer nennen dieses das Zuvorkommen oder Zurückbleiben des Gesanges (74). Beydes wird durch folgende Beyspiele deutlich werden. Man stelle sich zuerst folgenden zweystimmigen unverziehrten Gesang vor:

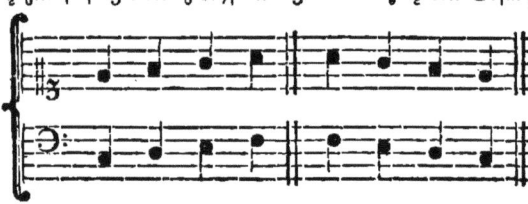

und

(74) Anticipatio und Retardatio.

des reinen Satzes in der Musik. 193

und hernach eben diese Töne mit folgenden Veränderungen.

In den mit α bezeichneten Beyspielen sieht man, daß der Baß zum ersten Schritt auftritt, ehe die obere Stimme eintritt: dieses hat auf alle folgende Schritte die Würkung, daß sie in beyden Stimmen nie zugleich geschehen, sondern in verschiedenen Zeitpunkten, und dieses ungleiche Auftreten verursachet, daß der Gesang einen ganz andern Gang und Charakter annimmt, als er nach der ersten Art hat, obgleich dieselben Töne darinn vorkommen. Dieses ungleiche Auftreten in zwey Stimmen ist das, was die Franzosen contretems nennen. Aber auch die Harmonie wird völlig geändert, indem in der obern Stimme jeder Ton noch um ein Achtel des Takts liegen bleibt, da im Baß der neue Ton schon eingetreten ist, zu welchen der Ton der obern Stimme nicht consoniret: folglich hört man hier wechselsweise immer Consonanzen und Dissonanzen, da im ersten Beyspiel alles consonirend war.

In den mit β bezeichneten Beyspielen treten zwar bey dem ersten Schritt beyde Stimmen zugleich ein, aber da die obere Stimme nicht die ganze Zeit des Schritts aushält, sondern auf der Hälfte derselben schon einen andern Ton annimmt, und denn so fortfähret, so thut dieses ebenfalls die doppelte Würkung, wie der vorhergehende Fall.

Wir wollen diese Art des Gesanges den ungleichen Gesang, und diese Art zu setzen den ungleichen Contrapunkt nennen.

B b Dieses

Dieses sind also die zweyerley Arten, des verziehrten Contrapunkts. In der ersten Art kommen Nebentöne vor, die zum Gang des Gesanges nicht nothwendig sind, sondern blos zur Zierrath dienen; in der andern Art weicht der Gesang von seinen geraden Gang ab, wenn gleich keine, als die zu jedem Schritt nothwendigen Töne vorkommen. Beyde Arten können dienen, dem Gesang den wahren Charakter des Ausdrucks den er haben soll, zu geben, und bisweilen auch, ihn angenehm auszuziehren. Bey jeder Art hat man gewisse Vorsichtigkeit nöthig, ohne welche der Gesang leicht seinen Wohlklang verliehren, und unangenehm werden könnte. Was hiebey zu beobachten ist, soll in diesem Abschnitt gelehrt werden. Ehe aber diese Regeln können vorgetragen werden, müssen noch einige Erläuterungen vorausgeschickt werden.

Wir betrachten hier jeden Haupttheil des Takts als einen ganzen Schritt, oder als das Niedersetzen des Fußes, so daß, wenn man den Gang des Gesanges durch Taktschlagen andeuten wollte, auf jede Zeit des Takts ein Schlag geschehen müßte. Nur daß der erste Schlag immer der nachdrücklichste wäre. Es giebt Bewegungen, oder Arten des Ganges, wo sich die Sachen anders verhalten, und wo z. E. eigentlich nur die erste Zeit eines Takts das Niedertreten des Fußes anzeiget, die folgenden aber, ob sie gleich auch wahre Schritte vorstellen, ein blos flüchtiges Niedersetzen desselben andeuten. Solche Takte stellen einen Schritt vor, wie er in Tänzen unter dem Namen der Pas vorkommt, die ofte aus mehrern flüchtigen Schritten zusammengesetzt sind, wie der Pas einer Menuet. Von diesen Taktarten also ist hier die Rede noch nicht, sondern von denen, da jede Hauptzeit des Takts als ein Niederschlag, als ein völliger Schritt, oder Pas angesehen wird. Denn die Absicht ist hier blos zu zeigen, wie ein einziger einfacher Schritt, das ist eine Hauptnote, könne verziehrt werden.

Darum wollen wir uns hier immer zwey Stimmen vorstellen, davon die eine lauter schwere, auf den Niederschlag, oder Niedertritt fallende Noten hat, die eigentlich schwere Schritte des Ganges, oder würkliche Sylben der Wörter vorstellen, die andere Stimme aber soll zwar eben so viel Schritte thun, aber dieselben ausziehren.

Wir haben also hier zuerst den bunten, hernach den ungleichen Gesang zu betrachten. Der bunte Gesang kann von zweyerley Art seyn: entweder werden die zur Ausziehrung dienenden Töne aus der Harmonie der Hauptnote genommen, wie in folgendem Beyspiel:

des reinen Satzes in der Musik. 195

dieses wollen wir die Brechung nennen; oder sie werden nicht alle aus der Harmonie der Hauptnote genommen, sondern einige werden nur als angenehme, oder schickliche Uebergänge auf die nächsten Töne angeschlagen. Dergleichen Töne werden durchgehende Töne genannt.

Der Uebergang durch Töne die nicht zur Harmonie gehören, kann auf zweyerley Weise bewürkt werden. Entweder kommt die durchgehende Note erst nach der Hauptnote, wie in den nächstfolgenden Beyspielen bey α, und dieses nennt man den regulairen Durchgang; oder die durchgehende Note kommt gleich auf den Anfang des Schrittes, oder der Taktzeit, und die Hauptnote folgt erst darauf, wie bey β. Dieses wird der irregulaire Durchgang genannt. Beyde Noten wechseln bisweilen gleich hinter einander ab, wie bey γ (75).

Bb 2

(75) Der erste Fall wird in der Kunstsprache transitus regularis, der andre transitus irregularis und der dritte transitus mixtus genannt.

Dieses wollen wir also den **Durchgang** nennen. Dieses sey zur Erklärung der Kunstwörter gesagt.

Wir haben also hier drey Fälle zu betrachten. 1) Die **Brechung**. 2) Den **Durchgang**. 3) Den **ungleichen Gang**. Wir betrachten hier jeden besonders, ob sie gleich gar ofte alle drey in einem einzigen Tonstück, sogar in einem einzigen Takt gebraucht werden. Ehe wir aber jede Gattung besonders betrachten, müssen wir einige allgemeine Lehren über den bunten, oder verziehrten Satz vorher gehen lassen.

Es ist eine wesentliche Eigenschaft jedes Tonstücks dieser Art, daß seine Bewegung völlig bestimmt, und sein Gang vermittelst des Takts richtig abgemessen ins Gehör falle, und durch die Auszierungen nicht verdunkelt, oder ungewiß werde. Man muß durchaus, mit der größten Leichtigkeit fühlen, ob im geraden Takt zwey, vier, oder acht, im ungeraden drey oder sechs Schritte auf einen Takt gehen.

Wenn also die Verziehrungen in einer Stimme so seyn sollten, daß der Gang ungewiß würde, so muß eine andere Stimme ihn deutlich machen. Wenn z. E. im Viervierteltakt in einer Stimme halbe oder ganze Taktnoten vorkommen, so muß eine andere Stimme Viertel haben; und so auch in andern Fällen. Nachstehendes kann hierüber zum Beyspiel dienen:

des reinen Satzes in der Musik. 197

Da in den zwey ersten Takten der Gang im Baße nicht bemerkt ist, so wird er in der obern Stimme bestimmt; im vierten Takt aber wird er durch den Baß deutlich, und in dem dritten, durch beyde Stimmen zugleich. Am leichtesten und gewissesten wird der Gang durch die Baßtöne ausgedruckt. Und über diesen Punkt muß der Tonsetzer sorgfältig seyn, weil sonst sein Satz verworren wird. Hauptsächlich muß da, wo die Schritte durch Bindungen in einer Stimme verdunkelt werden, die Bewegung in einer andern Stimme deutlich gemacht werden, wie bey + +.

Es giebt zwar auch Fälle, wo grosse Meister in einzelen Takten diese genaue Bezeichnung des Ganges versäumen; aber alsdenn geschiehet es aus guter Ueberlegung, entweder weil es der Ausdruck erfordert, oder weil man die Absicht hat, den Zuhörer daselbst mit etwas fremden oder ungewöhnlichen zu rühren. Folgendes Beyspiel hievon ist von Graun, aus der Oper Cleopatra.

Guer rier for-te non per do-na

Bb 3   In

198 Die Kunst

In dem dritten und vierten Takt haben beyde Stimmen nach dem ersten Achtel ein Viertel, obgleich nach der vorgegeben Regel der Baß zwey Achtel haben sollte. Aber man sieht wol, daß der Setzer durch dieses Anhalten oder Stillstehen auf denselben Ton den Ausdruck hat verstärken wollen. Nachstehendes ist von Händel aus der Oper Tamerlan.

No che sei tan-to costan-te   nella fede a me promessa

Hier sind sogar zweymal zwey Takte so zusammen gezogen, daß sie in einander gehen (76), welches hier seinen guten Nachdruck hat. Dergleichen Ausnahmen von den Regeln machen alle grosse Meister, aber sie thun es mit Ueberlegung (77).

Bey

---

(76) Obgleich der zweyte und dritte Takt zusammen gezogen sind, so werden sie doch im Abschnitte so behandelt, daß man sie als würkliche zwey Takte zählet; denn würde man von einem Taktstrich zum andern es für einen Takt zählen, so entstünden nach der Dauer der Zeit alsdenn mit dem darauf folgenden Takte drey Takte zum Abschnitt. Diese Schreibart kömmt zuweilen in Balletten vor, z. E. in einer Passepied, Lourée u. d. gl. Die Anzahl der Takte zu einen Einschnitt müssen dennoch immer wie gewöhnlich seyn.

(77) Man hat Beyspiele von sehr guten Meistern, daß die Stimmen durchaus verschiedene Bewegung haben. In diesem Falle könnte der Takt in jeder Stimme besonders vorgezeichnet werden, wie grosse Componisten mit zwey Stimmen auch schon gethan haben, daß sie eine Stimme mit $\frac{12}{8}$ und eine andere mit C, als dem Zeichen des geraden Takts bezeichnet. Wir merken bey dieser Gelegenheit für die Spieler an, daß es unrichtig ist, wenn im geraden Vierviertheltakt, wo etwa halbe, oder gar ganze Taktnoten vorkommen, dieselben durch den Druck des Bogens, oder auf

Blas=

des reinen Satzes in der Musik. 199

Bey dieser Gelegenheit muß auch angemerkt werden, daß die Auflösung aller wesentlichen Dissonanzen nie auf dem Schritte geschehen müsse, auf dem die Dissonanz vorkömmt, sondern allemal auf dem folgenden, wie in dem nachstehenden Beyspiel bey α, daher wäre die Auflösung der Septime, wie bey β falsch. Wollte man aber denselbigen Gang beybehalten, so müßte die Auflösung im Basse geschehen, wie bey γ.

Blasinstrumenten durch stärkeres Blasen in Viertel abgetheilt werden. Man soll dieses nicht einmal thun, wenn zwey Noten durch einen Bogen ⌒ gebunden sind, der Tonsetzer hat schon dafür gesorget, daß in andern Stimmen der Gang angezeiget werde. Hingegen muß auch der Setzer dem Spichler nicht in die Verlegenheit bringen, ihn da pausiren zu lassen, wo er unmöglich pausiren kann. Dieses würde geschehen, wenn er da eine Pause setzen wollte, wo nothwendig ein Ton stehen muß. Diese Unmöglichkeit zu pausiren ereignet sich 1. nach einer Stelle von sehr geschwinden Noten; weil es nicht wol möglich ist, mit einen 16tel oder 32tel abzubrechen; sondern nothwendig ist, daß darauf eine längere Note, als ein Ruhepunkt komme. 2. Nach einer Dissonanz, auf welche nothwendig die Consonanz in derselbigen Stimme kommen muß. Folgendes Beyspiel wird beydes erläutern. So wie es bey A steht, liesse es sich nicht spielen, weil es unmöglich ist auf den mit * bezeichneten Tönen inne zu halten. Also müßte dieser Satz so stehen, wie bey B.

Kommt irgend in dem Baße eine Pause an die Stelle, wo eine den Schritt bezeichnende Note stehen sollte, so müssen die in den obern Stimmen stehenden Töne entweder zu der vorhergehenden, oder zu der nachfolgenden Baßnote harmoniren, denn auf die Pause kann keine neue Harmonie genommen werden, weil sie kein Fundament hätte. Daher wäre folgendes ganz falsch.

Doch kann auf eine Pause des Baßes ein dissonirender Satz in obern Stimmen vorkommen, welcher bey der folgenden Note des Baßes, nach der Pause, resolviret. Dieses ist eben so gut erlaubt, als wenn ein Fundament da stünde.
M.

des reinen Satzes in der Musik.   201

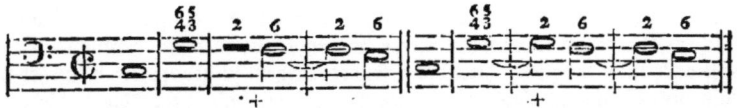

Wo aber neue Harmonien auf Pausen des Baßes vorkommen, da wird dem Sänger einigermaaßen das Fundament, wovon er seine Töne abzählen sollte, benommen. Und wenn so ofte Harmonien ohne Fundament erscheinen, so glaubt der Sänger endlich die Stimmen seyn falsch, und dieses verursachet Verwirrung. Um zu begreiffen, wie ein Sänger durch dergleichen Fehler gestöhrt wird, betrachte man folgende Stelle.

Bey + nach dem Quintsextenaccord von fis ist es fast unmöglich, daß ein Sänger von Empfindung den Accord G singe, da er den vorhergegangenen Quintsextenaccord ohne Resolution im Gehör hat, bey welchem er nothwendiger Weise die Quinte vom Baße, als Septime des Grundtones aufgelöset, zu hören verlanget.

Wo auf einen Schritt mehrere Töne vorkommen, da ist nur einer davon der Hauptton, die übrigen dienen zur Verziehrung, es geschehe in einer oder mehreren Stimmen, zu eben derselben oder einer andern Harmonie.

Hiebey ist nun überhaupt zu merken, 1) daß man in Absicht auf die Geltung oder Dauer dieser blos zur Verziehrung dienenden Töne, nothwendig Rücksicht auf die Art der Bewegung, die in dem Stück herrscht, nehmen müsse. Denn es ist offenbar, daß eine langsame Bewegung kleinere Ausziehrung leidet, als eine geschwinde: 2) daß auch der Charakter des Stücks oder der herrschende

C c   Aus-

Ausdruck mehr oder weniger Ausziehrungen erfordert oder zuläßt. Ein Stück von zärtlichem Charakter leidet mehr kleine Schönheiten, als ein heroisches Stück. Es ist aber nicht möglich, hierüber besondere Regeln zu geben: ein Tonsetzer von Genie und Geschmack fühlt ohne Regeln, Maaß und Ziehl, die er hiebey zu halten hat.

Da indessen die verschiedenen Gattungen der Hauptcharaktere in den gewöhnlichen Tanzmelodien vorkommen, so können angehende Tonsetzer die Werke der größten Meister in dieser Art als Muster ansehen, nach denen sie sich allemal richten müßen. Hier sind einige Beobachtungen, die einem Anfänger dieses Studium etwas erleichtern werden.

Geschwinde Sachen in $\frac{2}{4}$ Takt, wie er in der Bourree, oder auch in der Gavotte vorkommt, vertragen nicht wol kleinere Noten, als Achtel. Eben dieser Takt, aber mit langsamer Bewegung, wie sie meistentheils in Ouverturen und Entreen ist, vertragen sechszehntheil und sogar zwey und dreyßigtheil Noten.

Bey dem ungeraden $\frac{3}{4}$ Takt, von mäßiger Geschwindigkeit, wie sie in der Menuet vorkommt, lassen sich nicht wol kleinere als Achtelnoten anbringen. Hingegen leidet die Sarabande, die zwar auch $\frac{3}{4}$ Takt, aber eine langsamere Bewegung hat, Sechszehntheile. Die Polonoisen, welche geschwinder als eine Sarabande, und um $\frac{1}{4}$ langsamer, als eine Menuet gehen, so daß eine Zeit von acht Takten in einer Polonoise der von zwölf Takten einer Menuet gleich ist, leiden für die geschwindesten Noten auch nur Sechszehntheile. Aber in Polonoisen, die zum Tanzen gemacht sind, vermeide man sorgfältig die in Teutschland gewöhnliche Art, nach einen Achtel zwey Sechszehntheil anzubringen.

Die Passepieds in $\frac{3}{8}$ Takt, können auch nur Sechszehntheile vertragen. Diejenigen Ballets, welche fast alle acht Takte neue Veränderungen der Bewegung in der Melodie haben, wie z. E. die Chaconne, pflegen sogar Zweyunddreyßigtheile statt der gewöhnlichen Sechszehntheile zuweilen zu haben. Aus den geschwindesten Noten eines Stückes läßet sich das Tempo von jeder Art leicht bestimmen. Umständlicher wird im zweyten Theil von der Einrichtung jeder Gattung gehandelt werden (78).

Endlich

(78) Es ist jedem Anfänger, der in der Composition gründlich werden will, zu rathen, die Einrichtung aller Gattungen der Ballette sich wol bekannt zu machen, weil in denselben alle Arten der Charaktere und des Rhythmus vorkommen und am genauesten beobachtet werden. Hat man in diesen charakterisirten Stücken keine Fertigkeit, so ist es nicht wol möglich irgend einem Stück einen bestimmten Charakter

des reinen Satzes in der Musik. 203

Endlich ist von den Ausziehrungen überhaupt auch noch zu merken, daß sie nicht willführlich seyn, sondern nach dem Charakter des Stücks, mit Geschmack und Empfindung müssen gewählt werden. Jedermann empfindet, daß ein munteres lebhaftes Stück andre Ausziehrungen erfodert, als ein zärtliches, oder trauriges Stück (78). Davon aber wird an seinem Ort ausführlicher gesprochen werden. Hieher aber gehört die Erinnerung, daß in einem Stück auf Stellen von ähnlichem Ausdruck, auch ähnliche Verziehrungen, und überhaupt ähnliche Fortschreitungen müssen gewählt werden. Melodien, wie man sie bisweilen von ungelernten Componisten sieht, wo alle Verziehrungen willführlich sind, wo kein Takt in diesem Stücke mit einem andern irgend eine Aehnlichkeit hat, geben dem Gehör eine verworrene Folge von Tönen, die nirgend etwas verständliches sagen.

Die Beobachtung der Aehnlichkeit der Verziehrungen, ist das, was man in der Lehre vom Satz die *Nachahmung* nennt, welches insgemein mit dem lateinischen Wort *Imitatio* ausgedruckt wird.

Man unterscheidet aber freye Nachahmungen von den strengen. Diese kommen vornämlich in Fugen und fugirten Sachen vor, davon im zweyten Theil ausführlich wird gesprochen werden; die freyen Nachahmungen aber, müssen auch in den Tonstücken angebracht werden, die mit den Fugen nichts gemein haben. Sie bestehen, wie gesagt, in einer Aehnlichkeit der Fortschreitung, und der Verziehrung. Aehnliche Fortschreitungen, sind z. B. folgende.

Cc 2   Durch

zu geben, der doch selbst jede Fuge haben muß. Wer die Fugen von J. Seb. Bach studirt, wird finden, daß jede allemal ihren genau bestimmten Charakter hat. Dieses wird keiner erreichen, der nicht unfugirten Sachen ihren Charakter geben kann.

(79) Man hört bisweilen Sänger, die gewisse Verziehrungen und Manieren, die der Meister ihnen über ein Adagio vorgeschrieben hat, auch bey andern Stücken anbringen, wodurch ofte der Charakter eines Stücks ganz verstellt wird. Eben dieses ist auch von den sogenannten Cadenzen

204 Die Kunst

Durch dergleichen Nachahmungen erhält ein Stück seinen bestimmten Charakter, aber die Arbeit des Satzes wird eben dadurch auch schwerer, und um so viel schwerer, je genauer die Aehnlichkeit ist.

Wir wollen, um den Anfängern einen recht deutlichen Begriff von solchen Nachahmungen zu geben, die Sache durch ein Beyspiel erläutern.

Hier siehet man erstlich einen zweystimmigen Choral, in welchem hernach der Discant in den bunten Contrapunkt dergestalt gesetzt ist, daß die Ausziehrung, welche auf dem ersten Baßton stehet, auf jedem der folgenden in andern Intervallen wiederholt wird; nämlich auf dem ersten Theil des zweyten Takts in der Quarte, auf der folgenden Baßnote in der Terz, hernach in der Quinte und zuletzt in der Octave. Viel leichter werden dergleichen Nachahmungen, wenn man sich weniger streng an die Grade des Steigens oder Fallens, wie sie im ersten Gang vorkommen, binden will, und auch wol den Gang völlig umkehret.

In Stücken von mehrern Hauptmelodien, müssen die verschiedenen Stimmen dergleichen freye Nachahmungen gegen einander hören lassen. Denn dadurch bekommt das Ganze seine Einheit des Charakters.

Nun denzen der Sänger zu merken. Diese müssen allemal dem Charakter des Stücks angemessen seyn. Ein Concertist muß sich nicht einbilden, daß er mit etlichen gelernten Cadenzen, überall auskommen könne.

des reinen Satzes in der Musik.

Nun ist es Zeit, daß wir jede Art des bunten Contrapunkts besonders betrachten. I. Die erste also ist die Brechung, die, wie bereits erklärt worden ist, darinn besteht, daß auf eine Note des Baßes, oder der Grundstimme, zwey, drey, vier oder mehr Töne aus der consonirenden Harmonie nach einander gesetzt werden.

Hier ist überhaupt zu merken, daß durch die Brechung eine Hauptstimme einigermaaßen in mehre verwandelt wird. Wenn z. B. anstatt der Viertel, deren jedes einen Schritt ausmacht, durch die Brechung zwey Achtel gesetzt werden, so läßt sich das Stück, als dreystimmig anhören. Darum muß die Brechung so gemacht werden, daß, wenn die auf einander folgenden Töne zugleich gehört würden, ein reiner dreystimmiger Satz da stünde.

Wenn also zwey Töne aus der gebrochenen Harmonie auf einander kommen, so muß man zur Baßnote die Töne setzen, die der dreystimmige Satz, zu Folge dessen, was im vorhergehenden Abschnitt davon gelehrt worden ist, erfodert. So kann man z. B. bey dem Dreyklang oben nicht Quinte und Octave nehmen, die Terz muß nothwendig dabey seyn, es sey denn im Anfang des Stücks, da die Octave nach der Quinte kann angeschlagen werden.

Wir wollen dieses durch einige Beyspiele erläutern. Folgender zweystimmige Satz A, würde wegen der Brechungen, wie der hernach stehende dreystimmige Satz B klingen.

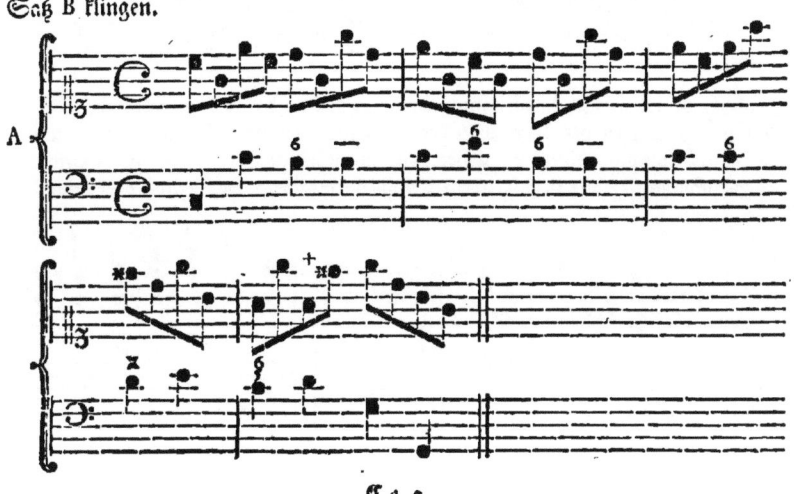

Dieser dreystimmige Satz ist völlig rein, und die zwey bey † auf einander folgenden Quinten in der Gegenbewegung sind in dem Satz A kein Fehler, weil sie so klingen wie in dem dreystimmigen Satze B bey ††. Aus eben diesem Grunde würden in dem folgenden Beyspiel die drey auf einander folgenden Quinten bey α erlaubt seyn, weil der Satz so klinget, als wenn er gesetzt wäre wie bey β.

Obgleich im zwey= und dreystimmigen Satz allezeit darauf zu sehen ist, daß die Terzen und Sexten des Baßes in der äußersten Stimme stehen, so ist dennoch die Octave zuläßig, wenn der gebrochene zweytheilige Satz, wie ein vierstimmi= ger anzuhören ist, wie in folgendem Beyspiel, wo bey † die Octave vorkommt.

Hinge=

des reinen Satzes in der Musik. 207

Hingegen ist in folgendem Beyspiel bey † die Octave zum Sexten-Accord von H unrecht gesetzt; weil bey diesen Sexten-Accord nothwendig die Sexte wie bey α, oder die Terz wie bey β, muß verdoppelt werden.

Die Brechung, da zwey Noten gegen eine stehen, leidet zwey Abwechslungen, da man z. E. c — e oder umgekehrt e — c setzen kann. Ferner durch die Umkehrung eines Tones in die Octave c — e oder e — c. Man sucht, wenn der Fall mehrmale vorkommt, damit abzuwechseln, doch wählet man immer die Art, die den reinesten Satz giebt. Ueberhaupt aber kann man durch diese Abwechslungen zu derselben Harmonie veränderte Melodien erhalten, wovon folgendes zum Beyspiel dienen kann.

Die stärksten Veränderungen bekommt man durch die Umkehrungen der Intervalle, wie in folgenden Beyspielen.

In dem ersten Fall bey α ist der Gang in dem ersten Takt, gerade, wie in dem zweyten Fall β; hier aber, ist der Septimen-Sprung im zweyten Takt durch die Umkehrung in einen Secundengang abwerts verwandelt worden. Durch dergleichen Veränderungen erhält man zweyerley Vortheile. Erstlich wird bey derselbigen Harmonie die Melodie unerwartet verändert, und zweytens kann man dem Sänger helfen, der vielleicht nicht so hoch kommen könnte.

Diese Mannigfaltigkeit vergrößert sich ungemein, wenn drey oder gar vier Noten auf eine kommen, wie wir hernach sehen werden.

Bisweilen erlauben sich die besten Componisten Freyheiten gegen die hier gegebenen Regeln; deswegen aber muß der Anfänger nicht glauben, daß sie es aus Unwissenheit dieser Regeln gethan haben, oder daß die Regeln selbst nichts auf sich hätten. Nur der, der erst so weit gekommen ist, daß er seinem Ohr sicher trauen darf, geht in besondern Fällen, die es vertragen, von den Regeln ab. Von solchen Freyheiten kann folgendes zum Beyspiel dienen, wo der Satz α, wenn die Noten übereinander stünden, wie bey β klingen würde.

des reinen Satzes in der Musik.

Auch nachgeschlagene Octaven, wenn sie, wie in dem folgenden Beyspiel γ vorkommen, sind erlaubt; nur nicht so, wie im zweyten Beyspiel δ.

Noch schlechter wären die Octaven und und Quinten auf folgende Art.

Es giebt auch Fälle, wo große Componisten mit Vorsatz offenbare Quinten nach einander setzen, wenn der Baß steiget, indem die obere Stimme abwerts gehet. Aber dieses geschieht nur in geschwinden Sachen, und um im Baße zugleich einen guten Gesang zu bekommen, oder auch um im Baße Töne zu vermeiden, die man kurz vorher schon gehabt hat. Z. E.

210   Die Kunst

In allen bisher angeführten Beyspielen der Brechung hat der Baß die ordentliche Fortschreitung durch ganze Noten, und die gebrochenen sind in der obern Stimme. Man kann dieses auch umkehren, und die gebrochenen Noten in den Baß setzen; oder es kann wechselsweise bald oben bald unten geschehen, auch eine Stimme liegen bleiben, indem die andere einen Schritt thut. Ueberall aber müßen die gegebenen Regeln der guten Harmonie gleich beobachtet werden. Hievon wird folgendes zum Beyspiel hinlänglich seyn.

Der Quart=Sexten=Accord im zweyten Takt ist hier die zweyte Verwechslung des Dreyklanges und nicht der dissonirende Quart=Sexten=Accord.

Setzet man drey gebrochene Noten auf eine, so wird der Satz ebenfalls wie vierstimmig behandelt. Besonders ist dabey in Acht zu nehmen, daß jede Dißonanz im Brechen in derselben Stimme aufgelößt werde, wie es geschehen muß, wenn die gebrochenen Töne zugleich angeschlagen würden.

Als ein Muster eines reinen vierstimmigen Satzes durch gebrochene Accorde kann in den von mir herausgegebenen vermischten Musicalien die neunte Variation über die bekannte Tartinische Menuet aus dem A dur angeführt werden. Man kann daselbst die gebrochenen Töne alle, bis auf das dritte Viertel des achten Takts über einander setzen, und der Satz bleibet ganz rein. Nur in|erwähntem Takt käme eine Octave in der Mitte vor, die aber leicht verbessert werden könnte, wenn e anstatt h̄ gesetzt würde. Die Octaven cis und fis in den Mittelstimmen des siebenden Takts sind unmerklich. Im Grund sind nur die Octaven zu setzen verbothen, die das Gehör leicht vernihmt, denn man setzet nicht für das Aug, sondern für das Ohr.

Wo drey gebrochene Noten auf eine kommen, da haben sechs unmittelbare Veränderungen statt; wie hier zu sehen ist.

212   Die Kunst

Will man aber die Veränderung so weit treiben, daß anstatt der Quinte, die hier überall oben steht, die Octav oder Terz oben stehen, so bekommt man in allem 18 Veränderungen.

    Noch weiter kann die Mannigfaltigkeit getrieben werden, wenn man die Harmonie zerstreuter, oder enger nimmt. So leidet zum Beweis jede der drey folgenden zerstreuten Harmonien, wieder sechs Veränderungen.

Und hieraus ist hinlänglich zu sehen, was für Mannigfaltigkeit melodischer Gänge zu derselben Harmonie statt haben kann. Es sind freylich nicht allemal alle Versetzungen gut, und es geht damit eben wie mit den so genannten Anagrammen, oder den Versetzungen der Buchstaben eines Worts, davon nicht alle verständliche Wörter geben. Inzwischen ist es doch gut, daß ein Anfänger sich fleißig in solchen Versetzungen übe; weil ihm dieses eine Fertigkeit giebt, ohne Mühe melodische Abwechslungen zu finden: welche von diesen Versetzungen brauchbar oder unbrauchbar seyn, muß man dem Gehör und Geschmack eines jeden Componisten überlassen. Wir wollen hierüber nur ein einziges Beyspiel anführen. Wenn man folgende Stelle bey α so versetzen wollte, wie bey β oder γ, so würden diese Versetzungen von keinem guten Componisten gut geheißen werden; weil sie Octavenmäßig klingen.

des reinen Satzes in der Musik. 213

Wenn die Oberstimme vier Noten auf eine im Baße hat, so muß man nach den Regeln des fünfstimmigen Satzes verfahren; und da äußern sich schon große Schwierigkeiten den Satz so rein zu machen, daß keine Fehler darin wären, wenn die Töne zugleich gehört würden. Man hat gleichwol Arbeiten von J. S. Bach darin bey vierfacher Brechung durchgehends ein reiner Satz beobachtet worden. Dieses sey von den Brechungen gesagt.

II. Hiernächst ist der **Durchgang** in nähere Betrachtung zu ziehen. Dabey sind also immer einige dissonirende Töne. Der leichteste Fall ist der von zwey Tönen auf einen Schritt, davon der erste consonirt und der andere dissonirt, wie hier unten bey α. Hier kommt also die Dißonanz immer auf die zweyte Hälfte eines Schritts, und man hat sich in acht zu nehmen, daß sie nicht auf den zweyten Schritt selbst komme, in welchen Fehler man verfallen könnte, wenn man nicht genau auf die Art der Bewegung acht hätte. So wäre z. B. folgendes mit β bezeichnetes Beyspiel im gemeinen geraden Takt unrecht, weil die durchgehende Dißonanz auf den folgenden Schritt fiele; da es hingegen im Alla Breve Takt richtig wäre.

Am natürlichsten und gefälligsten ist eine durchgehende Note zum Uebergang von einen Ton in seine Terz, es sey steigend oder fallend, wie hier bey α; doch können sie auch sprungweise gesetzt werden, wie bey β.

Der irregulaire Durchgang muß nie im Anfang eine Stücks gebraucht werden; folgender Anfang wäre unrecht:

Es muß wenigstens eine Consonanz des Haupttones, wenn es auch nur in einer Stimme wäre, vorhergegangen seyn, wie hier:

des reinen Satzes in der Musik. 215

Obgleich der regulaire Durchgang der angenehmere ist, so macht doch die Abwechslung beyder Arten den Gesang reizender. Anfänglich ist er freylich nicht so faßlich, als der, da bloß regulaire Durchgänge vorkommen, aber eben deswegen, wird er auch bey öfterm Anhören beliebt.

Es gehört aber schon eine sehr fertige Kenntnis der Harmonie dazu, beyde Durchgänge, wenn sie in einen Stück beständig abwechseln, zu unterscheiden, oder bey der beständigen Abwechslung allemal die Hauptnote zu kennen; ohne dieses aber ist man nicht im Stande zum Gebrauch des Generalbaßes den Baß zu beziffern. Es wird deswegen am Ende dieses Werks ein Stück abgedruckt werden, woran die Anfänger sich in dieser so nöthigen Kenntnis des regulairen und irregulairen Durchganges üben können.

Sind in einer Stimme vier Töne auf einen Schritt, so entstehen verschiedene regulaire und irregulaire Durchgänge, sowol consonirender als dißonirender Noten. Der angenehmste und leichteste Fall ist hier dieser, wenn allemal auf eine Consonanz eine Dißonanz folget, wie hier:

Es können aber auch zwey dißonirende Töne auf einander folgen; aber sprungweise geht es selten gut an. Von den fünf hier folgenden Beyspielen sind die beyden ersten die besten; das dritte noch zuläßig; das vierte und fünfte aber nicht gut.

Drey dißonirende Töne nach einander pflegt man bey vier Noten auf einen Schritt nicht zu setzen.

Wenn

216   **Die Kunst**

 Wenn in mehr als einer Stimme zugleich durchgehende Noten vorkommen, so klinget es mit Terzen und Sexten am besten, wie in folgendem Beyspiel bey α. Wenn aber in zwey Stimmen drey Noten nacheinder nicht klingen wie bey β, da kann der Gesang leicht unverständlich werden.

Hier sind sogar zuweilen vier Töne nach einander dißonirend. Wegen der Geschwindigkeit, und der leichten und faßlichen Melodie halber geht es noch an; nur in langsamer Bewegung wäre dieses unausstehlich. Aber auch in geschwinder Bewegung muß man nicht ofte damit kommen, zumal wenn noch mehrere Stimmen auf gleiche Art rauschten; denn es macht den Gesang höchst verwirrt. Es ist besser, daß man hierin den Capallmeister Graun, den wohlklingendsten und nachdenklichsten Setzer für den schönen Gesang, als Händel oder J. S. Bach zum Muster nehme. Der letztere wagte hierin am meisten, daher erfodern seine Sachen einen ganz besondern Vortrag, der seiner Schreibart genau angepaßt ist; denn sonst sind viele von seinen Sachen kaum anzuhören. Wer die

Har=

des reinen Satzes in der Musik. 217

Harmonie nicht vollkommen kennt, muß sich nicht erkühnen seine schweren Sachen zu spielen: trift man aber den wahren Vortrag derselben, so klingen auch seine gelehrtesten Fugen schön.

Was in den Anmerkungen über die Brechung von den Mannigfaltigkeiten, die durch die Versetzungen herauskommen, ist gesagt worden, kann auch hier angewendet werden. Aber wegen der vorkommenden Dißonanzen gehört hier mehr Ueberlegung und Wahl, als dort. Folgende Beyspiele können zu Proben dieser Versetzung dienen.

III. Endlich ist noch der ungleiche Gang zu betrachten. Das Zurückbleiben oder Zuvorkommen, wird nach der Stimme gerechnet, die den ungleichen Gang hat. In den hiernachstehenden Beyspielen siehet man bey a einen zweystimmigen Gang, darinn beyde Stimmen gleich fortschreiten, (⁸⁰) und dieser Gang ist bey b so verändert, daß der Discant zurücke bleibt, bey c aber kommt er zuvor. Was hierüber zu erinnern ist, wird sich am faßlichsten durch die Anmerkungen sagen lassen, die über die verschiedenen hier vorkommenden Fälle gemacht werden sollen.

(80) Wenn jede der beyden Stimmen Secundenweise fortschreitet, beyde gegeneinander aber um Terzen abstehen, wie hier, so läßt sich die ungleiche Fortrückung von dem Sänger, wenn sie auch von dem Tonsetzer nicht angezeiget worden ist, sehr leicht anbringen. Nur muß die Singestimme nicht von Flöten oder Violinen, die mit ihr im Unisonus spielen, begleitet werden. Diese würden mit dem Baße zugleich fortschreiten, und dann würde der Sänger beschuldiget werden, daß er eilte oder schleppte. Ein Sänger der dergleichen Veränderungen machen will, muß genau nach der Partitur sehen, um nicht zur Unzeit, und gegen die Natur der Begleitung solche Veränderung zu machen.

E e

Die Kunst

des reinen Satzes in der Musik.

Man muß hier überhaupt anmerken, daß der ungleiche Gang nur da statt hat, wo die beyden Stimmen, wenn man sie gleich fortrücken ließe, durchaus gegen einander consoniren, wie in allen hier stehenden Beyspielen.

Bey 1 sind eben die Grundnoten, wie bey a, nur daß anstatt der Dreyklänge ihre erste Verwechslung genommen worden.

Bey 2 ist der vorhergehende Satz so verändert, daß der Discant zuvorkommt. Aber so wie er hier ist, dürfte man nicht setzen, weil beym Aufsteigen auf jede Bewegung des Discants eine Septime erscheint, die so fühlbar ist, daß man ihre Auflösung erwartet, die doch nicht erfolget. Im Absteigen aber klinget der Satz Quintenmäßig.

Bey 3 ist alles, sowol auf= als absteigend richtig.

Bey 4 ist eine Stelle, wo die Stimmen Sprungweise gehen, und eben dieselbe Stelle hernach in ungleichem Gang. Dieses geht an, wenn der Gesang durch consonirende Töne fortrücket. Nur hat man sich dafür in Acht zu nehmen, daß es nicht Octaven = oder Quintenmäßig klinge, wie in dem darauf folgenden Beyspiel *, wo der Satz so klinget, wie wenn es gesetzt wäre, wie bey †, oder wenn die Bewegung geschwind ist, wie bey ††.

Bey 5 ist ein Gang, wo die obere Stimme gegen den Baß bald Terzen, bald Sexten hat. Auch da kann die ungleiche Fortrückung gut angebracht werden, wie in den darauf folgenden Beyspielen.

Aber so, wie bey 6 wo auf das vierte Viertel des ersten Takts die Quarte vom Baße frey angeschlagen wird, wäre der Satz nicht zum besten.

Und so viel sey von der ungleichen Fortrückung gesagt.

Um auch von dem bunten Contrapunkt den Anfängern, außer den hier vorgetragenen Lehren, reine und gute Muster vorzulegen, sind am Ende dieses Abschnitts noch einige Choräle eingerückt, über welche noch verschiedenes hier zu erinnern vorkommt.

Der erste ist zwar nicht in dem eigentlich bunten Contrapunkt, aber doch mit weit mehr Mannigfaltigkeit der Harmonie gesetzt, als die, welche am Ende des vorhergehenden Abschnitts stehen. Diese Art kann als eine Mittelgattung zwischen dem schlechten und dem bunten Contrapunkt angesehen werden. Die Muster, welche im vorigen Abschnitt stehen, haben eine ganz consonirende Harmonie, so wie sie sich zum allgemeinen Gebrauch in der Kirche, wo die ganze Gemeinde mitsingt, schicket, und wo der Baß eben so leicht singbar seyn muß, als eine der andern Stimmen. Hier aber ist die Harmonie schon mannigfaltig, und mit vielerley Dißonanzen durchflochten. Wenn in dergleichen Stücken nur der Baß richtig ist, so lassen sich die obern Stimmen leichter dazu setzen, als bey der ganz schlechten Gattung, da alles consonirend ist; dann in diesem letzten Fall braucht es sehr viel Sorgfalt, um keine verbothene Quinten = und Octaven = Fortschreitungen zu machen.

Uebrigens hat dieser erste Choral Jhro Königl. Hoheit die Prinzeßin Amalia von Preußen zur Verfaßerin. (⁸¹) Man kann noch als etwas besonders

(81) Die andern sind von zwey jungen Componisten, die von mir nach den in diesem Werk vorgetragenen Lehren unterrichtet worden sind.

ders von dem Canto firmo deſſelben anmerken; daß er ſowol von dem berühmten J. S. Bach, als von dem verſtorbenen Capellmeiſter Graun auf dreyerley Art geſetzt worden, wie bey a, bey b und bey c.

222 Die Kunst

Die erste Art ist ohne Zweifel genau nach dem Sinn des ersten Erfinders dieser Melodie, nemlich in der Phrygischen Tonart; die zweyte fängt in der Unterdominante der Phrygischen, oder wenn man will in der Aeolischen Tonart an, und schließt hernach in der Dominante; die dritte ist in der Jonischen Tonart. Diese scheinet am wenigsten nach dem Sinn des Erfinders, ist aber vermuthlich von den beyden erwähnten Componisten darum so gesetzt worden, weil in den meisten Kirchen die Gemeinde denselben Baß singt. In diesem Falle ist es am besten, daß die Orgel diesen Baß behalte. Denn wenn die ganze Gemeinde singt, so würde ein unausstehlicher Uebelklang entstehen, wenn am Ende des ersten Verses die Orgel in E dur aushielte, die ganze Kirche aber in C dur sänge. (82)

Man sieht schon aus diesen drey Beyspielen, wie zu einer Melodie sich verschiedene Bäße anbringen laßen, dadurch kann die Melodie verschiedene Charakter

(82) Es gehört viel Zeit und nicht wenig Geschicklichkeit von Seiten eines Organisten dazu, einer ganzen Gemeinde eine gute Art zu singen anzugewöhnen. Die Absicht des Orgelspielens bey Chorälen, die von einer ganzen Gemeinde gesungen werden, geht blos dahin, daß das Volk in dem Ton erhalten werde. Darauf muß der Organist arbeiten, und nicht auf unnöthige Künsteleyen und Verbrämung der Melodie auf jeder Sylbe, dabey ofte kaum zu merken ist, was für ein Lied gespielt, oder in welchem Tone gesungen wird.

tere annehmen, und zu verschiedenen Liedern sehr ungleichen Inhalts gleich gut gebraucht werden. In dem zweyten Theil dieses Werks soll mit mehrern gezeiget werden, wie zu einem Gesang, in welcher Stimme er stehe, mehrere Bäße können gemacht werden. Vorläuffig wird es hier genug seyn nur noch ein Beyspiel hievon anzuführen, das aus Händelschen Oper Tamerlan genommen ist.

Zum wahren Besten der Anfänger in dem Satz können wir hier nicht unerinnert lassen, daß eine sehr fleißige Uebung in Chorälen, eine höchst nützliche und so gar unentbehrliche Sache sey, und daß diejenigen, welche dergleichen Arbeiten für überflüßig, oder gar pedantisch halten, in einem sehr schädlichen Vorurtheil stehen. Solche Uebungen sind der wahre Grund, nicht nur zum reinen Satz, sondern auch zu dem guten und richtigen Ausdruck in Singesachen.

Jede Arie ist im Grunde nichts anders, als ein nach der richtigsten Declamation gesetzter Choral, da jede Sylbe des Textes nur eine Note hat, welche nach Erfordernis des Ausdrucks mehr oder weniger verziehrt wird. Der wahre Grund der Schönheit einer Arie liegt immer in dem einfachen Gesang, der da steht, wenn alle zur Ausziehrung gehörige Töne davon weggenommen sind. Ist dieser unrichtig in Ansehung der Declamation, der Fortschreitung oder der Harmonie, so können die Fehler durch keine Verziehrung völlig bedeckt werden.

Wer

224　　　　　Die Kunst

Wer ſich die Mühe geben will die ſchönſten Arien von allen Ausziehrungen zu entblößen, der wird ſehen, daß denn allemal die übrig gebliebenen Töne die Geſtalt eines wohlgeſetzten und richtig declamirten Chorals haben. (83) Ein paar Beyſpiele werden dieſes hinlänglich zeigen.

Aria aus der Oper Tamerlan von Hendel.

Benche mi ſprezzi l'Idol ch'adoro &c.

Aria

___

(83) Daß man in allen verzierten Arien, vornehmlich im Adagio die Hauptharmonie und den einfachen Geſang merklich machen müße, erhellet am deutlichſten daraus, daß ſich die Arien am beſten ausnehmen, wo die begleitenden Stimmen

des reinen Satzes in der Musik. 225

Aria von Graun aus der Oper Sylla.

men nur die zur Harmonie gehörigen Haupttöne haben, in welcher Art die meisten langsamen Arien des berühmten Hasse gesetzt sind. Dieses hat den Vortheil daß dem Sänger dadurch die Freyheit gelaßen wird, seine Verziehrung nach Willkühr anzubringen, und nach Gefallen zu anticipiren und zu retardiren, welches gar nicht angeht, wenn die erste oder zweyte Violine schon die Verziehrungen der Singestimme hat, wie schon vorher (Anmerkung 80.) erinnert worden.

Ff

226   Die Kunst

Auch dieses dienet dem künftigen Arien=Componisten, daß er bey fleißiger Uebung in dem Choral=Satz, mit der Hauptmelodie öfters abwechsle, und sie bald in die eine bald in die andere Stimme bringe; denn darauf beruhet die Geschicklichkeit, die concertirenden Stimmen gut zu setzen. Eine Arie, in der die erste Violin über dem Discant einen ganz andern Gesang hat, als die Singestimme, ist nach eben den Regeln gesetzt, wie ein Choral in dem die Hauptmelodie im Alt steht.

* * *

Du dessen Augen flossen, so bald sie Zion sahn rc.

des reinen Satzes in der Musik. 227

228 Die Kunst

des reinen Satzes in der Musik. 229

Die Kunst

II. Cantus firmus.

des reinen Satzes in der Musik. 231

Die Kunst

des reinen Satzes in der Musik. 233

Die Kunst

Cantus firmus.

des reinen Satzes in der Musik.

236 Die Kunst

des reinen Satzes in der Musik. 237

Die Kunst

des reinen Satzes in der Musik.

Die Kunst

des reinen Satzes in der Musik.

Die Kunst

des reinen Satzes in der Musik.

244 Die Kunst

des reinen Satzes in der Musik.

des reinen Satzes in der Musik. 247

Zugabe.

Es ist bey Betrachtung des regulären und irregulären Durchganges erinnert worden, daß es bisweilen sehr schwer sey die Hauptnoten zu finden, und die wahre Harmonie, wie der Tonsetzer sie gedacht hat, zu entdecken. Damit Anfänger sich in richtiger Beurtheilung der Harmonie bey einigen schweeren Fällen üben können, hat man hier folgendes Clavierstück eingerückt, und zur Erläuterung der Harmonie unter die eigentlichen Stimmen noch drey Notensysteme mit dem Baßschlüssel hinzugefügt.

Das unterste dieser drey Notensysteme, ist eigentlich das, was die französischen Tonsetzer den Fundamentalbaß nennen. Es enthält nämlich die wahren Grundaccorde, nämlich die Dreyklänge und Septimenaccorde, auf welche die Harmonie durchaus gegründet ist.

Das darauf folgende System zeiget die zufälligen Dissonanzen, oder Vorhälte an, wo dergleichen vorkommen.

Das oberste aber, stellt den Generalbaß vor und zeiget, welche Verwechslung des Dreyklanges oder des Septimenaccords, der Setzer bey jeder Harmonie genommen habe. Daselbst sind auch die Vorhälte zugleich mit beygefüget.

Wir empfehlen allen Anfängern, wenn sie sich bey diesem Stück in genauer Erforschung der Harmonie werden geübet haben; hernach auch die Stücke grosser Meister auf eine ähnliche Weise durchzustudiren. Dadurch werden sie in Stand kommen, die schwersten harmonischen Sätze aufzulösen. Ueberdem werden sie finden, daß Harmonien, wovon man sich bisweilen sehr seltsame Begriffe macht, und wo man ganz wunderlich zusammengesetzte, oder über einander gebaute Accorde zu finden vermeynet, im Grunde doch nichts anders, als blosse Dreyklänge, oder Septimenaccorde sind. Denn dieses sind die einzigen wahren Grundaccorde, woraus alle andere durch Verwechslung und durch Vorhalte entstehen, wie durch dieses ganze Werk vielfältig gezeiget worden ist.

Viele haben sich durch die französischen Schriftsteller bereden lassen, daß man diese einfache Lehre von der Harmonie dem *Rameau* zu danken habe, den man in Frankreich gerne für den ersten gründlichen Lehrer der Harmonie anpreisen möchte. Indessen ist nichts gewisser, als daß eben diese Lehre von den Grundaccorden und der aus ihren Verwechslungen entstehenden Mannigfaltigkeit, alten deutschen Tonsetzern lange ehe *Rameau* geschrieben, besser und gründlicher als ihm bekannt gewesen. Er selbst hat die Lehre von der Einfalt der Harmonie, noch nicht in ihrer wahren Reinigkeit gefaßt, da er würklich durchgehende Töne bisweilen als Fundamentaltöne ansiehet, auf welchen Grund z. E. sein Accord

des reinen Satzes in der Musik. 249

de sixte ajoutée, den er für einen Grundaccord hält, gebaut ist. Er sieht z. B. in folgendem Gang auf das zweyte Viertel die Harmonie $\tfrac{6}{5}$ als eine Grundharmonie, und die darinnvorkommende Septe, als eine wesentliche Dissonanz an, die doch blos durchgehend ist.

Deutsche und welsche Tonsetzer, machen die halben Cadenzen nicht nur ebenfalls mit der durchgehenden Septe, wie Rameau, sondern lassen auch noch die übermäßige Quarte vom Baße, als das Subsemitonium modi der folgenden Tonica durchgehen, welches den Schluß pikanter macht, wie hier:

Und hieraus ist deutlich zu sehen, daß diese beyden Töne blos durchgehend sind; weil man sonst gar nicht wüßte, wie hier die übermäßige Quarte in die Harmonie kommt.

Auch würde gewiß kein wahrer Kenner der Harmonie einen Satz, wie folgender von Rameau ist rechtfertigen.

In dem angehängten Stück kommt eine Stelle vor, in welcher sich der vorhererwähnte Fall ereignet, nämlich auf der VI. Seite im dritten Takte auf dem dritten Achtel. Im Baße sollte statt H mit $\tfrac{7}{4}$, A stehen. Denn dieses A ist hier der Haupton, H aber, welches oben, als ein Sechszehntel vorhersteht, ist eine irreguläre durchgehende Note, die 4 oder dis ist die zweyte Dissonanz.

Man hat aber auf dem untersten System H, als den Grundaccord gesetzt, damit man die Vorbereitung des folgenden dissonirenden Satzes erhalte. Im

Ji   Dis-

250   Die Kunſt des reinen Satzes in der Muſik.

Discant iſt das dis eigentlich nach c, der Quinte des Baßes A, nachſchlagend, oder durchgehend, man hat es aber gleich geſetzet. Im Baß aber, iſt der irreguläre Durchgang, wo H diſſonirend vor A ſteht, wie hier zu ſehen:

Anſtatt, daß in dem Stück a und c von H diſſonirend ſind, dis aber conſonirend, ſo iſt hier a als die Octave vom Baß, wie auch c, als ſeine Terz, conſonirend, dis im Discant, und H im Baß aber diſſonirend, dis, als ein regulär durchgehender Ton, H als irregulär durchgehend.

VI

ERRATA.

Seite 8. Linie 3. soll statt das weiche oder viereckige ♮ genennt, heißen: das weiche oder runde b, das alte oder heutiges H aber wurde das harte oder viereckigte genannt.

S. 18. in der Anmerkung Note 16, in der 2ten und 10ten Linie ließ statt Dis, Des.

S. 22. Sind beydes die kleine und die große Terz aus Versehen weggelaßen worden, deswegen muß nach dem 5 Artickel folgendes eingeschaltet, und hernach die folgenden Nummern 6, 7 und 8 darnach abgeändert werden.
    6. Die kleine Terz, deren reines Verhältnis $\frac{6}{5}$ ist. In der Umkehrung wird sie zur großen Sexte $\frac{5}{3}$.
    7. Die große Terz, deren reines Verhältnis $\frac{5}{4}$ ist. Außer dieser kommt sie in unserm System noch in dem Verhältniß $\frac{405}{512}$ und $\frac{64}{41}$ vor. In der Umkehrung wird sie zur kleinen Sexte $\frac{8}{5}$, oder $\frac{256}{135}$, oder $\frac{81}{128}$.

Eben das. Linie 26 statt C muß c stehen.

S. 30. im letzten Noten System muß im Discant das d des ersten Takts mit dem d des zweyten gebunden seyn.

S. 33. Tab. I. im ersten Takt im Baß statt d muß c stehen.

S. 33. Tab. II. im ersten Noten-System im sechsten Takt statt 7 muß 7 stehen.

— — im zweyten Noten-System im achten Takt statt  muß  stehen.

S. 37. Im 2ten Noten System fehlt im zweyten Takt über dem D im Baß ein x und im vierten Takt soll im Baß vor dem a ein b und im Discant vor e ein b stehen.

Eben das. zu diesem System gehört nachfolgende Anmerkung, so einzurücken vergeßen worden.

    Nachstehendes Beyspiel von dem alten Bach, wo bey γ das Semitonium modi verdoppelt ist, müßen sich angehende Componisten nicht zur Regel dienen laßen. Dieser große Mann gieng hier von der Regel ab, um einen schönen Gesang in allen Stimmen zu erhalten, und wußte darum doch die Octaven zu vermeiden.

ERRATA.

Seite 40. Zu Ende dieser Seite schalte nachfolgendes ein:

Eben so verhält es sich mit dem Sexten-Accord eines in dem Mollmodo um sechs Stuffen gestiegenen und mit einem x erhöhten Tones, wo die Octave der Härte des außer der Tonart vorgekommenen zufälligen Tones wegen, wegzulassen, und dafür die Sexte oder Terz zu verdoppeln ist; es giebt hingegen Fälle, wo man Quinten und Octaven oder verbotene Fortschreitungen zu vermeiden, auch manchmal der Folge wegen, die Octave zu nehmen verbunden ist.

Z. E. bey α ist die Octave, es ist aber das Exempel bey β vorzüglicher. Bey γ ist die Verdoppelung der Sexte falsch, da sie einen verbotenen übermäßigen Quarten-Sprung von gis ins d verursachet.

Bey δ ist man gezwungen der Folge wegen die Octave zu nemen, um die Septime bey gis vorzubereiten.

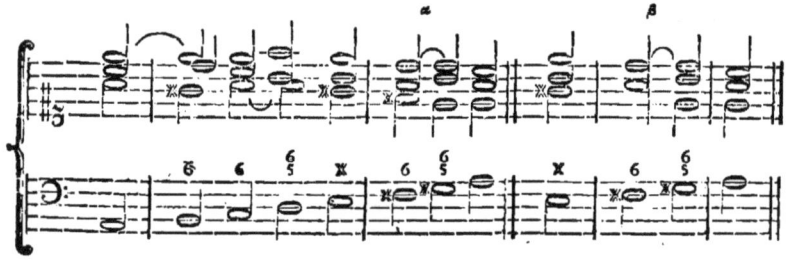

ERRATA.

Es ist noch anzumerken, daß wenn man in einem Mollmodo nach der Quinte mit der grossen Terz in die grosse Sexte des Haupttones gestiegen, man von da nicht wieder zurück gehen kann, sondern in die Höhe durch das Semitonium Modi bis in die Octave, wie oben bey α, gehen muß: da man hingegen, wenn man auf gleiche Art in die kleine Sexte gestiegen, weder durch die kleine Septime bey a noch durch die grosse Septime bey b, in die Octave steigen kann; denn bey b würde die Fortschreitung einer verbotenen übermäßigen Secunde seyn, so nicht erlaubt ist: dahingegen man solche in der Umkehrung als eine verminderte Septime in der Gegenbewegung nehmen kann wie bey c.

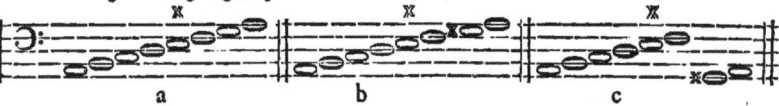

Seite 52. im ersten Noten=System im letzten Takte im Discant statt $\bar{a}$ muß $\bar{g}$ stehen.

Eben das. im Noten=System in den Anmerkungen muß im zweyten Takte im Baß statt die vier Sechzehntheile vier Achttheil stehen.

S. 53. im Noten=System im dritten Takte statt $\frac{6}{3}$ muß $\frac{6}{4}$ stehen: im sechsten Takte statt $\frac{6}{4}$ muß $\frac{6}{3}$, und statt 7 muß $\frac{7}{3}$ stehen.

S. 59. im fünften Takte muß über c im Baß die 6 weggestrichen werden.

S. 65. im zweyten Noten=System im sechsten Takt statt 7 muß 7 stehen.

S. 69. im ersten Noten=System im ersten Takt muß über das e im Baß eine 6 stehen.

S. 70. in der sechsten Linie statt Accode ließ Accorde.

S. 75. im zweyten Takt des zweyten Noten=Systems statt $\frac{6}{5}$, muß $\frac{6}{4}$ stehen.

S. 78. in der zehnten Linie, lies: dieses geschieht bey der zweyten Verwechslung des verminderten Dreyklangs.

ERRATA.

S. 78. nach der eilften Linie schalte folgendes ein:

In diesem Fall kann die grosse Quarte auch verdoppelt werden. Diese Quarte welche im verminderten Dreyklange durch die Quinte und Octave entstehet, sollte man zum Unterschiede des Tritoni, die grosse Quarte nennen, weil sie in diesem Fall unter sich als ein Vorhalt der Terz treten kann.

S. 82. im zweyten Takt des Noten-Systems statt ⅔ muß ⁴₂ stehen.

S. 85. im achten Takt des dritten Noten-Systems statt ⁴₄ muß ⁴₂ stehen.

S. 86. im dritten System im zweyten Takt statt  muß stehen.

S. 88. Neben dem ersten Noten-System muß nachstehendes eingeschaltet werden:

Bey α sind beyde Septimen consonirend, d und f dißonirend; bey β sind beyde Quarten consonirend und wiederum d und f durchgehende Dißonanzen.

Seite 89. im vierten Takt des dritten Noten-Systems im Discant statt c soll d stehen.

S. 92. in der letzten Linie statt Fartschreitung ließ Fortschreitung.

S. 93. im vierten Takt des zweyten Noten-Systems statt ⅔ ließ ⅚.

S. 95. im zweyten Takt des dritten Noten-Systems fehlt der Ton h zum Accord.

S. 96. im zweyten Takt des ersten Noten-Systems statt H ließ A.

S. 101. im zweyten Takt der fünften Noten Linie statt der dritten Note g ließ c

S. 104. Linie 18. statt neuem ließ neuen.

Eben das. Linie 36. nach dem Comma, schalte ein, 3.

S. 116. im dritten Takt der siebenten Noten Linie statt c ließ e.

S. 121. Linie 23. wie Haupton selbst, muß heißen: wie den Hauptton selbst.

S. 125. in der Tabelle muß in der zweyten Reihe der Felder-Colonne unter V. in dem leeren Felde stehen D dur.

S. 128.

ERRATA.

S. 128. unter der dritten und vierten Noten Linie sind die Buchstaben ausgelassen, unter dem ersten Exempel muß a unter dem zweyten b unterm dem dritten c und unter dem vierten d stehen.

S. 132. im vierten Takt des zweyten Noten Systems statt 7♭/4 ließ 7/4♭.

S. 137. neben dem zweyten Noten System wird eingeschaltet: oder so, wie sie als übermäßige Quinte vom Baße erscheint, wie hier:

S. 138. in der sechsten Noten Linie ist das Discantzeichen versetzt und soll stehen

S. 148. Linie 3. von unten, nicht könne verdoppelt ꝛc. ließ nicht könne zweymal verdoppelt ꝛc

S. 151. im zweyten Takt des zweyten Noten=Systems muß d̄ im Discant statt einer ganzen eine halbe Takt Note seyn.

S. 153. im zweyten Exempel des ersten Systems im ersten Takt statt d̄ soll cis stehen.

S. 172. im zweyten Noten System im zweyten Takt muß im Discant neben h̄ ein Punct stehen.

Eben das. im ersten Noten System muß die ? gebunden seyn.

Seite 178. im ersten Takt des Noten=Systems müßen die im Discant stehende halbe ganze Takt=Noten seyn.

S. 180. über dem vierten Takt statt 2/1 lies 3/1

S. 196. muß das Schlußzeichen vor, statt nach dem ḡ stehen.

S. 200 in der letzten Linie, nach resolviret, muß eingeschaltet werden: Nur muß dieser dißonirende Satz sein Fundament in der vorhergehenden Baßnote haben.

S. 233. im ersten Takt der neunten Noten=Linie soll die Note statt d̄, h̄ heißen.